Kay Sokolowsky

Feindbild Moslem

Rotbuch Verlag

Dieses Werk wurde vermittelt durch
Aenne Glienke | Agentur für Autoren und Verlage
www.AenneGlienkeAgentur.de

ISBN 978-3-86789-083-0

Originalausgabe, 1. Auflage
© 2009 by Rotbuch Verlag, Berlin
Umschlaggestaltung: Verlag
Druck und Bindung: CPI Moravia Books GmbH

Ein Verlagsverzeichnis schicken wir Ihnen gern:
Rotbuch Verlag GmbH
Neue Grünstraße 18
10179 Berlin
Tel. 01805/30 99 99
(0,14 Euro/Min. aus dem deutschen Festnetz,
abweichende Preise für Mobilfunkteilnehmer)

www.rotbuch.de

Kay Sokolowsky **Feindbild Moslem**

Zu diesem Buch

Seit dem 11. September 2001 wirkt der Islam so beängstigend wie noch nie und mit ihm jeder, der an ihn glaubt: Muslime stehen unter dem Generalverdacht, verkappte Dschihadisten und mordlüsterne Terroristen zu sein und aus Deutschland einen Gottesstaat machen zu wollen. Trotz einer wachsenden Verbreitung antimuslimischer Ressentiments gibt es bislang jedoch keinen profunden Beitrag zu diesem Thema.

Feindbild Moslem liefert Fakten – über den Islamismus, die Lage der Muslime in Deutschland, über die Wortführer, Anhänger und die realpolitischen Folgen des Antiislamismus. All denen, die besorgt die wachsende Angst vor Muslimen und ihrer Religion beobachten und sich vom Hinweis auf al-Qaida nicht länger mundtot machen lassen wollen, bietet dieses Buch Argumente und Hintergründe.

Zum Autor

Kay Sokolowsky studierte Psychologie, Germanistik, Philosophie und Geschichte. Seit 1991 ist er als freier Journalist, Buchautor und Redakteur tätig. Neben Film-, Fernseh- und Buchkritik, literarischen Arbeiten und satirischen Texten widmet er sich vor allem politischen und zeithistorischen Sujets. Über den latenten und offenen Rassismus in Deutschland hat er mit seinen Büchern *Lügner, Fälscher, Lumpenhunde* und *Der Dolch im Gewande* sowie in der Zeitschrift *konkret* kenntnisreiche Beiträge publiziert.

Inhalt

I. Der Feind – Bild und Fakten

7 Die Angsthaber

15 Die Vorläufer

38 Die Feindbildhauer

77 Die Kronzeugen

133 Die Inkorrekten

173 Die Geduldeten

II. Ohne Feindbild – Gespräche

185 »Die Islamfeinde kämpfen um Bodengewinn«
*Wolfgang Benz über die Verwandtschaft von Judenhaß
und Muslimfeindschaft*

197 »Eine Einwanderungsgesellschaft ist immer eine
Gesellschaft der Konflikte«
*Lale Akgün über Integration, Politik und ihre Dankbarkeit
für »Multikulti«*

215 »Ich bin der Quotentürke«
*Bedo über die Schwierigkeiten der Deutschen und
ihrer Medien mit den Migranten*

230 »Das ist ein Riesenmarkt«
*Ann Löwin über Integrationskurse, amtlichen Rassismus
und die Isolation der Migranten*

243 Anmerkungen

Für Martina, in großer Liebe und Dankbarkeit

Vorbemerkung

Der erste Teil dieses Buchs beleuchtet die Motive und Muster, die historische und mediale Entwicklung des Feindbildes vom Moslem, seine Wirkungsmacht in unserer Gesellschaft und die potentiellen Gefahren dieses neuen, doch im Kern uralten Rassismus.

Die Gespräche im zweiten Teil des Buchs thematisieren die Ähnlichkeit von Antisemitismus und Antiislamismus, die Lebenswirklichkeit muslimischer Migranten in Deutschland, ihre alltägliche Diskriminierung und die »Integration« – wie sie ist und wie sie sein sollte.

Bei Verweisen auf Websites ist in der Regel auch die zugehörige Internet-Adresse angegeben. Nur bei offen volksverhetzenden Internetseiten wie *Politically Incorrect* wird darauf verzichtet. Hier muß die Nennung von Quelle, Titel und Datum genügen.

I. Der Feind – Bild und Fakten

»Welch triste Epoche, in der es leichter ist, ein Atom zu zertrümmern
als ein Vorurteil!«
Albert Einstein

Die Angsthaber

Am Anfang ist die Angst. Angst vor dem anderen, der nicht so
aussieht, riecht, spricht, gestikuliert, nicht so betet, tanzt, flirtet
oder bloß nicht dasselbe ißt wie der Angsthaber. Konkret an dieser Angst ist vor allem sie selbst. Gefürchtet wird nicht, was einer
aus Erfahrung kennt, sondern was er sich ausmalt: »Viele von den
Muselmanen sind tickende Zeitbomben. Können aus jedem noch so
nichtigen Anlaß hochgehen und wie wild um sich schlagen, stechen,
beißen, kratzen und spucken.«[1]

Die Existenz von Menschen, die anders klingen, glauben, leben
oder auch nur scheinen, macht nicht zuletzt deshalb angst, weil sie
die Verbindlichkeit der eigenen Überzeugungen, Bräuche und Vor-
lieben in Frage stellt. Die Angsthaber sind sich ihrer selbst, ihres Status im Beruf und im Alltag so wenig sicher, daß sie im anderen vor
allem einen Anschlag auf jene letzten Gewißheiten sehen, an die sie
sich klammern. Also an das, was der guterzogene Sonntagsredner
»abendländische Wertegemeinschaft« nennt, der anonyme Internet-
forist »Bratwurst statt Döner«. Während sich im März 2009 die
Katastrophenmeldungen aus der Wirtschaft überschlagen, haben die
Angstgestörten ganz andere Sorgen als die, die sie zu Recht haben
dürften: »Ich finde es beschämend, was deutsche Politiker ihrem
Volk zumuten. Das Volk schwebt immer stärker in Existenzängsten,
muß aber miterleben, wie eine Prunkmoschee nach der anderen
errichtet wird. Das kann und wird auf Dauer nicht gutgehen.«[2]

Die Ängstlichen können meist gar nicht benennen, warum das
Leben der anderen so viel befremdlicher sein soll als das eigene. Es
genügt, daß es ihnen fremd ist. Wäre dem Ängstlichen der andere
näher bekannt, wäre der zwar kein Fremder mehr, aber der Angstge-

7

störte hat gar nicht vor, die Fremdheit zu überwinden, die ihn vom anderen trennt: »Die tiefe Kluft zwischen deutsch und türkisch, egal ob Migrant oder ›waschecht‹, läßt sich schon allein aus Mentalitätsunterschieden nicht überbrücken.«[3]

Wie besessen greift der Ängstliche nach jedem Argument, das seine Panik vernünftig, ja geboten erscheinen läßt. Fanatisch wirkt er aus Gerüchten und Halbwahrheiten eine Tapisserie des Schreckens, die selten die Realität, doch stets das Grauen abbildet, das der Ängstliche ohne handfesten Anlaß empfindet. Sämtliche Mitteilungen aus der Wirklichkeit hingegen, die seiner Wahnvorstellung von der Welt widersprechen könnten, ignoriert der Ängstliche oder denunziert sie als »Mainstream-Lügen«. Er hat auch einen Namen für diejenigen, die seine Angst nicht teilen, die sich, wie er meint, verschworen haben, ihm seine Angst auszureden: »Die politische Korrektheit und das Gutmenschentum dominieren heute überall die Medien. Offiziell findet diese Zensur natürlich nicht statt, dennoch wird über viele Themen, selbst wenn sie von höchster Bedeutung für uns und unser Land sind, nur völlig unzureichend oder sogar verfälschend ›informiert‹.«[4]

Die Angst, von der hier die Rede ist, darf nicht verwechselt werden mit Angst, die reale Gründe, wahrhaft fürchterliche Ursachen hat. Eine Frau, der von einem Mann Gewalt angetan; ein Kind, das von seinen Eltern mißhandelt; ein Migrant, der von Neonazis halbtot geschlagen wurde: Sie alle müssen sich nicht unterstellen lassen, aus blanker Einbildung vor dem Vergewaltiger, den Eltern oder vor Skinheads Furcht zu empfinden. Sie leiden unter ihrer Angst fast ebenso sehr wie unter der Brutalität, die sie erfahren mußten. Doch statt sich in Komplottphantasien zu flüchten, in Hetzreden und Rassismus, wünschen sie sich nichts inniger, als von ihren Traumata therapiert zu werden.

Der Angsthaber dagegen, der den Fremden allein um dessen Fremdheit willen fürchtet, denkt keine Sekunde lang daran, von seiner Angst geheilt zu werden. Er genießt den Schauder, den ihm seine Phantasien bereiten, viel zu sehr. Die aktuellen Zustände sind ihm deshalb noch lange nicht schlimm genug – obwohl er sie bei jeder Gelegenheit als »unerträglich« beklagt –, die Zukunft, die er sich einbildet, entsetzt ihn noch mehr: »Im Rathaus denkt offensichtlich niemand darüber nach, welche Folgen der Bau einer Moschee für deren Nachbarn hat. Es drohen gravierende Lärmbelästigungen, *beachte* Massenaufmärsche, Parkplatzprobleme und lautstarke, sich ständig wiederholende orientalische Lautsprecherdurchsagen sowie eine Menge sozialer Sprengstoff.«[5]

»Drohung« und »Bedrohung« sind die wichtigsten Begriffe im Wortschatz der Angsthaber. Dabei geht es nie um eine akute Gefährdung. Kein Femegericht, keine Gang und auch nicht der türkischstämmige Arbeitskollege lauern dem, der das Fremde per se fürchtet, mit Knüppel und Messer auf. Doch jeder gemeldete Fall einer Straftat, an der eventuell Migranten beteiligt gewesen sind, wird vom Angsthaber als Beweis für das gewertet, was er demnächst am eigenen Leib erwartet. Der Blogbeitrag »Berlin: Mann aus U-Bahn-Fenster gestoßen« und die 86 Kommentare dazu, veröffentlicht am 26. Januar 2009 auf der rechtsextrem motivierten, notorisch fremdenfeindlichen Website *Politically Incorrect*, zeigt modellhaft, wie die Ängstlichen sich ihr Weltbild zusammenstricken und zugleich gegen jeden Zweifel panzern.

Die Meldung gibt den Ton vor, den die Ängstlichen am liebsten hören. Es ist ein dumpfer Akkord aus Ressentiment, Besserwisserei und einer Angstlust, die sich als Sarkasmus tarnt: »Wie sehr wir uns bei der Integration von ›Südländern‹ auf dem richtigen Weg befinden, zeigt die ausufernde Gewalt im öffentlichen Personennahverkehr. Gestern erreichte die Qualität einen neuen Höhepunkt. Am U-Bahnhof Hansaplatz wurde ein 30jähriger von drei ›Südeuropäern‹ aus dem Seitenfenster auf den Bahnsteig geworfen. Zuvor war er von den dreien verprügelt worden, nachdem er sich verbeten hatte, daß sie ihre Füße auf den Sitz neben ihm legten und ihn dabei berührten.«[6]

Es lohnt sich, die Metaphorik und eigentümliche Logik dieser Zeilen zu untersuchen. Indem der namenlose Blogger einen »neuen Höhepunkt« feststellt, will er einerseits die beispiellose Rohheit der »Südländer« geißeln, andererseits andeuten, daß es nicht lange bis zum nächsten, noch gräßlicheren Höhepunkt dauern wird. Die Gewalt ufere aus, behauptet der Autor, um die Katastrophik des Vorgangs zu betonen: Die Brutalität der Schläger erscheint wie ein Naturphänomen, das jeden überrollt, der sich nicht rechtzeitig in Sicherheit gebracht hat, das keine Schranken kennt, solange ihm keine gesetzt werden. Doch das will ja niemand; »wir« – gemeint sind natürlich nicht »wir« Leser und Blogger von *Politically Incorrect*, sondern die »Gutmenschen« und »linken Menschheitsverbesserer« – haben es mit der »Integration von ›Südländern‹« gar nicht anders gewollt, als uns der natürlichen Gewalttätigkeit der Fremden schutzlos auszuliefern. Und die Folgen deshalb auch verdient. Welche Sorte von Fremden zugeschlagen hat, ist dem Blogger sowieso klar – im Jargon dieser Website sind mit dem Wort »Südländer« immer türkische und arabische Migranten gemeint. Zwar spricht der Polizeibericht, auf den sich der Schreiber beruft, eher vage von »Südeuropäern«. Aber treue Kunden von *Politically Incorrect* wissen schon, was es bedeutet, wenn von »Südeuropäern« die Rede ist. Das Wort ist unter den Angsthabern als Euphemismus verschrien, der amtlicherseits benutzt werde, um »uns« von der Gewalttätigkeit der »Mohammedaner« gegen »die Kartoffeln« abzulenken. Seinerseits nicht vom rassistischen Leitmotiv ablenken möchte der Blogger. Obwohl er aus dem Zeitungsartikel, auf den er verlinkt, weiß, daß das Opfer »Baris K.« heißt, unterschlägt er den nicht sehr deutsch klingenden Namen. Der könnte nämlich die Identifikation des Angsthabers mit dem Verprügelten behindern.

Diese Identifikation aber hat nichts damit zu tun, das Leid des Verprügelten nachzuempfinden. Es geht vielmehr darum, sich selbst als Märtyrer zu imaginieren: »Bei solch provokativen Südländern muß man sofort davon ausgehen, daß diese Gewalt anwenden werden. Dies war nicht die letzte Tat. Zu viele Menschen werden auch morgen und übermorgen naiv mit Bussen usw. fahren und Opfer solcher Barbaren werden.«[7] Am schrecklichen Vorfall interessiert den Ängstlichen allein der Schrecken selbst. Wie es dem Geschundenen geht, ist ihm gleichgültig, denn Mitgefühl kann er sich nicht leisten; sein karges emotionales Vermögen wird vollauf von Ekel und Hohn beansprucht: »Tja, diese traurigen Höhepunkte steigern sich ja wöchentlich wie sportliche Weltrekorde. Mal sehen, was als nächstes kommt. Aber dagegen wird natürlich auch diesmal nichts unternommen. Waren halt nur ein paar Jugendliche, die ihren Freundinnen imponieren wollten. Mehr auch nicht. Und wer weiß, vielleicht hatte das Opfer ja auch rassistisch herumgepöbelt.«[8] Der Angstgestörte gibt sich als einer, der längst vor dem Grauen resigniert hat, weil es von »denen da oben« nach Kräften protegiert wird: »Wartet mal ab, wie das aussieht, wenn immer mehr Migranten künstlich in Positi-

onen befördert werden, in denen sie richtig Schaden anrichten können (Politik, Polizei, Lehrämter usw.) – und auch das ist gewollt und
wird verstärkt kommen.«[9]

Der obsessive Angsthaber freut sich geradezu, wenn seine Angst
bestätigt wird: »Es geht weiter und weiter. Hoffentlich läuft das Faß
bald über.«[10] Was dann passieren wird, kann er sich auch schon
denken: »Die Zahl derer, die zur Vernunft kommen, nimmt zwar
beständig zu, aber viel zu langsam. Bis diese Menschen die Mehrheit der Europäer bilden, werden die Europäer selbst nur noch eine
kleine Minderheit in einem von eingewanderten Barbaren und ihren
Nachkommen bevölkerten Europa sein.«[11] Und dann sollen all jene,
die keine Vernunft, das heißt nicht den Wahn des Angstgestörten
angenommen haben, sich bloß nicht beschweren: »Die Deutschen
sind selbst schuld. Sie gehen wie die Schafe jedesmal wieder an die
Wahlurne und wählen denselben Scheiß. Ich kann kein Mitleid mit
ihnen haben.«[12]

Nachdem einer der Kommentatoren die Zeitungsmeldung, auf
die der Blogger verlinkt, durchgelesen und irritiert den Namen
des Opfers erwähnt hat, gerät die Vorurteilsmühle der Angsthaber
nicht einen Moment ins Stocken: »Das fällt doch unter Multikulti-
folklore«, schreibt einer, der sich in seinen Klischees nicht stören
lassen möchte.[13] Interessanter sind Leuten wie ihm allemal die rassistischen Greuelphantasien, die sich an dem Überfall in Berlin entzünden: »[Unsere Kinder sind] den Mongolenhorden auf dem Weg
zur Schule, in der Schule, in der Disko oder im Einkaufszentrum
ausgeliefert […]: Raub und räuberische Erpressung, subtile sexuelle
Demütigungen bis hin zur Vergewaltigung, brutale Übergriffe bis
hin zu Mord, Erniedrigungen und Beschimpfungen aller Art – das
ist es, was wir der Politik zu verdanken haben!«[14] Wie sich der Angstgestörte die Lösung des Problems vorstellt, verrät er gern, ungeachtet
seiner betonten Resignation – insgeheim hofft er ja doch darauf, daß
die Angstfreien bald auf ihn hören werden: »Es müßte Mohammedanern grundsätzlich verboten sein, öffentliche Verkehrsmittel zu
nutzen. Die meisten Verbrechen von Mohammedanern an der autochthonen deutschen Bevölkerung oder nichtmohammedanischen
Einwanderern geschehen im Umfeld oder im Bereich des öffentlichen Nahverkehrs.«[15] So schlägt die Angst, die keinen Grund hat
als sich selbst, schließlich um in Halluzinationen vom Terror, der

dem anderen, dem Fremden bereitet werden soll: »Bei gestrecktem Bein – ein Tritt gegen die Kniescheibe wäre die richtige Reaktion.«[16]

Die allgegenwärtige Gewalt der Migranten, die der Angstgestörte fortwährend beschwört, schreit in ihm nach Blut und Rache. Allerdings traut er sich nicht, solange ihm keiner beisteht: »Zu meiner Zeit wurde erst einmal jedem geholfen, der von einer Mehrzahl ›Gegner‹ bearbeitet wurde. Aber zu der Zeit bekam man auch selten ein Messer aus der Menge in den Rücken gerammt.«[17] Das Verzagen vor dem eingebildeten Feind enthält bereits den Hilferuf nach der autoritären Macht, die es »zu meiner Zeit« gab – jener mythischen »guten alten Zeit«, von der alle Reaktionäre schwärmen –, den Schrei nach einem rassistischen Staat, der den Wahn des Angsthabers teilt: »Man kann schon etwas tun. In Zürich hat die Aggressivität der Leute stark abgenommen, seit einerseits per Volksabstimmung die Ausländergesetze verschärft wurden und andererseits die Praxis der Ausschaffungen gezielt verstärkt wurde.«[18]

Am Anfang ist die Angst. Die Angst vor dem anderen, der suspekt wirkt allein um seiner Fremdheit willen, der fremd scheint und bleiben muß, weil der Ängstliche sich weigert, ihn als Gleichen zu akzeptieren. Weil diese Angst kein individuelles Motiv hat, sondern besessen nach Ausreden sucht, um fortbestehen zu können, und weil diese Furcht aus ebensoviel Lust am Grauen wie grauenhafter Lust an der Diffamierung gemischt ist, kann ihr niemand mit Räson begegnen. Die Angsthaber müssen ihre Angst hüten. Gäben sie sie auf, könnten sie sich schwerlich länger als bessere Menschen ,und über die Dummköpfe erhaben fühlen, die ihren Wahn nicht teilen. Dennoch weisen sie es weit von sich, Rassisten zu sein: »›Rassisten‹ und ›Ausländerfeinde‹ müssen künftig EU-weit mit ein bis drei Jahren Gefängnis rechnen, wenn sie zu Haß und Gewalt aufrufen. […] Aber was ist mit den Ausländern, die zu Gewalt gegen Inländern aufrufen? Was ist mit Inländerfeindlichkeit? Hat die Platz in Europa? Und was sind ›Aufrufe zum Haß‹? Schon das einfache Benennen von Tatsachen? Wahrheitsgetreue Berichte? Das erschreckende Ausmaß von Migrantenkriminalität oder der Gewalt im Dunstkreis der Friedensreligion? Wir wissen es nicht, denken aber, wir gehen nicht fehl in der Annahme, daß dies ein weiterer Schritt zur ›Disziplinierung‹ der einheimischen Bevölkerung ist, die Islamisierung Europas widerspruchslos zu dulden.«[19] Noch hat, leider, niemand den Staatsanwalt auf sie gejagt, doch schon jammern sie, man habe es auf sie abgesehen. Sie fühlen sich so sehr im Recht, daß sie den Gedanken nicht ertragen können, mit ihren Hetzreden und Terrorphantasien in staatlich sanktioniertes Unrecht gesetzt zu werden. Und schuld daran, daß sie als Rassisten künftig in ganz Europa, sogar in Deutschland, mit Strafe rechnen müssen, sind selbstverständlich die gefürchteten anderen, die verhaßten Fremden. Eine lupenrein rassistische Argumentation, die um so grotesker und irrsinniger erscheint angesichts des aufgeregten Hinweises auf die »Ausländer«, die mindestens so rassistisch seien wie die Inländer.

Dabei geben sich die Angstgestörten alle Mühe, den Fallen der Justiz auszuweichen, die ihrer Ansicht nach mit Migranten »kuschelt«, während sie den »autochthonen Deutschen« keine Gnade erweist. Sie haben kapiert, daß es nicht mehr oder noch nicht wieder gesellschaftsfähig ist, »Kanake«, »Kümmeltürke«, »Knoblauchfresser« zu sagen, so gern sie es auch möchten. Sie haben deshalb einen Dreh gefunden, ihrer Angst, die sie um keinen Preis aufgeben möchten, Luft zu machen, und sie erhalten dabei mehr Zuspruch, als sie sich je zu erhoffen wagten. Denn ist es auch nicht gesellschaftsfähig, auf die »Dreckstürken« und die »Kameltreiber« zu schimpfen, so herrscht in weiten Teilen der Gesellschaft mittlerweile Einverständnis darüber, es sei Menschen, die sich zum Islam bekennen, nur bedingt zu trauen. Spätestens seit den Terroranschlägen vom 11. September 2001 stehen Muslime und mit ihnen alle, die ihrer Herkunft halber Muslime sein könnten, unter besonderer Beobachtung der alteingesessenen Deutschen. Die Angst vor dem Anderen, von der niemand je ganz frei, die aber nur beim Gestörten Maxime ist, wächst mit der Verunsicherung über eine Religion, die vor allem Selbstmordattentäter, Haßprediger und grausige Traditionen hervorzubringen scheint.

An diesem Punkt setzt die Propaganda ein, die Websites wie *Politically Incorrect*, Parteien wie die NPD oder Pro Köln und mehr als nur gelegentlich auch Politiker der bürgerlichen Parteien betreiben. Statt von Rasse redet diese Propaganda von Kultur, beschwört die Unvereinbarkeit des Islam mit der westlichen Demokratie, warnt vor einer globalen Konspiration der Islamisten gegen »unsere Werte«. Da das Medieninteresse am gewöhnlichen Leben muslimischer Bürger eng begrenzt ist, die Sensationsberichterstattung über Ehrenmorde und »Migrantengewalt« jedoch die Titelseiten füllt, wird der unkritische Medienkonsument leichte Beute für die rassistische Propaganda. Laut einer empirischen Studie aus dem Jahr 2006 bejahten drei Viertel der Befragten die Aussage, die islamische Kultur passe nicht oder nur bedingt in »unsere westliche Welt«[20]. Im gleichen Jahr erhob auch das Allensbach-Institut Daten über das Verhältnis der Deutschen zum Islam. 56 Prozent der Befragten zeigten sich überzeugt, es herrsche »zur Zeit ein Kampf der Kulturen«. 83 Prozent hielten den Islam für »fanatisch«, 71 Prozent bezeichneten ihn als »intolerant«, 62 Prozent als »rückwärtsgewandt«, 60 Prozent als »undemokratisch«. Daß der Islam Frauen benachteilige, hielten gar 91 Prozent der Umfrageteilnehmer für eine Tatsache.[21]

Am Anfang ist die Angst. Eine Angst, die ihre Auslöser erst einmal finden muß, die dann aber nicht enden will, bevor ausgelöscht ist, was sie sich als Bedrohung vorstellt. Wenngleich es unmöglich ist, dem Angstgestörten und seinem Rassismus mit Vernunft und Fakten beizukommen, besteht immerhin Hoffnung, denjenigen die Vorurteile und damit die Angst auszutreiben, die bislang gar nicht gemerkt haben, daß ihre »Informationen« über die muslimischen Migranten in Deutschland sich hauptsächlich aus Ressentiments und Propaganda speisen. Aufklärung tut bitter not, denn die Wortführer der Islamfeinde haben einen enormen Vorsprung in der medialen Aufmerksamkeit vor denen, die das »Islam-Bashing« als das erkannt haben, was es ist: die neueste Verkleidung rassistischen Hasses. Der Erziehungswissenschaftler und Publizist Micha Brumlik bemerkte anläßlich der Kampagne gegen einen Moscheebau im Frankfurter Stadtteil Hausen: »Dumpfer Rassismus, verständliche Ängste und populistische Stimmungsmache überlagern sich hier wechselseitig. [...] Hinter und mit dem rechtspopulistischen Aufbegehren formiert sich ein bisher noch vornehm zurückhaltender, bildungsbürgerlicher Aufstand [...], ein Potential, das, wenn es sich irgendwann politisch organisiert, der Union im parlamentarischen Raum erfolgreich Konkurrenz machen könnte.«[22]

Die Ausländerfeindlichkeit im Gewand der »Islamkritik« vergiftet die bundesdeutsche Gesellschaft bis tief hinein ins bürgerliche und sogar linke Lager. Dieser Rassismus, der sich als Kulturkampf tarnt, hat eine lange Vorgeschichte. Sie beginnt im selben Jahr, in dem die deutsche Teilung endete.

Die Vorläufer

Mauer vor den Köpfen

Angst vor dem Anderen ist stets auch Angst vor Veränderung. Der Angsthaber will, daß die Welt, wie er sie sich vorstellt, für alle Zeiten genauso weiterbesteht, wie sie zwar nie war, doch sein sollte, ginge es nur nach ihm. Er hat sich in einem Kosmos aus Klischees eingerichtet und erträgt es deshalb nicht, mit Tatsachen, Ansichten, Menschen konfrontiert zu werden, die seine Vorurteile widerlegen könnten. Weil sein Taschenuniversum die Begegnung mit der Realität nicht lange überstehen würde, soll es keine andere Wirklichkeit geben als die seiner Stereotypen. Die bestehende Welt nimmt allerdings wenig Rücksicht, sie dreht sich nicht nur um sich selbst, sondern täglich weiter. Daher plärrt der Angsthaber, wenn die Zeitung Dinge berichtet, von denen er nichts hören will, das sei ja unerhört; darum fühlt er sich bei jedem Fernsehbild, das den Holzschnitten in seinem Kopf nicht entspricht, als blickte er in den Abgrund. Womit er sogar recht hat, in gewisser Weise: Das Reich der Illusionen und Halluzinationen, dieses wunderliche Land, das irgendwo hinter den Spiegeln liegt, kann nur jemand verlassen, der bereit ist, tief abzustürzen und schmerzhaft auf dem Körperteil zu landen, das er so lange mit dem Kopf verwechselt hat. Und solch ein Fall kommt dem Angstgestörten nicht in den Sinn, außer in seinen Alpträumen.

Darin jedoch unablässig. Immerzu fällt in seinen Horrorvisionen etwas und geht unter: die Sitte, der Anstand, die Familie, die Kultur, der Staat und, sowieso, das Abendland. Zu seinem Glück steht er mit diesem Wahn nicht allein da, sondern kann sich auf Medien verlassen, die ihm die Realität so servieren, wie er sie am liebsten wahrnimmt: als Bedrohung. Bis zum Ende des sozialistischen Machtblocks waren für die Pflege der deutschen Paranoia vor allem die Tageszeitungen des Axel Springer Verlags zuständig. Sowjets, Kriegsdienstverweigerer, Studenten, Hippies, Gammler, Kommunisten, Terroristen, Pazifisten, Feministen, Atomkraftgegner, Ökos, Punks – wer immer auch »links« dachte oder bloß so wirkte, provozierte zuverlässig Schlagzeilen und Reportagen in *Bild* und *Welt*, die das Treiben im biblischen Sodom wie einen verregneten Nachmittag im Kurpark von Bad Pyrmont erscheinen ließen. Da Gott fürs Aufräumen und Ausmisten nicht zur Stelle war, schrien die Springer-Kommentatoren nach der »wehrhaften Demokratie«, das heißt nach Minderung der Bürgerrechte und Verschärfung der Polizeigesetze, und nicht nur sämtliche CDU-Politiker brüllten sofort mit.

Die Verfassung sei in Gefahr, wenn sie auch ihre Feinde schütze, darum müsse man das Grundgesetz den Verhältnissen anpassen, um es zu bewahren, notfalls unter Preisgabe von Grundrechten: Dieses Paradoxon stellt bis heute ein Lieblingsargument im Repertoire der Angsthaber und Angstmacher dar. Und es hat noch jedes Mal zum Ziel geführt, zum Abbau von Verfassungsgarantien. Dazu brauchte es nur Medien, die den Schrecken, wenn sie ihn schon nicht melden konnten, kurzerhand erfanden; die ihr Publikum so lange einschüchterten, bis es wirklich glaubte, ein DKP-Mitglied dürfe keine Briefe austragen und jeder, der die politischen Motive der RAF diskutiere, sei, ganz gleich, was dabei herauskomme, ein »geistiger Vater der Gewalt«. Wessen Methoden hier beerbt wurden, bringt der Regisseur Volker Schlöndorff, nach Heinrich Böll befragt, auf den Punkt: »Die Hetze der *Bild*-Zeitung hätte auch die Hetze des Propagandaministeriums sein können.«[23]

Weil der einzige Unsinn, den der Angstgestörte gelten läßt, der eigene ist, glaubt er die Meinungsfreiheit mißbraucht, sobald ihm widersprochen wird. Er will die Demokratie retten, indem er sie abschafft, er sieht den Rechtsstaat am Ende, wenn ein Richter der Staatsgewalt Grenzen setzt, und die Würde des Menschen tastet er an, sobald er den Mund auftut. In *Die Springer-Bibel* hat Gerhard Henschel einen Paradefall dieses Ungeists und die Folgen notiert: »Am 7. Februar 1968 rief die *Bild*-Zeitung zum aktiven Widerstand gegen die außerparlamentarische Opposition auf: ›Stoppt den Terror der Jung-Roten jetzt!‹ Unter dieser Überschrift hieß es: ›Man darf über das, was zur Zeit geschieht, nicht einfach zur Tagesordnung übergehen. Und man darf auch nicht die ganze Drecksarbeit der Polizei und ihren Wasserwerfern überlassen. Schlafen unsere Richter? Schlafen unsere Politiker? Wie lange wollen sie noch zulassen, daß unsere jungen Leute von roten Agitatoren aufgehetzt, daß unsere Gesetze in Frage gestellt, unterwandert und mißachtet werden? […] Stoppt ihren Terror jetzt!‹ Zwei Monate später, am 11. April 1968, streckte ein junger *Bild*-Leser Rudi Dutschke in Berlin auf offener Straße mit mehreren Schüssen nieder und verletzte ihn lebensgefährlich.«[24]

Die welthistorische Zäsur von 1989/90, das Ende des Kalten Krieges und des realen Sozialismus, bescherte den Hetzern und autoritären Ideologen zunächst große Freude: Ihr Einsatz gegen »die rote Flut« war siegreich zu Ende gegangen, und es sah nicht danach aus, als würden sich die Kommunisten und ihre Sympathisanten jemals davon erholen. Dennoch befreite der Fall der Mauer die Angsthaber nicht von ihrer Störung. Die Angst selbst, das Grauen und der Abscheu vor dem Anderen waren ihnen viel zu wichtig, um von solch einer Kleinigkeit wie der Weltgeschichte beeindruckt oder gar geheilt zu werden. Zumal auch eine Veränderung zum Besseren vor allem eine Veränderung ist und von den Angsthabern entsprechend mißtrauisch beäugt wird. Sie hatten sich nie so sehr vor den Kommunisten gefürchtet wie vor »den Russen«, »den Schlitzaugen« und »den langhaarigen Affen«. Der Antikommunismus war eine ausgezeichnete Möglichkeit, rassistisch zu blöken, ohne damit gesellschaftlich auffällig zu werden. In das sanktionierte Feindbild von der »roten Gefahr« ließ sich alles projizieren, was den Angstgestörten irre machte, und so konnte der Fremdenhasser über »Horden«, »Barbaren« und »Banden« geifern, wo und wie es ihm beliebte, wenn er nur nicht vergaß, das Adjektiv »rot« hinzuzufügen.

1990 entfiel diese Ausrede, und ein Ersatz stand noch nicht zur Verfügung. Weil jedoch der Horror vor den Fremden weiterbestand, raste durch das wiedervereinigte Land der offene Rassismus. Was in Hünxe, Hoyerswerda und hundert anderen Orten der vergrößerten Republik passierte, wie die Geburt einer Nation mit ekelhafter, hysterischer, zuletzt tödlicher Hatz auf die anderen, insbesondere »die Asylanten«, einherkam, konnte nur den überraschen, der zuvor die Ohren fest verschlossen hatte, wenn über das »Reich des Bösen« oder »Maos blaue Ameisen« hergezogen und die Systemkritik zum Vorwand genommen worden war, Menschenverachtung auszukotzen. Statt der rassistischen Mordlust – allein von 1990 bis 1992 starben 39 Menschen an rechter Gewalt, einhundert weitere sind bis heute hinzugekommen[25] –, statt also diesem Terror mit derselben Entschlossenheit entgegenzutreten wie vormals dem der RAF, wiegelte die Bundesregierung nicht nur ab, sie gab den Totschlägern sogar recht. »Das Antreiben der Angstpsychosen vor den ›anrückenden Gegenrassen‹ und der Ruf nach einer ›Lösung‹ wurden Staatsdoktrin von Verfassungsrang«, konstatierten Thomas Ebermann und Rainer Trampert nach den pogromartigen Ausschreitungen von Hoyerswerda im September 1991. »Im Entwurf zum neuen Ausländergesetz schrieb die Bundesregierung: ›Eine fortlaufende [...] Zuwanderung von Ausländern würde die BRD tiefgreifend verändern. Sie bedeutete den Verzicht auf die Homogenität der Gesellschaft, die im wesentlichen durch die Zugehörigkeit zur deutschen Nation bestimmt wird. Die gemeinsame deutsche Geschichte, Tradition, Sprache und Kultur verlöre ihre einigende und prägende Kraft.‹« Der Entwurf blieb in der Schublade, der chauvinistische Jargon nicht.

Es brauchte in jenen Tagen keine rechtsradikalen Parteien mehr, um dem Fremdenhaß politischen Ausdruck zu verleihen. Als habe die Wiedervereinigung ihnen den Freibrief zur Hetze erteilt, redeten Vertreter von CDU und CSU, wie man es bis dahin nur von Einpeitschern der NPD und DVU gewohnt war: »Der CSU-Bürgermeister von Vilshofen: ›Heute geben wir den Asylanten Fahrräder, morgen irgendwelche Töchter‹. Ein Ratsherr in Dormagen: ›Manche Leute sprechen [...] von Integration, manche von Verschmelzung, ich spreche von Blutverpanschung und -vermanschung.‹ Eine aktuelle CDU-Wahlkampfanzeige in Wittmund: ›Unfrieden in den Dörfern – mehr Straftaten – Wohnungsnot [...] Milliarden für den Asylmißbrauch.‹ [...] Die CDU in Peine: ›Wir wehren uns gegen Scheinasylanten.‹«[26]

Wären die gräßlichsten Exzesse dieser Tage in den alten statt den neuen Bundesländern geschehen, hätte selbst eine Kerzenkette rund um den Äquator nicht genügt, um den Staaten der Welt zu beweisen, daß Deutschland nicht »so« ist. Für die Belagerung des von Arbeitsmigranten bewohnten Heims im sächsischen Hoyerswerda wurde eilig die verweste DDR verantwortlich gemacht. Sie habe durch ihren staatlich verordneten Antifaschismus Neonazis nachgerade herangezüchtet. Außerdem seien die Einwohner der neuen Länder mit den vielen Migranten, die plötzlich durch ihre Straßen liefen, schlicht überfordert. Und schließlich habe die SED-Diktatur den Genossen nie beigebracht, ihren Unmut demokratisch zu äußern. »Weil es aber nicht wirklich gegen die Ausländer geht, sondern gegen unsere freiheitliche Grundordnung, sind die Täter schnell gefunden«, merkte Hermann L. Gremliza an. »Wer war es denn, der nicht Gewähr bieten wollte, jederzeit auf dem Boden der freiheitlich demokratischen Grundordnung zu stehen? Ganz recht: ganz links. Wer also hat, um dem Rechtsstaat zu schaden, das Flüchtlingskind angezündet? Erich Honecker und seine Kommunisten. Darin sind sich die Journalisten in Deutschland einig Vaterland einig über alles. Ein Joachim Neander in Springers *Welt*: ›Ein solches schlechtes Gewissen [im Umgang mit dem Ausländerproblem] aber gibt es im Osten kaum oder gar nicht. Die Erinnerung an die NS-Vergangenheit wurde vier Jahrzehnte lang sozialistisch verfälscht und verdrängt.‹«[27]

So infam und ahistorisch diese Behauptungen auch waren, sie verfingen, bei den Deutschen wie im Ausland. Was dem DDR-Regime gewiß angelastet werden konnte, war Ignoranz für den Rassismus der Untertanen, Unfähigkeit, mit den Angstgestörten im Staat ebenso rücksichtslos zu verfahren wie mit Leuten, die schlechte Gedichte verfaßten oder für den Weltfrieden beteten. Aber Stimmung zum Verbrennen von Ausländern hatte nicht die SED gemacht. Gerhard Henschel hat dokumentiert, wie die Springer-Presse den Rassismus förderte und Rassisten in Schutz nahm: »Als sich die Deutschen einmal so richtig freuen wollten, über die Wiedervereinigung und den Gewinn der Fußballweltmeisterschaft, brach ein Unglück über das Land herein. ›… und es nimmt kein Ende: Asylanten, Asylanten, Asylanten‹, berichtete *Bild*. ›[…] Die Asylantenflut verteilt sich über die Länder auf die Städte und Kreise‹. Es mußte allmählich etwas passieren. […] Und *Bild* stellte die Frage: ›Wer ist schlimmer: Die Skinheads, die Brandsätze gegen Asylantenheime schleudern, oder die Politiker, die schlau reden und tatenlos zusehen?‹«[28] Womit aber nicht deren Untätigkeit gegen Migrantenmörder, sondern gegen die Migranten gemeint war.

Die Begriffsverschiebung von der »roten« zur »Asylantenflut« fiel so leicht, weil es eben nie um den Kommunismus oder »die Freiheit« ging, sondern immer um die Abwehr des Anderen, die aggressive Furcht vor dem Fremden, der ausschließlich als Bedrohung und nie als Mensch angesehen wird. Angsthaber und -macher offenbarten ihre Niedertracht, ihr Vernichtungsdenken in den Jahren nach dem Mauerfall so ungetarnt wie seit dem Dritten Reich nicht mehr, weil sie sich vor Staat und Strafe ziemlich sicher fühlen konnten. 32 Menschen wurden in Hoyerswerda verletzt; die Polizei beließ es bei drei Verhaftungen, und Sachsens damaligem Innenminister Krause fiel nichts Besseres ein, als das Heim räumen zu lassen. Der rassistische Pöbel hatte triumphiert: Hoyerswerda war »ausländerfrei«. Und wenngleich Politiker der bürgerlichen Parteien die Methoden mißbilligten, Verständnis für die Motive der Meute äußerten sie auch allenthalben. »Die Übergriffe zeigen«, sagte der CDU-Bundestagsabgeordnete Volker Rühe, »daß die Bevölkerung durch den massenhaften Mißbrauch des Asylrechts überfordert ist.«[29] Die Menschen, auf die in Hoyerswerda Steine und Brandsätze geschleudert wurden, waren zwar keine Asylbewerber, doch auf solche Petitessen kam es schon nicht mehr an, weder den Skinheads in der sächsischen Kleinstadt noch dem Unionspolitiker in Bonn. Jeder Fremde lief Gefahr, die Bevölkerung durch seine bloße Anwesenheit zu überfordern, zu Übergriffen zu provozieren und anschließend – wenn er überlebte – als der eigentliche Täter angeprangert zu werden.

Im Februar 1992 befürworteten laut einer Emnid-Umfrage 74 Prozent der Deutschen eine Änderung des Grundgesetzes zwecks Beschneidung des Asylrechts[30]. Immer dringlicher forderte die CDU-Bundesregierung einen »Asylkompromiß«. Doch in der SPD-Fraktion, deren Zustimmung es für die nötige Verfassungsänderung brauchte, erinnerten sich einige Abgeordnete, daß nach Hitlers Machtantritt viele Sozialdemokraten nur deshalb überlebt hatten, weil ihnen im Ausland Asyl gewährt worden war. Der »Druck der Straße« beseitigte schließlich den Widerstand der SPD. Und darauf, durch Pogrome, durch die Gewalt des Mobs gegen eine Minderheit zu der Erkenntnis gelangt zu sein, man müsse nicht diesen Mob fortschaffen, sondern die Minderheit – darauf kann die Partei so stolz sein wie auf die Notstandsgesetze 1968 oder den Radikalenerlaß 1972, die mit einer ähnlich grotesken Logik begründet worden waren und auch erst dank sozialdemokratischer Beihilfe realisiert werden konnten.

Zwangsopfer

Vom 22. bis 25. August 1992 belagern mehrere Hundert Rassisten und Skinheads die Zentrale Aufnahmestelle für Asylbewerber (ZAST) und das von vietnamesischen Migranten bewohnte »Sonnenblumenhaus« in Rostock-Lichtenhagen. Von Nacht zu Nacht steigert sich der Terror, wächst die Menge der Claqueure. Unter dem Applaus und Gegröle Tausender Schaulustiger versuchen die Lynchtrupps immer wieder, in das Haus einzudringen, schmeißen Steine in die Fenster und liefern sich Straßenschlachten mit völlig überforderten Polizisten. Am Abend des 24. August zählt der Polizeibericht »ca. 2000 Störer«, das heißt gewalttätige Rassisten – ihnen stehen gerade einmal 2050 Sicherheitskräfte gegenüber. Während Mecklenburg-Vorpommerns Innenminister Kupfer (CDU) den Tatort verläßt, »um das Hemd zu wechseln«, und die Einsatzkräfte sich vom »Sonnenblumenhaus« zurückziehen, um zu »deeskalieren«, setzt die riesige Meute ost- und westdeutscher Neonazis zum Sturm auf das Gebäude an. Sie stecken mit Molotowcocktails die zweite Etage in Brand, können aber wegen der Flammen und des Rauchs nicht eindringen. Dennoch fehlt wenig zum Massenmord: Im Gebäude sitzen 115 Vietnamesen, der Ausländerbeauftragte von Rostock und ein Fernsehteam des ZDF fest. Während das Feuer um sich greift, versperren die johlenden Zaungäste den Löschzügen den Weg; erst als die Polizei Schlagstöcke einsetzt, räumt der Mob die Straße. Den Menschen im »Sonnenblumenhaus« gelingt es, über das Dach zu flüchten.

Zur gleichen Zeit, als der Pogrom in Lichtenhagen seinen Höhepunkt erreichte, erklärte der Ministerpräsident von Mecklenburg-Vorpommern, Bernhard Seite (CDU), auf einer Pressekonferenz: »Die Vorfälle der vergangenen Tage machen deutlich, daß eine Ergänzung des Asylrechts dringend erforderlich ist, weil die Bevölkerung durch den ungebremsten Zustrom von Asylanten überfordert wird.«[31] Neben ihm saß Bundesinnenminister Rudolf Seiters (CDU) und wußte ebenfalls, daß die Rassisten durch die Fremden im Land zu ihren Krawallen genötigt wurden: »Wir müssen handeln gegen den Mißbrauch des Asylrechts, der dazu geführt hat, daß wir einen unkontrollierten Zustrom in unser Land bekommen haben. Ich hoffe, daß die letzten Beschlüsse der SPD, sich an einer Grundgesetzänderung zu beteiligen, endlich den Weg frei machen.«[32] Die unkontrollierte Gewalt gegen Ausländer, der Zustrom von Fremdenhassern, die akute Bedrohung und Todesangst der Menschen in der ZAST und im »Sonnenblumenhaus« beeindruckten ihn nur insoweit, als sie ja selbst schuld seien und etwas mißbraucht hatten, was aus dem Grundgesetz gestrichen gehörte. Daß es sich bei den vietnamesischen Familien in Lichtenhagen eben nicht um Asylsuchende, sondern um Arbeiter handelte, die vom DDR-Regime ins Land geholt worden waren, spielte in der Politik und der Berichterstattung keine Rolle mehr: »Migrant« und »Asylant« waren im ausländerfeindlichen Jargon längst Synonyme geworden. Für seine Kaltschnäuzigkeit angesichts eines rassistischen Autodafés bekam Seiters 1995 übrigens, was er verdiente: das Große Bundesverdienstkreuz mit Stern.

Ein Mitglied jener ZDF-Crew, die im »Sonnenblumenhaus« um ihr Leben fürchten mußte, der Journalist Jochen Schmidt, ist heute überzeugt, Seite und Seiters hätten die Situation vor Ort vorsätzlich entgleisen lassen, damit die SPD endlich dem »Asylkompromiß« zustimmte: »Die haben alle zusammengesessen an diesem Nachmittag und beraten, […] und in dieser Zeit werden Hundertschaften abgezogen, neue werden nicht genehmigt, Informationsstränge brechen plötzlich zusammen, dem Einsatzleiter vor Ort wird sein Beamter, der für ihn als rechte Hand fungiert, abgezogen. Jede Menge Dinge passieren dort plötzlich, genau zu dieser Zeit, als die Herren dort zusammensitzen. Und da ist die Frage schon erlaubt, ob's denn da wohl einen Zusammenhang gibt. Es gibt viele Indizien dafür […].«[33]

Aber keinen Beweis für ein Komplott. Ein ungeheurer Skandal sind die Brandnächte von Rostock-Lichtenhagen allerdings auch ohne den Nachweis einer Verschwörung. Und sie belegen eines auf jeden Fall: die Lethargie der deutschen Staatsgewalt, wenn es um rassistische Gewalt und ihre Verfolgung geht. Trotz aberhundert »Störer« wurde nur gegen ein paar Dutzend von ihnen ein Gerichtsverfahren eröffnet. 44 – zur Tatzeit Jugendliche – kamen mit Bagatellstrafen davon. Vier Skinheads, die am Sturm auf das »Sonnenblumenhaus« beteiligt waren, wurden 1993 zu Gefängnisstrafen zwischen zwei und drei Jahren verurteilt. Ein letzter Prozeß gegen drei Täter wurde erst 2002 abgeschlossen: Er endete mit Haftstrafen, die sogleich zur Bewährung ausgesetzt wurden. Von den Tausenden Schaulustigen, die Vietnamesen brennen sehen wollten, landete nicht einer vor Gericht. Auf diese Zahlen sollte verweisen, wer mit Geschwätz von einer »Multikulti-Kuscheljustiz« belästigt wird.

Bestürzt über die Ereignisse und mehr noch darüber, welchen Schaden die Jagd auf Ausländer »unserem Ruf im Ausland« zufügen könnte, mobilisierten liberale Bürger Lichterketten, Mahnwachen und ähnliche Formen viel zu stillen Protestes. Gegen die Aushöhlung des Asylrechts unternahmen sie nichts. Zwar flößte das Schreckensszenario von der »Überfremdung« ihnen eher Unbehagen als Angst ein, denn die Herkunft der Vokabel aus dem Wörterbuch des Unmenschen entging ihnen nicht. Doch die Kampagne gegen Zuwanderer hatte auch ein »rationales« Argument zu bieten, und das hieß: »Mißbrauch der Sozialsysteme«. Dieselben Bürger, die sich nicht bange machen lassen wollten von den Fremden, bekamen es sehr wohl mit der Angst zu tun, als die Migrationsgegner ihnen vorrechneten, der andere habe es auf ihr Geld abgesehen. Die liberalen »Leitmedien« taten wenig dafür, diese Sorgen zu entkräften, im Gegenteil, sie gaben all denen recht, die sich ihre Humanität außer ein paar Teelichtern bloß nichts kosten lassen wollten. Auch der *Spiegel* wußte, wo das Mitleid aufhört, nämlich im Portemonnaie. »Wer mit seinen Steuern die deutsche Einheit finanziert«, hieß es in der Titelgeschichte von Ausgabe 37/1991, »wer – im deutschen Osten – die neue Freiheit zunächst als Arbeitsloser erlebt, ist kaum noch bereit, ein Zwangsopfer für Armutsflüchtlinge zu bringen. Mag auch das Boot noch nicht, wie oft behauptet, voll sein: Die ›Angst im Boot‹ (*Süddeutsche Zeitung*) ist größer als je zuvor.« Wozu die Cover-Illustration ihr Teil beitrug – sie zeigt eine Arche Noah mit schwarzrotgoldenem Anstrich, auf die, Heuschreckenschwärmen gleich, unzählige Menschen drängen. Titelzeile: »Ansturm der Armen – Flüchtlinge, Aussiedler, Asylanten«.

Nachdem der *Spiegel* jahrzehntelang mißtrauisch geworden war, wenn die Angst- und Scharfmacher wieder einmal den Untergang des Abendlandes prophezeit hatten, gesellte er sich nun zur Avantgarde der Katastrophiker. Es gab damals noch gute Gründe, vom *Spiegel* andere Töne, durchdachtere Meinungen als von der *Bild*-Zeitung zu erwarten, und vielleicht merkten deshalb viele Leser nicht, wie ihr Nachrichtenmagazin und das Boulevardblatt sich im Nu bis zum Verwechseln ähnlich wurden, als die Fremden ins Land kamen. Warum die *Spiegel*-Redaktion die Überforderung der Asylbehörden zu Beginn der 90er Jahre mit der Zahl der Asylsuchenden und nicht mit dem eklatanten Versagen der Politik zu erklären versuchte – die unterbesetzten Ämter und die Willkür bei den Aufnahmeverfahren werden eher entschuldigend erwähnt –, weshalb die Coverstory ausschließlich die Vertreter eines rigiden Abschreckungs- und Abschiebekurses zu Wort kommen läßt, ist leicht zu erraten. Die Redakteure saßen ja mit in dem Boot, in das die Heuschrecken drangen, auch ihr Wohlstand schien gefährdet, und vor lauter Sorge, mit den Armen der Welt mehr teilen zu müssen als ein paar warme Worte, achteten sie nicht darauf, welche Instinkte sie bedienten, als sie von einem »Zwangsopfer« jammerten.

Ebenso wie die Mehrheit der Bundesbürger nahmen sie die Flüchtlinge nicht als Menschen wahr, denen geholfen werden mußte, sondern als Betrüger, Schmarotzer, Plünderer: »Den reichen [...] Mitteleuropäern droht ein Ansturm der Elenden und der Glücksritter aus aller Herren Länder.« Keine der Zahlen, mit denen zu jener Zeit herumgefuchtelt wurde, schien dem *Spiegel* phantastisch genug, um ihr zu widersprechen oder sie wenigstens zu überprüfen: »Wenn nun auch die zerfallende Sowjetunion ihre Grenzen öffnet, werden nach Schätzungen des Wiener Innenministers Franz Löschnak 10 Millionen Russen gen Westen reisen. [...] [In] zehn Jahren [wird es] in den südlichen Mittelmeerländern für 100 Millionen Menschen keine Existenzgrundlage mehr geben. [...] [Nach] einer Umfrage der Internationalen Arbeitsorganisation würden schon jetzt allein 2,3 Millionen junge Türken sofort ihre Heimat in Richtung EG verlassen, wenn sie nur dürften.«

Nirgendwo in der sehr langen Titelgeschichte herrscht Nüchternheit, an keiner Stelle wird betont, daß die Beantragung politischen Asyls noch lange keine Bewilligung bedeutet und »Wirtschaftsflüchtlinge« das Grundgesetz eben nicht für sich reklamieren konnten. Statt dessen erweckt der *Spiegel* den Eindruck, es sei bereits der Versuch kriminell, im Rechtsstaat sein Recht einzufordern: »Daß jemand, der gar nicht aus Deutschland fortwill, nicht übermäßig kooperativ ist, wundert [einen bayerischen Ministerialbeamten] nicht: ›Der wird alles tun, um uns zu behindern‹.« Und dabei von seinen Blutsbrüdern in der alten Heimat nach Kräften unterstützt: »Vor allem Indien und einige afrikanische Länder [...] ›wollen ihre Leute nicht wiederhaben‹. Der Grund ist für den Experten klar: ›Das ist wieder ein hungriges Maul, das gestopft werden will.‹«[34] Solche anonymen »Experten«, solch lupenreine Rassisten zu zitieren, ohne wenigstens ihr Vokabular zu beanstanden: Das war ein Tiefpunkt in der *Spiegel*-Historie, die Bekanntgabe eines moralischen Bankrotts.

Was jedoch von den wenigsten Lesern registriert wurde. Denn so xenophob dachten, so hysterisch redeten ja fast alle über die »Asylantenschwemme«. Zum Beispiel Steffen Reiche, der damalige Landesvorsitzende der SPD in Brandenburg: »[Große] Flüchtlingsströme aus dem Osten könnten der europäischen Kultur ein Ende setzen [...], sie können für Europa gefährlicher werden als die Rote Armee in den Zeiten des Kalten Krieges«.[35] Obwohl die immerhin über mehrere Tausend Atombomben verfügte. Doch anders als die Asylsuchenden war sie nie in Westeuropa einmarschiert, und außerdem hätte sie keine hungrigen Mäuler, sondern Truppenverpflegung mitgebracht. Steffen Reiche arbeitete vor seiner politischen Karriere übrigens als Pfarrer.

Um die Migranten als Gesindel zu denunzieren, das es aufs Fundament der europäischen Kultur, unser Geld, abgesehen hat, operierten die *Spiegel*-Autoren sogar mit Hütchenspielertricks: »Kaum feststellbar ist es [...], wenn ein Flüchtling die begehrte Sozialhilfe gleich mehrfach kassiert – ein Delikt, das sich vielerorts zu einem Massenphänomen zu entwickeln scheint, beispielsweise in Niedersachsen.« Es ist kaum festgestellt, es scheint bloß so, niemand weiß Genaues, doch der *Spiegel* meldet wie eine Tatsache, was sogar als Gerücht zu haltlos gewesen wäre: »Nach vorsichtigen Schätzungen liegt die Zahl solcher Sozialhilfe-Pendler allein in Niedersachsen derzeit bei 700.«[36] In der Bundesrepublik hielten sich 1991 laut Statistischem Bundesamt 256 112 Asylsuchende auf. Daran gemessen sind 700 »Sozialhilfe-Pendler« – auch wenn es nur um die in einem einzelnen Bundesland geht und vorausgesetzt, daß sie nicht bloß in der Phantasie des *Spiegel* existierten – sicherlich kein »Massenphänomen«. Den Angstmachern und Angsthabern gilt jedoch das Faktum stets weniger als das, was eventuell einmal Fakt werden könnte. Die »vorsichtige Schätzung« ist ihnen allemal lieber als überprüfbare Daten, und darum sammeln sie eifrig jede, egal wie haltlose Spekulation, sofern sie nur ins paranoide Bild paßt. Wohin es führt, wenn neben den Blut-und-Busen-Gazetten seriöse Zeitungen den Fremdenhassern Futter reichen und die politische Elite passende Ausreden liefert, war in den Jahren der »Asylantenflut« überall in Deutschland zu besichtigen, an brennenden Häusern und totgeprügelten Menschen.

Eine Woche nachdem die *Spiegel*-Nummer über den »Ansturm der Armen« erschienen war, brach in Hoyerswerda der Volkssturm los.

Off limits

Als die Überfälle, Hinterhalte, Pogrome, Morde so zahlreich geworden waren, daß es sich kaum noch lohnte, Titelgeschichten darüber zu veröffentlichen, beugte sich auch die SPD einer nichts als zynischen Erwägung, die der *Spiegel* mit diesen Worten umschrieb: »Um einer weiteren Radikalisierung vorzubeugen, die bei den nächsten Wahlen Rechtsextremisten zugute kommen könnte, suchen Politiker aller Bonner Parteien nach Mitteln, die Einreise von Asylbewerbern und anderen Zuzüglern zu kontrollieren.«[37] Anders gesagt: Die Radikalen sollten nicht durch Polizei und Staatsanwalt aus dem Verkehr gezogen, sondern umarmt werden. Das »Deutschland den Deutschen, Ausländer raus!«-Gebrüll wurde in der Form weiterhin abgelehnt, doch inhaltlich übernommen.

Am 26. Mai 1993 beschloß der Deutsche Bundestag mit den Stimmen der CDU/CSU-, FDP- und SPD-Fraktionen die Neufassung des Grundgesetzartikels 16, Absatz 2. Lautete der bis dahin lapidar: »Politisch Verfolgte genießen Asylrecht«, wurde der Paragraph jetzt mit so vielen Bedingungen verknüpft, daß es seither nahezu unmöglich ist, in Deutschland politisches Asyl zu finden. Als »Artikel 16a« verkam der Asylanspruch zum Anhängsel, zum Relikt einer versunkenen Zeit, in der Flüchtlinge noch nicht pauschal für eine menschliche Bedrohung, sondern erst einmal für bedrohte Menschen gehalten wurden.

Der Absatz 1 des neuen Asylartikels entspricht, so viel Schein muß sein, wortgleich der alten Bestimmung. Doch drei weitere Absätze stellen vor dem Asyl-»Genuß« fast unüberwindbare Hürden auf. So muß sofort wieder umkehren, wer aus »einem Mitgliedsland der Europäischen Gemeinschaften« oder einem »Drittstaat« eingereist ist, in dem die Menschenrechte gewahrt werden. Woran man solche »sicheren Drittstaaten« erkennt, darf, mit einfacher statt Zweidrittelmehrheit, derselbe unbestechliche Gesetzgeber bestimmen, der das Menschenrecht auf Asyl mit Füßen getreten hat. Wer aus einem

Staat flüchtet, der nach Dafürhalten von Bundestag und Bundesrat politische Verfolgung und Folter nicht praktiziert, wird abgewiesen, »solange er nicht Tatsachen vorträgt, die die Annahme begründen, daß er entgegen dieser Vermutung politisch verfolgt wird«. Wenn also in einem Staat wie China oder dem Iran Foltermethoden zum Polizeialltag gehören, reichen die Spuren der Tortur, die ein Asylbewerber vorweist, noch lange nicht aus, um ihn als politisch Verfolgten anzuerkennen. Er könnte ja auch ein Ladendieb sein. Juristische Mittel gegen eine Abschiebung werden dem Asylsuchenden weitgehend versagt: »Die Vollziehung aufenthaltsbeendender Maßnahmen wird [...] durch das Gericht nur ausgesetzt, wenn ernstliche Zweifel an der Rechtmäßigkeit der Maßnahme bestehen«.[38]

Sollte jemand es trotz aller Beschränkung und Willkür schaffen, in Deutschland Asyl zu erhalten, hat er sich hier auf keinen Fall heimisch zu fühlen. Zu diesem Zweck verordnet seit dem 1. November 1993 das »Asylbewerberleistungsgesetz« eine materielle Unterstützung der Asylanten, die weit unterhalb der Sozialhilfesätze liegt, größtenteils aus Sachleistungen und Wertgutscheinen besteht und deren finanzieller Gegenwert in 15 Jahren nicht mal um die Inflationsrate aufgestockt worden ist. Gleichfalls der Abschreckung dienen die »Residenzpflicht« – dem Asylsuchenden wird untersagt, die Stadt oder den Landkreis zu verlassen, dem er »zugeteilt« wurde –, sowie ein umfassendes Arbeitsverbot: Asylsuchende dürfen im ersten Jahr ihres Aufenthalts überhaupt keinem bezahlten Job nachgehen, in den folgenden drei Jahren nur dann, wenn sich für die Tätigkeit weder ein Deutscher noch ein EU-Angehöriger oder ein »EU-Assoziationsberechtigter« findet. Zwangsarbeit im Asyllager ist hingegen ausdrücklich vorgesehen: »In Aufnahmeeinrichtungen [...] sollen Arbeitsgelegenheiten insbesondere zur Aufrechterhaltung und Betreibung der Einrichtung zur Verfügung gestellt werden. [...] Arbeitsfähige, nicht erwerbstätige Leistungsberechtigte [...] sind zur Wahrnehmung einer zur Verfügung gestellten Arbeitsgelegenheit verpflichtet.« Bei »unbegründeter Ablehnung« – was »unbegründet« bedeutet, verrät der Text nicht – verliert der Asylsuchende jeden Anspruch »auf Leistungen nach diesem Gesetz«[39].

Die Obszönität der Bestimmungen ist schwerlich zu überbieten: Menschenrechte, die das Grundgesetz in seinen Artikeln 1 bis 3, 11 und 12 garantiert, gelten gerade für jene nicht, die vor der Menschenrechtlosigkeit in ihrer Heimat nach Deutschland geflohen sind. Es werde »in einem Maße und einer zerstörerischen Alltäglichkeit«, schreibt Thomas Hohlfeld, »in das Leben, in die Persönlichkeitssphäre, in die Würde von Personen [...] eingegriffen, wie es für die übrige Bevölkerung unvorstellbar sein dürfte«[40]. Und wie sie es sich auch nicht vorstellen will. So inhuman, wie der Gesetzgeber die Flüchtlinge behandelt, so gleichgültig gehen die meisten Bundesbürger mit dieser institutionellen Menschenrechtsverletzung um. Wenn sie überhaupt davon wissen. Denn die neuen Asylgesetze haben auch dafür gesorgt, daß Asylsuchende und ihr staatlich verfügtes Elend aus der Öffentlichkeit und der Wahrnehmung so gut wie verschwunden sind. In Lager gesperrt, vom Berufsleben ausgeschlossen, ohne Mittel, ein Gasthaus, eine Diskothek oder bloß ein Stehcafé zu besuchen, festgenagelt an das Kaff und den Landkreis, in welche sie behördlich verbannt wurden, vegetieren Asylbewerber unsichtbar, unhörbar vor sich hin, um schließlich ebenso lautlos, ebenso unbemerkt »abgeschoben« zu werden.

Die Kombination aus Ablehnung und Abschreckung erzielte unmittelbar Erfolge. 1993 wurden 322 599 Anträge auf Asyl gezählt. 1994, nach Inkrafttreten der Verfassungsänderung und der neuen Asylgesetze, sank die Zahl auf 127 210.[41] Die rapide Abnahme der Anträge hat sich seither fortgesetzt. Im Jahr 2007 zählte das Bundesamt für Migration und Flüchtlinge (BAMF) mit einer Zahl von 19 164 so wenig neue Asylbewerber wie seit 30 Jahren nicht mehr. Bleiben darf von diesen Menschen fast niemand. Das BAMF entschied, ebenfalls 2007, in gerade einmal 304 von 28 572 Verfahren positiv – das entspricht einer Anerkennungsquote von 1,1 Prozent. Die Welt müßte diesen Zahlen zufolge ein Ort sein, an dem politische Verfolgung so gut wie gar nicht mehr stattfindet. Aber das glauben allenfalls BAMF-Beamte. Was so gut wie gar nicht mehr stattfindet, ist das politische Asyl in Deutschland.

Wie einseitig das Geplärr über die »Asylantenflut« war, wie stark rassistische Ideologie die Kampagne gegen »Überforderung« und »Überfremdung« beeinflußte, belegt die Einwanderung der sogenannten »Spätaussiedler«. Sie wurde durchweg sachlich diskutiert, mitnichten behindert, bis 1993 sogar nach Kräften gefördert. Migranten mit Vorfahren aus dem Territorium des Deutschen Reichs vor 1914 erhielten automatisch die Staatsbürgerschaft der

BRD – es spielte überhaupt keine Rolle, wie viele Generationen vergangen waren, seit ihre Ahnen sich in Osteuropa niedergelassen hatten. Der Nachweis des korrekt verwurzelten Stammbaums genügte für die Einbürgerung. Seit dem 1. Januar 1993, als das »Kriegsfolgenbereinigungsgesetz« in Kraft trat, erhielten eingewanderte Polen und Rumänen mit deutschen Vorfahren zwar nicht mehr ungeprüft den Sonderstatus des »Vertriebenen«, doch für alle Menschen deutscher Abstammung, die in den Nachfolgestaaten der Sowjetunion lebten, nahm der Bundestag weiterhin an, sie seien Verfolgung und Diskriminierung ausgesetzt. Erst im Jahr 2001 wurde Paragraph 6 des »Bundesvertriebenengesetzes«, der die »Volkszugehörigkeit« regelt, enger gefaßt. Seither müssen »Aussiedler« ihr »Bekenntnis zum deutschen Volkstum oder die rechtliche Zuordnung zur deutschen Nationalität« durch »die familiäre Vermittlung der deutschen Sprache« bestätigen. »Von 1988 bis 2003«, notiert Hohlfeld, »wanderten knapp drei Millionen Menschen als […] Aussiedlerinnen und Aussiedler in die Bundesrepublik Deutschland ein. Von einem ›Staatsnotstand‹ war […] nie die Rede.«[42] Nicht die Großzügigkeit empört, mit der im Fall der »Rußlanddeutschen« verfahren worden ist – Großzügigkeit hat nie etwas Empörendes –, sondern die Aggression gegen alle anderen Menschen, die versuchten, nach Deutschland auszusiedeln. Die Migrationspolitik der Bundesrepublik teilt bis heute die Menschheit in zwei Klassen ein, und über die Zugehörigkeit zu den privilegierten oder den »normalen« Einwanderern entscheidet weiterhin ein rassistisches Konstrukt: die Nation als Abstammungsgemeinschaft, die Volkszugehörigkeit qua Geburt – das »Blut«.

Der Angst vor dem Anderen, dem Haß auf den Fremden hat die Beseitigung der Asylgarantie nicht viel länger Genugtuung verschafft als vormals das Ende des Ostblocks. Weil der Angsthaber dazu verdammt ist, keine Ruhe zu finden, gibt er nie Ruhe. Die Verstümmelung des Asylrechts reduzierte zwar die Migration von Jugoslawen, Sinti, Roma, Afrikanern, Arabern, Asiaten nach Deutschland drastisch. Doch Millionen Menschen, die dem deutschen Rassisten ein Greuel sind, weil angeblich der falsche Saft in ihren Adern fließt, hatten sich im Land bereits niedergelassen. Nun wurde es Zeit, auch sie zu vertreiben. Am 23. November 1992 zündeten Neonazis in Mölln zwei Häuser an, die von türkischen Familien bewohnt wurden. Zwei kleine Mädchen und ihre Großmutter starben in den Flammen. Ein halbes Jahr später, am 29. Mai 1993, kamen in Solingen drei Kinder und zwei Erwachsene bei einem rassistischen Brandanschlag ums Leben. Achtzehn weitere Menschen erlitten teils lebensgefährliche Verletzungen. Alle Opfer waren türkische Migranten. Nur drei Tage vor dem Massaker hatte der Bundestag den Asyl-Artikel des Grundgesetzes deformiert.

Diesmal jedoch fanden sich keine Ministerpräsidenten oder Bundesinnenminister, die öffentlich Verständnis für die Täter äußerten. Da diese Pogrome in den »alten« Bundesländern geschehen waren, konnte sich auch niemand auf die »Schuld« des »staatlich verordneten Antifaschismus« herausreden. Kein Politiker links von der NPD wagte es, für ein Gesetz zu plädieren, das türkische Kinder des Landes verwies, damit deutsche Rassisten keinen Anlaß mehr hätten, sie »aus Angst vor Überfremdung« umzubringen. Die ganze Welt beobachtete entsetzt, welche Exzesse an Fremdenhaß sich im neuen Deutschland entluden, und so versprach die Bundesregierung hastig, das Staatsangehörigkeitsrecht zu überarbeiten. Helmut Kohl überlegte, »doppelte Staatsbürgerschaften für eine Übergangszeit von fünf Jahren zu erlauben. Danach müsse sich der Doppelbürger für einen Heimatstaat entscheiden.«[43] Aus den guten Vorsätzen wurde unter Kanzler Kohl allerdings nichts. Erst nach seiner Abwahl 1998 konnte die seit Jahrzehnten fällige Reform angegangen werden. (Wie die vormaligen Regierungsparteien CDU und FDP mit populistischen Tiraden und Aktionen eine wirklich moderne Regelung sabotierten, schildert das Kapitel »Die Geduldeten«.)

Obwohl sie keine Sympathien für die Kindermörder von Mölln und Solingen hegten, fürchteten viele Deutsche sich weiterhin mehr vor Migranten als vor rassistischen Killern. Daß Menschen aus der Nachbarschaft verbrannten, war in den Tagen nach den Anschlägen durchaus zu hören und zu lesen. Der Hinweis auf ihre »fremde« Herkunft fehlte dabei jedoch nie. So einhellig die Tat verdammt wurde, so sehr stand außer Frage, daß sie sich gegen *andere* gerichtet habe, daß Deutsche und Türken nicht bloß im Vorurteil, sondern tatsächlich zwei verschiedene Spezies seien. Doch wer eine Differenz zwischen »Fremden« und Einheimischen akzeptiert, der hat den halben Weg zum Rassisten bereits hinter sich. Den Haß der Fremdenhasser zu geißeln ist nichts als leere Geste, wenn man in ihrem Wahn einen rationalen Kern auszumachen glaubt und das Fremdartige des

»Fremden« nicht etwa der eigenen Wahrnehmung, sondern dem Verhalten, dem puren Dasein des anderen Menschen zuschreibt. »Rassismus«, definiert Noah Sow in ihrer fulminanten Streitschrift *Deutschland Schwarz Weiß,* »ist nicht erst die negative *Reaktion* auf einen angeblichen Unterschied, sondern bereits die *Behauptung* des Unterschieds.«[44]

Die unablässige Propaganda gegen die »Überfremdung« steckte voller rassistischer Klischees. Auf das Menetekel vom »vollen Boot«, Bankrott der Sozialsysteme, Untergang des Abendlandes folgte stets die Aufforderung zur Abwehr, Gegenwehr, Notwehr. Die jungen Männer, die in Mölln und Solingen töteten, konnten sich zu Recht als Vollstrecker einer Paranoia fühlen, die ganz Deutschland erfaßt hatte. Einer der Möllner Verbrecher sagte dem Gerichtsgutachter: »Was ich gemacht hab, war doch kein Mord […]. Ich hab bloß das Haus angesteckt, und dabei sind halt welche umgekommen. […] Der Staat hat doch sogar Nutzen davon, dann muß er kein Kindergeld zahlen. Weil die Türken schaffen sich doch hier in Deutschland nur so viele Kinder an, um Kindergeld zu kassieren.«[45] Das Argument war ihm ernst, ebenso ernst wie all den Journalisten, Politikern und Bürgern, die es ihm vorgesagt hatten: »›Aus ihrer Sicht hätten die Angeklagten durchaus den Eindruck gewinnen können, die radikale Spitze einer breiten Bewegung zu sein‹, [urteilte] das Oberlandesgericht Schleswig«[46] über die Mörder von Mölln, die keine Menschen, sondern bloß ein Haus angezündet hatten, in dem, nicht nur aus ihrer Sicht, »welche« wohnten, die es vor allem auf »unser« Geld abgesehen hatten.

Viele Angsthaber waren bestürzt über die Brutalität der Tat. Daß ihr Grauen vor den anderen die Täter ermuntert haben könnte, kam ihnen aber nicht in den Sinn; ein Gefühl für ihre Verantwortung beschlich sie sowenig wie auch nur ein Hauch von Scham. Kanzler Kohl blieb den Mahnwachen in Mölln ebenso fern wie der Beerdigungsfeier für die Toten in der Türkei; er hielt das für »Beileidstourismus«. Nicht zu Unrecht: Etwas anderes wäre die Teilnahme, in seinem Fall, zweifellos nicht gewesen. Johannes Rau – kein Christdemokrat, aber ein Christ im besten Sinne, zur Zeit des Anschlags von Solingen Ministerpräsident in Nordrhein-Westfalen – bekannte einige Jahre später, er habe angesichts der qualmenden Trümmer gedacht: »[Es] lohnt sich alles nicht; du kannst die Welt nicht verändern.«[47] Ob ihm damals klargeworden war, welch verheerendes Signal die Abschaffung des alten Asylgesetzes ausgestrahlt hatte, verriet er nicht; man kann es ihn, leider, auch nicht mehr fragen.

Hoyerswerda, Lichtenhagen, Mölln, Solingen: Das war die Brandsatzkette, die die deutsche Wiedervereinigung illuminierte. Als die Nation »zusammenwuchs«, mutierten viele Hunderttausend Menschen, die in den Grenzen dieser Nation lebten, zu Unkraut, und so wurden sie auch behandelt. Die Deutschen waren Anfang der Neunziger ein einig Volk von Jätern und Jägern. Erst als Kinder ermordet wurden, nahmen die Chauvinisten sich zurück und entschuldigten die Vernichtungswut der Rassisten nicht mehr mit der »anderen Kultur« der Menschen, die verbrannt worden waren. Doch diese Zurückhaltung hielt nicht lange vor. Das Gift, das in jenen Jahren verspritzt worden war, versickerte nicht. Es wurde gespeichert. Die Angsthaber und die Angstmacher reduzierten die Lautstärke; ihre Ressentiments bewahrten sie auf. Mit den Mordbrennern von Solingen und Mölln wollten sie nichts zu tun haben – mit den Migranten aber erst recht nichts. Als größte Bedrohung für Deutschland betrachteten sie nicht die Rassisten, die mitten in Deutschland Häuser abfackelten, sondern Asylanten, Türken, Muslime, all diese anderen, die mitten in Deutschland Häuser bewohnten. Sie hatten für ihre Meinung viele Gewährsmänner; einer davon saß im Bundesinnenministerium.

Das Grundmuster

Eckart Schiffer, Leiter der Verfassungsabteilung und laut Auskunft des *Spiegel* »Chefdenker für Ausländerpolitik von Innenminister Wolfgang Schäuble«, überließ dem Nachrichtenmagazin im September 1991, wenige Tage nach den rassistischen Ausschreitungen in Hoyerswerda, eine »Expertise«, die fast alles vorwegnahm, was heute zum argumentativen Kanon der Islamfeinde gehört. Wie sie hütet auch Schiffer sich davor, von »Rasse« zu reden, sogar die weniger belastete Vokabel »Ethnie« vermeidet er. Statt dessen spricht er von »Kulturen«. Das soll den Eindruck eines aufgeklärten, vorurteilsfreien Experten erzeugen. Doch der verwischt sich schnell, wenn Schiffer bekennt, welche Kultur er für die wertvollste hält: »Von den Ausländern wird mithin verlangt, daß sie sich in unsere rechtliche, soziale und wirtschaftliche Ordnung einfügen, die hiesigen kulturellen und politischen Wertvorstellungen respektieren und sich nicht gegen ihre deutsche Umwelt verschließen, in die sie freiwillig als Ausländer gekommen sind.« Daß die Aus- bereits Inländer sind, wenn sie hier wohnen, fällt ihm nicht ein. Der Respekt, den Schiffer fürs deutsche Wesen fordert, wird nicht mit Gleichem vergolten; die Kultur des anderen wird nicht geachtet, sondern mühsam geduldet: »Der bei uns lebende Ausländer hat das Recht, sei es allein oder in der Gesellschaft, sich im privaten Bereich nach seinem Geschmack zu benehmen. Er kann seine nationale Kultur und Identität bewahren und seine Traditionen pflegen.« In der Öffentlichkeit aber hat er dies gefälligst zu unterlassen.

Denn nicht die Minderheit der Einwanderer bedarf des Schutzes, sondern die Mehrheit der Alteingesessenen. Nicht der Arbeitsmigrant in Hoyerswerda lebt in permanenter Bedrohung durch seine Umwelt, sondern seine Umwelt durch ihn, den Anderen: »Die Bürger würden es nicht hinnehmen, wenn sie ihre ureigene, am nächsten liegende Lebens- und Erfahrungssphäre durch Überfremdung gefährdet glaubten. Heimat im Sinne einer Erhaltung vertrauter Umwelt ist, nicht zuletzt im Hinblick auf die Kürze des Lebens, so etwas wie ein kollektives Menschenrecht.« Von dem die UN-Charta zwar nichts weiß, doch die wurde ja auch nicht von Chauvinisten verfaßt. Schiffer offenbart sich mit seinem ungeheuerlichen Satz als Ideologe deutschester Herkunft. Wenn das Kollektiv der Heimattreuen die Anderen mit Knüppeln, Steinen, Messern und Molotowcocktails verfolgt und deren Leben noch kürzer macht, als es ohnehin schon ist, nimmt der Mob, Schiffer zufolge, bloß sein Menschenrecht wahr, nicht »überfremdet« zu werden.

Schiffer postuliert eine homogene Kultur der »Heimat«, die es nie gegeben hat, erst recht nicht nach der Wiedervereinigung. Er muß sie jedoch behaupten, um zugleich den Migranten unterstellen zu können, aus einer kompakt gefügten, sie alle gleichermaßen prägenden, ganz andersartigen Kultur zu stammen. Er spricht nicht vom »Blut«, doch er denkt daran, wenn er ausführt, es gebe »ein übergreifendes Grundmuster von identitätsstiftenden gemeinsamen Erinnerungen, Werthaltungen und Vorstellungen, die die (meisten) Deutschen als Angehörige einer Nation verbinden und die sie von Angehörigen anderer Nationen […] unterscheiden.« Woher aber soll dieses

»Grundmuster« kommen, sofern es nicht in die Wiege gelegt worden ist? Die Bürger der DDR brachten erheblich andere Erinnerungen und Vorstellungen mit als die der BRD, was schon in den euphorischen Wochen nach der »Wende« für deutliche Irritationen beim Umgang miteinander sorgte. Schiffer will das nicht wahrhaben, es paßt auch schlecht in sein ideologisches Konstrukt. Für das »Übergreifende«, das die Deutschen angeblich eint, besitzt er ebensowenig Belege, wie der ordinäre Rassist beweisen kann, es existierten Menschenrassen.

Schiffers moderater Ton verschleiert kaum seinen Eifer. Er plädiert für die Besonderheiten der Nation, ohne zu erwähnen, welche Erinnerung diese Nation in der Welt tatsächlich als etwas Besonderes ausweist, nämlich die an den Holocaust. Täte er es, er käme nicht umhin, von Scham zu reden und von der moralischen Verpflichtung, die anderen zu akzeptieren, wie sie sind. Doch nicht die Deutschen sind in der Schuld, sondern die Fremden. »[Wir dürfen und müssen] – auch im Interesse des friedlichen Zusammenlebens – von den hier lebenden Ausländern Integrationsbeiträge erwarten«, schreibt Schiffer, ohne auf die Idee zu kommen, dasselbe von den Eingeborenen zu fordern, obschon diese nicht weit von seinem Schreibtisch Krieg gegen die Migranten führten. Schiffers Ignoranz für die Wirklichkeit ist kein Ausdruck von Zynismus. Er glaubt, was er verkündet: »[Wir] müssen alles tun, um ein friedliches Zusammenleben von Deutschen und Ausländern auch in Zukunft zu gewährleisten. Dieses Ziel gerät dann in Gefahr, wenn durch mißverständliche Postulate Überfremdungsängste geweckt werden, die den Einheimischen in eine Verteidigungsstellung drängen. Angst wiederum bereitet den Boden für Ausländerfeindlichkeit.« Zumindest der letzte Satz stimmt; der Rest aber ist ein Freibrief für rassistische Totschläger.

Der Ideologe Schiffer entschuldigt nicht bloß den Unwillen der Deutschen, sich mit Fremden im Land abzufinden, als Menschenrecht auf Xenophobie. Er sagt zugleich der Idee einer toleranten Gesellschaft den Kampf an. Während in der vergrößerten Republik Häuser von Migranten brennen, sieht er ein viel größeres Problem als den Rassismus: »Welche Empfindungen werden ausgelöst, wenn von multikultureller Gesellschaft die Rede ist? Denken wir an Stadtteile, in denen wie in Ghettos eine fremde und sich fremd fühlende Bevölkerung lebt? An das griechische Restaurant um die Ecke? An die bescheidene, türkis-grün gestrichene Moschee in einer ehemaligen Werkstatt in der Vorstadt? An Demonstrationen fanatisierter Massen, die Europa auf das geistige Niveau des Mittelalters zurückbringen möchten?« Er, Schiffer, denkt pausenlos an die »Ghettos« und die »fanatisierten Massen«. Die »multikulturelle Gesellschaft« nennt er einen »Modebegriff«, ihre Verwirklichung möchte der Ministerialbeamte um jeden Preis verhindern: »[Sie] würde Gleichberechtigung aller Herkunftskulturen von Eingewanderten mit der überkommenen deutschen Kultur auf dem deutschen Territorium bedeuten. [...] Nach einem solchen Modell würden die Kulturen der hier lebenden Ausländergruppen wie Mosaiksteine in das Gesamttableau der heimischen Kultur eingefügt. Sie behielten dabei auch kollektiv Autonomie. [...] Vor einer solchen Zielsetzung ist indessen zu warnen.« Denn was deutsch ist und sein darf, bestimmen immer noch »wir«, nicht Menschen, die in Deutschland leben, obwohl sie keine deutschen Eltern haben.

Ein einziges Mal gibt Schiffer sich generös gegenüber den Fremden, doch auch hier verrät er seine Verachtung für sie: »Die Küche der Chinesen, Reggae-Musik, Ikebana, Zen-Meditation machen das kulturelle Konsumangebot bunter, nicht aber unsere Gesellschaft multikulturell.« Daß dafür eine prinzipiell intolerante Gesellschaft verantwortlich sein könnte, die sich von Chinesen gern bekochen läßt, mit ihnen aber sonst nichts zu schaffen haben will, die von der fremden Kultur nur Häppchen goutiert, die sich ohne Bauch- oder Kopfschmerzen konsumieren lassen – auch das fällt unter die spezielle Menschenrechtsdoktrin von Eckart Schiffer. Er plädiert für die Monokultur, weil sie war, ist und bleiben soll. Die Unfähigkeit, den Anderen als gleichberechtigten Menschen zu schätzen, ist bei Deutschen unbedingt zu verteidigen. Der Fremde hingegen gehört bestraft, wenn er das Verhalten der Alteingesessenen kopiert: »Wir müssen erforderlichenfalls den Anfängen der Intoleranz wehren.« Die Paradoxa, die Schiffer unentwegt produziert, sind neben seinen pseudotoleranten Phrasen das stärkste Indiz für ideologische Verblendung: »Auf der anderen Seite muß natürlich auch gewürdigt werden, daß fremde Kulturen ihre eigene Geschichte und ihren Eigenwert haben.« Sofern sie und ihre Vertreter nur bleiben, wo der Pfeffer wächst, und von den Deutschen nicht verlangen, in das »übergreifende Grundmuster« eingewoben zu werden.

Schiffer braucht ziemlich lange, um die Kultur zu benennen, die ihm als gefährlichste von allen gilt. Ihren Angehörigen unterstellt er pauschal, »Grundwerte« und Verfassung nicht anzuerkennen, Frauen zu unterdrücken, andere Religionen nicht zu achten, sich der »Eingliederung in unser Schul- und Berufsleben« zu verweigern und die »Trennung zwischen religiöser und bürgerlicher Sphäre« zu unterlaufen. Es sind der Islam und mit ihm alle Muslime, die Schiffer als ärgste Bedrohung des Grundmusters ausgemacht hat. Zugleich denunziert der »Chefdenker für Ausländerpolitik« die Advokaten einer multikulturellen Gesellschaft als feige Helfer der islamischen Fundamentalisten. Man dürfe es »nicht dazu kommen« lassen, beschwört Schiffer die Landsleute, »daß wir die Errungenschaften eines jahrhundertealten Kampfes der Europäer für freie Rede, freie Presse und freie Meinungsäußerung opfern, nur weil wir eine Scheu empfinden oder nicht den Mut haben, selbstsicherem religiösen Fanatismus fremder Provenienz entschlossen entgegenzutreten«[48]. Der Akzent liegt, wie immer bei Schiffer, auf dem Wort »fremd«.

Die Angsthaber und Angstmacher hatten ihre Furcht vor dem Anderen bis 1989 als Antikommunismus verkleiden können. Der Rassismus, der nach dem Fall des Ostblocks buchstäblich explodierte, stand einem exportabhängigen Land allerdings schlecht zu Gesicht. Statt jedoch die Ursachen des Fremdenhasses bei den Hassenden zu suchen, statt die Rassisten zu ächten und zu bekämpfen, wo immer sie sich zeigen, fahndeten Vordenker wie Eckart Schiffer fieberhaft nach einer aktualisierten Ausrede für die Angst und den Wahn. Gewiß gab es 1991 islamistische Eiferer in Deutschland, doch sie waren viel zu wenige, um Freiheit und Verfassung ernsthaft bedrohen zu können. Die 1,8 Millionen türkische Migranten, die seinerzeit in Deutschland lebten, ängstigten Schiffer weit mehr. Um seiner Phobie einen rationalen Schein zu verleihen, verfiel er auf das Argument von den »Kulturen«, die sich nur dann vertrügen, wenn die Fremden ihre Kultur öffentlich verleugneten und die Überlegenheit und Unberührbarkeit der deutschen Identität nicht in Frage stellten. Eine »bescheidene, türkis-grün gestrichene Moschee in einer ehemaligen Werkstatt« hielt die sensible deutsche Seele gerade noch aus. Alles, was darüber hinausginge, wäre jedoch eine »Überfremdung«, gegen die der Deutsche sich nur mehr verteidigen könne, gleich mit welchen Mitteln.

Das Feindbild Moslem war in seinen Konturen schon zehn Jahre vor dem 11. September 2001 angelegt. Schiffers »Expertise« mag von den Kulturkämpfern unserer Tage vergessen sein; subkutan haben die Dogmen dieses »Chefdenkers« sich fortgepflanzt bis heute. Um die Feindbildhauer, die in seinen Spuren wandeln, um Journalisten und andere Meinungsmacher, die wie er keine Neonazis sind, sondern sich als Demokraten verstehen, wird es im nächsten Kapitel gehen.

>Eher stürzt der Islam ein als der Glaube an das Wort,
das gedruckt ist!«   *Karl Kraus*

Die Feindbildhauer

Blattkritik

»Wie gefährlich ist der Islam?«, fragt die Titelzeile der Illustrierten
Stern in der Ausgabe 38/2007. Es geht um »Allahs zornige Jünger«,
die »den Koran als Anleitung zum Bombenbauen [lesen]«. »Mitten
unter uns« macht der *Stern* die Bedrohung aus und will erklären,
»wie aus jungen deutschen Konvertiten mutmaßliche Terroristen
wurden«.[49] Das Cover zeigt, silhouettenschwarz und drohend, eine
Moscheekuppel. Der Sichelmond, der sie krönt, zerschneidet die
Sonne, die hinter ihm versinkt. Den islamgrünen Himmel hat Photo-
shop besorgt.

Heft 6/2009 des Nachrichtenmagazins *Focus* titelt: »Die deutsche Islamisten-AG – Wie Fanatiker den Terror planen«. Verspro-
chen wird, mit exklusiver Grammatik, »exklusives Aktenmaterial
und Bilder«. Die Coverstory kann nicht halten, was so sensationell
angekündigt wird. Außer Spekulationen, wenig spektakulären »Ent-
hüllungen« über fanatische Muslime und den Menetekeln »hoher
Geheimdienstbeamter« wird der Leserschaft vor allem Geraune
geboten: »[Völlig] ungewiß ist, wer da noch aus Kuba kommen
könnte: Die Regierung diskutiert die Aufnahme von Gefangenen
aus dem berüchtigten US-Lager Guantánamo.«[50] Den Lesern angst
zu machen vor Männern, denen nie nachgewiesen werden konnte,
Terroristen zu sein, deren jahrelange Einkerkerung dem US-Präsi-
denten Obama so schändlich erscheint, wie sie tatsächlich war – das
ist entweder strohdumm oder unverfroren. Mit seriösem Journalismus und den »Fakten, Fakten, Fakten!«, die *Focus*-Chef Helmut
Markwort so gern im Werbefernsehen beschwört, hat es jedenfalls
nichts gemeinsam. Doch anders läßt sich eine Sensationsstory nicht
stricken, wenn es an echten Sensationen fehlt. Das Titelblatt ziert,
mit Turban und Gewehr, der »deutsche Extremist Eric Breininger«.
Seit er im Mai 2008 per Internetvideo ein Selbstmordattentat ankün-

digte, zählt er zu den meistgesuchten Dunkelmännern Deutschlands, Ende September 2008 schrieben Bundesanwaltschaft und Bundeskriminalamt Breininger zur Fahndung aus. Er sei »dringend verdächtig, Mitglied einer terroristischen Vereinigung zu sein«[51]. Mehr als die Bundesanwaltschaft, Handfesteres als einen Verdacht kann auch *Focus* nicht vorweisen.

Beide Magazintitel schüren Ängste, die seit 2001 die westliche Welt erschüttern. Der Massenmord von »9/11«, die Massaker in Madrid und London haben den Vernichtungswillen des islamistischen Terrors so deutlich bewiesen, daß nur Verwörungstheoretiker und andere Wirrköpfe glauben, dieser Terror sei eine Erfindung der Geheimdienste und »gleichgeschalteter Medien«. Allerdings hat bis heute in Deutschland nur ein islamistisch motiviertes Attentat stattgefunden. Die sogenannten »Kofferbomber von Köln« deponierten im Juli 2006 Höllenmaschinen in zwei Regionalzügen. Zu Schaden kam niemand. Die beiden Möchtegernterroristen hatten vergessen, ihre Bomben mit Sprengstoff zu versehen.

Die Folgenlosigkeit islamistischer Mordwut in Deutschland kann man der Arbeit von Polizei und Nachrichtendiensten, einer mysteriösen Strategie von al-Qaida oder purem Dusel zuschreiben; vielleicht allen Faktoren gemeinsam. Die Coverstorys von *Focus* und *Stern* interessieren sich aber nicht dafür, warum die »deutsche Islamisten-AG«, sofern sie wirklich existiert, noch nie derart entsetzlich zugeschlagen hat wie die Dschihadisten in den USA, in Spanien und England – obwohl der Aufklärung und Beruhigung des Publikums mit einer Antwort auf diese Frage gewiß eher gedient wäre als mit der Prophezeiung kommender Schreckenstaten. So erweisen die Titelstorys sich bei näherer Betrachtung als blanke Gruselgeschichten. Darin tauchen viele Phantome auf, und das grausigste von ihnen heißt Islam. Weil man dieser Religion seit dem 11. September 2001 alles Böse und noch Schlimmeres zutraut, funktioniert das Angstschüren auch ohne greifbare Belege.

In der *Focus*-Coverstory klingt dies so: »›Gebt eure Herzen und euren Verstand‹, stimmt der Geistliche Kamouss die Menge ein, und ›lebt nach dem Wohlgefallen Allahs‹. Gerade das fürchten wohl die Staatsschützer am meisten. Denn die Reden von Einheizern wie Kamouss & Co. bilden den Nährboden für eine spätere Radikalisierung – bis hin zum Dschihad.« Die Unterscheidung von Islamismus und Islam, die an anderer Stelle getroffen wird – sie hätten »miteinander genausowenig gemein wie die Bibel mit dem Kommunistischen Manifest«[52] –, wirkt da nicht nur schief, sondern reichlich wohlfeil. Daß Geistliche ihrer Gemeinde vor allem Gottgefälligkeit empfehlen, gehört zur Berufspflicht, nicht bloß bei Imamen. In dieser Floskel die ideologische Vorbereitung zu einem Heiligen Krieg auszumachen, ist, zurückhaltend gesagt, abenteuerlich. Hätten die *Focus*-Autoren recht, müßte man in der Tat jeden islamischen Prediger für einen Vorbeter des Dschihad halten.

Selbstverständlich haben weder die *Focus*- noch die *Stern*-Redaktion mit ihren Aufmachern eine muslimfeindliche Kampagne verfolgt. Aber sie haben auch nichts unternommen, um sich von denen zu distanzieren, die solche Kampagnen betreiben. Das suggestive *Stern*-Cover bestätigt das gußeiserne Weltbild der Islamhasser etwa von *Politically Incorrect*: »Für jeden Terroranschlag gibt der Koran die nötigen Befehle und Rechtfertigungen her. Unser Problem ist eben genau der Islam!«[53] Um aber den Islam zu einem Problem für all diejenigen werden zu lassen, die nicht an ihn, aber auch noch nicht an *Politically Incorrect* glauben, brauchen die Muslimfeinde die Mithilfe der bürgerlichen Medien. Und die Titelgeschichten von *Focus* und *Stern* sind solch eine Hilfe – ganz gleich, wie ungewollt sie geleistet worden ist, ganz egal, wie sehr die plakativen Titel sich von den Geschichten in der Heftmitte unterscheiden.

Immerhin: Die pauschalisierende Formel vom Islam, der Gewalt befiehlt, und dem Muslim, dem gar nichts anderes übrig bleibt, als zu gehorchen, vermeiden die Autoren von *Focus* und *Stern* nach Kräften. Sie wollen zwar Angst machen, doch sie begnügen sich zu diesem Zweck mit dem Schauerbild von »Terrorzellen«. Schauerlicheres zu behaupten wäre auch kühn: Bei mehr als vier Millionen Muslimen in Deutschland nehmen sich die 700 gewaltbereiten Islamisten, die *Focus* bzw. die Bundesanwaltschaft gezählt haben, nicht sehr beeindruckend aus; für einen Generalverdacht gegen Islamgläubige ist die Zahl schwerlich zu gebrauchen.

Keine Scheu vor Pauschalurteilen über, das heißt: gegen den Islam und die Muslime hat in den vergangenen Jahren das populärste deutsche Nachrichtenmagazin *Der Spiegel* gekannt. Unter der Ägide des früheren Chefredakteurs Stefan Aust wurden zahlreiche Titelgeschichten veröffentlicht, die von der Bedrohung des Westens durch den Glauben an Allah handeln. Man kann diesen Aufmachern vieles nachsagen, Ausgewogenheit nicht. Kein anderes Millionenmedium in Deutschland, nicht einmal *Bild*, trug so überzeugt wie *Der Spiegel* dazu bei, die Angst vor dem Islam zu fördern, kein anderes Blatt verschrieb sich ähnlich vehement der Aufgabe, den Hohn Osama bin Ladens auf »den Westen« mit Verachtung für »den Orient« zu kontern.

Es wäre jedoch verfehlt, Aust und seinen Autoren pure Böswilligkeit zu unterstellen. Sie suchten, nicht anders ihre Leser, nach einer Antwort darauf, was Menschen dazu bringt, Flugzeuge zu entführen und in Bürotürmen explodieren zu lassen. Statt jedoch die Motivsuche auf Mohammed Atta und seine Mittäter zu beschränken – wie es geboten gewesen wäre –, weitete *Der Spiegel* die Frage auf die gesamte islamische Welt aus. Und so fiel das Magazin auf die Propaganda Bin Ladens herein, verwechselte dessen Größenwahn mit der wahren Größe der Bedrohung, hielt »9/11« für einen Auftakt zu noch schrecklicheren Mordbrennereien statt für den singulären, niemals wiederholbaren Anschlag, der er war (gleichwie das Blutbad der PLO an den israelischen Olympiasportlern in München 1972 sich nie wiederholen kann, weil es niemals wieder so miserable Sicherheitsvorkehrungen geben wird). Sechs lange Jahre regierte Islam-Verachtung den *Spiegel*; es gelang dem Magazin erst nach der Entmachtung Stefan Austs, sich aus der Kulturkampffalle zu befreien.

Doch der Reihe nach. Die *Spiegel*-Ausgabe 52/2001 zeigt eine Collage in Manier eines Glasfensters. Verklebt sind neben Goethe, Marilyn Monroe, Mickey Maus, Beethoven, Albert Einstein und – zentral angeordnet – Delacroix' Freiheit, die das Volk führt, auch Karl Marx, Madonna und Friedrich Nietzsche. Titelinschrift: »Der Glaube der Ungläubigen – Welche Werte hat der Westen?« Als wäre das irrsinnige Geschwätz Osama bin Ladens über die Liederlich- und Schwächlichkeit der Ungläubigen auch nur für einen Groschen ernst zu nehmen, mühen sich gleich vier Autoren ab, die Überlegenheit »des Westens« zu beweisen. Dabei kommen törichte Sätze heraus wie dieser: »Nun hat das ›von Gott getroffene‹ Amerika sich massiv und erfolgreich gewehrt, geistig bewehrt mit einem anderen Gott, dem christlichen. Erste Konsequenz: Das terroristische Taliban-Regime ist unter den Luftschlägen der US-Streitkräfte zusammengebrochen.« Weil Christus mit den US-Truppen war oder weil die Taliban keine Luftabwehrraketen besaßen? Die Autoren lassen diese Frage offen, denn sie stellt sich für sie nicht. Sie wissen sowieso alles besser. Sie kennen die Antworten bereits, bevor sie die Fragen stellen: »Dennoch schreckt man gegenwärtig vor der Idee einer so verstandenen kämpferischen Haltung der westlichen Kultur zurück. [...] Hat die Aufklärung am Ende auch die Autorität ihrer eigenen Erfolgsgeschichte angezweifelt und fortironisiert?«[54] Die Dämlichkeit dieser Sätze fiel damals, nur wenige Monate nach den Verbrechen der Atta-Bande, nicht weiter auf. Um so nachdrücklicher muß heute darauf hingewiesen werden, wie seinerzeit ein Quartett entfesselter Feuilletonisten keinen Blödsinn ausließ, um die Invasion Afghanistans und künftige Strafaktionen gegen »den Islam« zu rechtfertigen.

Wie sieht mein Kopftuch im *Spiegel* aus?

Dreimal waren der islamische Fundamentalismus und Terrorismus Thema in den *Spiegel*-Ausgaben von 2002. Allerdings verkniff die Redaktion sich kulturchauvinistische Exzesse wie im Vorjahr. Im Jahr 2003 beherrschte vor allem der Feldzug der USA und ihrer Alliierten gegen den Irak die Titelseiten des *Spiegel*. Die kritische Haltung des Blatts zu diesem Krieg paßte auf den ersten Blick kaum zu den martialischen Bekenntnissen während der Afghanistan-Invasion. Doch das hatte nichts mit einer Abrüstung des *Spiegel* im Umgang mit dem Islam zu tun, sondern nur mit Anpassung an den Antiamerikanismus, der damals in Deutschland herrschte. Wie schlecht der *Spiegel* weiterhin von Muslimen dachte, führte der Hefttitel 40/2003 vor: »Das Prinzip Kopftuch – Muslime in Deutschland«. Auf dem Cover ist die Hälfte eines Frauenkopfes zu sehen, das Haar von einem goldgelben Tuch verhüllt. Titelzeile und -geschichte geben den Ton und die Themen vor, die bis heute das Gerede über muslimische Migranten in der Bundesrepublik beherrschen. Es lohnt sich deshalb, die Drucksache näher zu betrachten.

Zunächst wird von der Lehrerin Fereshta Ludin berichtet. Sie hatte sich bis vor das Bundesverfassungsgericht geklagt, damit sie im Unterricht ein Kopftuch tragen durfte. Der Prozeß sollte klären, was schwerer wiegt: das Grundrecht auf Freiheit der Religionsausübung oder der Laizismus an deutschen Schulen. Ziemlich schnell kippt der

Artikel um in die Darstellung eines Kultur- und Glaubenskampfes, der angeblich in Deutschland ausgebrochen sei: »Frau Ludin fordert Toleranz für die Intoleranz. Die gestrengen Kopftuch-Fetischisten vom ›Islamrat‹ und dem ›Zentralrat der Muslime in Deutschland‹ (ZMD), mit deren Unterstützung sie ihr Recht einfordert, unterscheiden sich von den meisten in Deutschland aktiven islamischen Verbänden durch ihr merkwürdiges Verständnis vom demokratischen Rechtsstaat. Er wird so lange respektiert, bis man mächtig genug ist, um ihn abzuschaffen, wo immer es geht, und einen sogenannten Gottesstaat ohne Trennung von staatlicher und kirchlicher Gewalt aufzubauen.« Zum Beleg für diese Unterstellung werden nun aber keine Statements des Islam- oder des Zentralrats zitiert, sondern der selbsternannte »Kalif von Köln« Metin Kaplan, der beiden Organisationen niemals angehörte, und der »iranische Oberschiit Ajatollah Khomeini«, der in den Räten nicht einmal dann etwas zu sagen hätte, wenn er in Deutschland lebte. Er ist nämlich seit 1989 tot.

Anschließend wärmen die Autoren auf, was bereits eindreiviertel Jahre zuvor im *Spiegel* über die »Werte des Westens« zu lesen war: »Die hohe Wertschätzung des selbstverantwortlichen Individuums, eine Voraussetzung jeder demokratischen Gesellschaft, kann der islamische Fundamentalist schon deshalb nicht teilen, weil er am liebsten in Kollektiven und Gruppen denkt.« Daran stimmt immerhin, daß ohne selbstverantwortliche Individuen Demokratie zur Farce wird. Alles andere jedoch ist Sonntagsrede und Ideologie. Die Redakteure haben keine Ahnung von der Kritischen Theorie und was sie über das »Ticketdenken« gerade in demokratischen Gesellschaften herausgefunden hat. Deshalb bemerken sie auch nicht, wie sie alles, was ihnen fremd erscheint, sofort in Kollektive und Gruppen sortieren: »Selbst im virtuellen Raum haben sich die deutschen Muslime inzwischen ihre eigene Welt eingerichtet.« Nicht »einige«, nicht »viele«, sondern »die« Muslime. So verschwimmen in der Titelstory die Unterschiede zwischen den wenigen, die von einem Gottesstaat träumen, und den vielen, die Allah einen guten Mann sein lassen. Das ist nicht etwa die berüchtigte *Spiegel*-Schnoddrigkeit, sondern volle Absicht. Denn die Autoren wollen einen Rechtsstreit zur nationalen Schicksalsangelegenheit aufblasen: »Es geht um die Frage, wie religiös der weltliche Staat westeuropäischer Prägung werden darf, ohne seine Identität zu verlieren.«

Doch um diese Frage ging es eben nicht, darum durfte das Bundesverfassungsgericht sich auch nicht kümmern. Frau Ludin klagte, weil sie in ihrem Fall den vierten Artikel des Grundgesetzes verletzt glaubte. Das Oberschulamt Stuttgart, das ihr das Tragen eines Kopftuchs während des Unterrichts verboten hatte, war der Ansicht, gerade die Trägerin verstoße, weil ihr Tuch Unmündige kulturell »desintegriere«, gegen die Freiheit der Religionsausübung. Über diese widersprüchlichen Auslegungen und sonst gar nichts hatte das Bundesverfassungsgericht zu entscheiden; Journalisten, die Berichte statt Meinung machen wollen, behandelten den Fall entsprechend. Es waren nicht viele Journalisten, leider.

Wie Deutschland und »seine Identität« vom Ansturm des fundamentalistischen Islam gebeutelt werden, erscheint den *Spiegel*-Autoren sowieso viel interessanter als die Religionsfreiheit. Sie haken in ihrer Geschichte einige der wichtigsten Stichwörter ab, die das muslimfeindliche Lexikon kennt: die Parallelgesellschaft (»In einigen Straßen der Berliner Bezirke Kreuzberg, Wedding und Neukölln etwa liegt der Anteil der Muslime teilweise bei 80 bis 90 Prozent. Manche Straßenzüge muten an, als wäre die Bevölkerung kompletter türkischer Dörfer nach Deutschland verpflanzt worden«); erzpatriarchalische Sitten (»›Die Reinheit der Frau ist die Ehre des Mannes‹, heißt es in einem türkischen Sprichwort«); die Realitätsblindheit deutscher Gerichte (»leichtfertig [ignorieren sie] die Unterdrückung der Mädchen zugunsten der Religionsfreiheit ihrer Eltern«); der Islamunterricht als Brutstätte der Verwahrlosung (»Die Jungs [...], vor allem die arabischen, lieferten sich nun öfter ›Schlägereien auf dem Schulhof‹ und nähmen es auch ›mit Hausaufgaben und Pünktlichkeit nicht mehr so genau‹«); die Präsenz des Islam im öffentlichen Raum (»Seit einigen Jahren werden immer mehr Prachtbauten mit Kuppeln und Minaretten errichtet«); und der Terrorismus, der da ausgebrütet wird (»Hatten [die Attentäter des 11. September] sich nicht regelmäßig in einer von der Religionsfreiheit geschützten Moschee in Hamburg-Harburg getroffen – ebenso wie in der al-Kuds-Moschee in der Innenstadt?«)[55]. Die Begriffe »Migrantenkriminalität«, »Zwangsheirat« und »Ehrenmord« fehlen im *Spiegel*-Katalog; doch allein deshalb, weil dafür im Jahr 2003 noch die Stichwortlieferanten fehlten.

Wohin diese Art Berichterstattung führt, hat der Orientalist und Autor Navid Kermani in einem offenen Brief an Stefan Aust[56] klar benannt. Kermani, Deutscher mit iranischen Eltern, für religionskritische Veröffentlichungen wie *Der Schrecken Gottes* hoch gerühmt, verwahrt sich zunächst dagegen, als »›gemäßigter‹ Muslim« gegen Gläubige wie Fereshta Ludin ausgespielt zu werden: »Ich bin nicht Onkel Tom.« Dann wirft er Aust vor, »jenes Klima noch [anzuheizen], in dem Musliminnen in Deutschland auf der Straße angespuckt oder aufgefordert werden, zu den Mullahs zurückzukehren. [...] Indem Sie implizit gutheißen, daß Frauen mit Kopftuch keine Arbeit mehr finden in Deutschland oder keine neue Wohnung, gehen Sie viel weiter als Herr Beckstein oder die *Bild*-Zeitung – Sie wollen diese Frauen nicht bloß aus den Schulen, sondern aus dem Land haben.« Eine öffentliche Antwort von Aust unterblieb. »Genau das, was Sie heuchlerisch beklagen«, der Rückzug der Migrantenkinder »in die Imagination ihrer Elternkultur«, würde durch die Titelgeschichte des *Spiegel* befördert: Diesem Vorwurf mochte der Chefredakteur gleichfalls nicht widersprechen. Wozu auch – Kermani hatte ja recht. Und Austs Nachrichtenmagazin sollte in den folgenden Jahren seine Islamfeindschaft noch deutlicher unter Beweis stellen.

Das Bundesverfassungsgericht entsprach Fereshta Ludin und ihrer Klage übrigens. Statt aber für eine bindende Rechtsprechung zu sorgen, verwies es den Fall zurück ans Bundesverwaltungsgericht und forderte den Gesetzgeber, also die Landesparlamente, auf, Regelungen mit »verfassungsimmanenten Schranken« zu erlassen. Die sehen zum Beispiel in Bayern seit November 2004 so aus: »Äußere Symbole und Kleidungsstücke, die eine religiöse oder weltanschauliche Überzeugung ausdrücken, dürfen von Lehrkräften im Unterricht nicht getragen werden, sofern die Symbole oder Kleidungsstücke bei den Schülerinnen und Schülern oder den Eltern auch als Ausdruck einer Haltung verstanden werden können, die mit den verfassungsrechtlichen Grundwerten und Bildungszielen der Verfassung einschließlich den christlich-abendländischen Bildungs- und Kulturwerten nicht vereinbar ist.«[57]

Man kann in einer Formulierung wie »christlich-abendländisch« die Diskriminierung aller nichtchristlich-morgenländischen Migranten lesen. Man kann es für ungeheuerlich halten, wenn in die »Grundwerte und Bildungsziele der Verfassung« kurzerhand das Christentum einbezogen wird, obwohl von dem im Grundgesetz nirgends die Rede ist. Das Bayerische Landesverfassungsgericht liest und hält es anders: »Hierunter sind nicht die Glaubensinhalte einzelner christlicher Bekenntnisse zu verstehen, sondern die Werte und Normen, die, vom Christentum maßgeblich geprägt, auch weitgehend zum Gemeingut des abendländischen Kulturkreises geworden sind. Das Wort ›abendländisch‹ seinerseits nimmt Bezug auf die durch den Humanismus und die Aufklärung beeinflußten Grundwerte der westlichen Welt.«[58] Und deshalb darf auch künftig die an staatlich-bayerischen Schulen unterrichtende Nonne ihr Ornat tragen, bleibt dort das Kruzifix über der Klassenzimmertür hängen, und die Muslima, die sich mit Kopftuch beim Vokabelbimsen erwischen läßt, muß den Beruf wechseln: Ihr fehlen ja die »verfassungsrechtlichen Grundwerte«. Was insofern stimmt, als der Grundwert, ihre Religion frei ausleben zu können, der Lehrerin genommen ist.

Leider hat der *Spiegel* bis heute keine einzige Titelgeschichte veröffentlicht, die sich über die Bigotterie solcher Gesetze und Urteile empört. Das Blatt müßte dann wohl auch einräumen, maßgeblich dazu beigetragen zu haben, daß der Streit um ein Stück Stoff, nein: um »das Prinzip Kopftuch« mit so viel Ideologie aufgeladen worden ist. Immerhin – die einzige Lösung des Problems wurde in Heft 40/2003 erwähnt: »[Die] konsequente Trennung von Kirche und Staat […] ist eigentlich ein Gebot der Vernunft – irgendwann werden ihm auch die Deutschen folgen müssen«. Daß sie es nicht tun, daß Muslimen verboten wird, was Christen ganz selbstverständlich für sich beanspruchen dürfen, müßte ein Skandal sein, auch für den *Spiegel*. Aber dessen Redakteure haben seit dem 11. September 2001 andere Sorgen; und die drehen sich eher um die Islamisierung der Welt als um Artikel 1 und 4 der Verfassung.

Damit keine Mißverständnisse aufkommen: Eine Muslima mit Kopftuch hat als Lehrerin an staatlichen Schulen nichts verloren. Nonnen im Habit, Lehrer mit Kreuz, Sikh-Turban oder Bindi müßten den Schülern jedoch gleichfalls erspart bleiben. Den einen Lehrkräften zu untersagen, was die anderen dürfen, ist nichts weiter und nichts Geringeres als ein Verstoß gegen die Menschenrechte. Das Mißtrauen gegen Kopftuchträgerinnen als Lehrkräfte mag noch so viele Argumente vorweisen können – und gegen das Kopftuch gibt es mehrere vernünftige Gründe –, es findet hier dennoch eine Ausgrenzung statt. Die Staatsgewalt berührt durch diese Sonderregelung die »Würde des Menschen« – die in der deutschen Verfassung als schützenswertestes Gut gilt – unmittelbar. Dem Lehrer, der ein Kreuz im Kragen trägt, zu gewähren, was der Kollegin, die ihr Haar mit einem Tuch verhüllt, versagt wird, nämlich das Unterrichten, bedeutet: Der eine ist würdig, seinen Glauben zu zeigen, die andere nicht, denn ihre Religion hat es nicht verdient. Für die Stigmatisierung sorgt weniger die Tracht als die örtliche Gesetzgebung; das Verbot, das allein sie trifft, stellt die Kopftuchträgerin viel weiter ins Abseits, als ein bißchen Stoff es je vermocht hätte. Der damalige Bundespräsident Johannes Rau merkte nach dem Urteil des Verfassungsgerichts an, »wenn das Kopftuch als Glaubensbekenntnis, als missionarische Textilie, gilt, dann muß das genauso gelten für die Mönchskutte, für den Kruzifixus«[59]. Dieser Satz sorgte bei der katholischen Kirche und konservativen Politikern für helle Empörung. Bayerns Ministerpräsident Edmund Stoiber warf Rau vor, er würde »unsere eigene Identität als christlich geprägtes Land in Frage stellen«[60] – was Rau mit keinem Wort getan hatte. Er mahnte bloß an, man dürfe die Muslime in Deutschland nicht wie »Bürger zweiter Klasse« behandeln. Wahrscheinlich empfand der CSU-Politiker gerade diesen Satz als unsägliche Provokation.

Der öffentliche Druck auf das Bundesverfassungsgericht beim »Kopftuch-Prozeß« war enorm. Die islamfeindliche Tendenz der Berichterstattung, der offene Kulturchauvinismus in weiten Teilen der Politik und die allgemeine Angst vor militantem Islamismus – ein Hinweis auf den 11. September fehlte so gut wie nie in den Kommentaren – hinterließen natürlich auch bei den Richtern Spuren. Anders ist nicht zu erklären, warum sie sich weder für rigorosen Laizismus an staatlichen Schulen noch für eine unbedingte Gleichbehandlung aller, die dort lehren, ausgesprochen haben. Indem sie das Problem an den Gesetzgeber zurückspielten, zogen sie sich aus einer Affäre, über die vor der Zerstörung des World Trade Center vermutlich ganz anders berichtet worden wäre. Fereshta Ludin bekam zwar recht, aber sie konnte nichts damit anfangen: Heute unterrichtet sie, mit Kopftuch, an einer islamischen Privatschule in Berlin.

Die »schleichende Islamisierung«, von der die Rassisten und Kulturkämpfer alpträumen, war gescheitert, bevor sie überhaupt loskriechen konnte. Die Muslime, die missionieren wollen, bleiben weiterhin unter sich, und der Staat, eigentlich verpflichtet, sich aus Angelegenheiten der Religion herauszuhalten, erläßt per Gesetz,

Christentum und Grundrechte seien unlöslich miteinander verbunden. Ende der Episode, die Religionsschlacht ist entschieden. Doch die Antiislamisten nehmen die faktische Niederlage Frau Ludins gar nicht wahr. Ihnen genügt bereits der Vorgang, die bloße Zulassung der Kopftuch-Klage als Beweis für den Vormarsch des Islam im Abendland und seine dunklen Absichten: »Wird da schleichend die Scharia in Deutschland eingeführt, im Namen der Toleranz?«[61], schrieb etwa Alice Schwarzer, und diese Frage war rein rhetorisch. Wo andere nur ein Kopftuch sahen, erblickte Frau Schwarzer bereits Tschador und Burka; und dem obersten Gericht der Republik traute sie ohnehin nicht zu, die Angelegenheit klären zu können: »Entweder ist das Verfassungsgericht naiv oder es ist befangen. Gewachsen scheint es der so brisanten Frage auf jeden Fall nicht.« Ein Bundesverdienstkreuz, sei es auch »im Namen aller Frauen« angenommen, verpflichtet offenbar nicht zu Respekt vor der wichtigsten juristischen Instanz des Bundes. Es verpflichtet ja nicht einmal dazu, das Grundgesetz zu kennen.

Der Haß auf die Muslime geht stets einher mit Verachtung für die Schlappheit des Rechtsstaats, mit der Verhöhnung von »Appeasement-Politikern« und »Kuscheljustiz«. Tatsachen, die nicht ins paranoide Weltbild passen, irritieren nie, denn sie werden durchweg ignoriert. Und leider geben die meinungsbildenden Medien sich wenig Mühe, den Angsthabern zu widersprechen. Lieber bestätigen sie die Ängste, die die Gestörten umtreiben: Die *Spiegel*-Coverstory zum Fall Ludin erschien *nach* dem Urteil in Karlsruhe.

Stefan Aust, Alice Schwarzer und die Muslime

»Allahs blutiges Land – Der Islam und der Nahe Osten«[62]; »›... wenn du mir den Tod befiehlst‹ – al-Qaida-Basis Deutschland«[63]; »Der Fall Kaplan – oder: Wie der Staat sich von seinen Gegnern vorführen läßt«[64]; »Allahs rechtlose Töchter – Muslimische Frauen in Deutschland«[65]; »Strategie Massenmord – Die al-Qaida-Offensive fünf Jahre nach dem 11. September 2001«[66]; »Papst contra Mohammed – Glaubenskampf um den Islam, die Vernunft und die Gewalt«[67]; »Mekka Deutschland – Die stille Islamisierung«[68]; »Der Koran – Das mächtigste Buch der Welt«[69]: Keine andere Religion war dem *Spiegel* in den vergangenen Jahren, bis zur Entlassung des Chefredakteurs Stefan Aust Anfang Februar 2008, so viele Titelgeschichten wert wie der Islam; keine andere Religion ist in der 60jährigen Geschichte des *Spiegel* ähnlich konsequent als Anstifterin zu Gewalt, Mord und Krieg dargestellt worden. Nicht auszuschließen, daß Aust und seine Redakteure sich dabei für Aufklärer hielten. Aber damit würde man den Begriff »Aufklärung« großzügiger gebrauchen, als er es verträgt. Es ging hier vor allem um das Erzeugen, Schüren und Bedienen von Angst. Der Blattmacher und -verkäufer Stefan Aust benutzte das Thema so, wie in zahlreichen von ihm verantworteten Coverstorys das Dritte Reich genutzt wurde: als schier unerschöpfliches Arsenal des Horrors. Es wäre daher falsch, hier von Propaganda zu sprechen. Aust verfolgte keine politische Agenda gegen die Muslime in Deutschland. Da er sich Leitartikel weiträumig verkniff, darf man annehmen, daß er, anders als Rudolf Augstein, überhaupt keine politischen Ambitionen besaß.

Das bestätigt zum Beispiel der ehemalige *Spiegel*-Mitarbeiter Oliver Gehrs. Aust mache »sich aus Politik nicht so viel«, notiert Gehrs und erläutert: »Es heißt, Aust habe sich 1998 eine Große Koalition gewünscht mit seinem Bekannten Volker Rühe als Vizekanzler. Das sage alles.«[70] Ziemlich viel Wind machte der eine, einzige Fall, in dem Aust vor seinen Redakteuren den Chef raushängen und einen *Spiegel*-Titel komplett neu schreiben ließ. Es ging darin um alternative Energieerzeugung. Die ursprüngliche Story soll Aust mißfallen haben, weil ihre Autoren am grünen Strom nichts Schlechtes finden konnten. Selbst diese Aversion, so wird kolportiert, hatte keine politischen, sondern bloß ästhetische Ursachen. Denn Windräder am Horizont können sogar einem knallharten Nachrichtenmann den Blick über den Landsitz versauen.[71]

Gehen wir also davon aus, daß den Chefredakteur Aust bei der Arbeit nie ideologische, sondern kaufmännische Motive leiteten. Er wollte einfach Auflage machen, was im kapitalistischen Pressewesen ja kein Verbrechen ist. Meinung zu verbreiten, ohne selbst eine zu besitzen, haben vor Zeiten Karl Kraus oder Kurt Tucholsky mit wenig freundlichen Worten bedacht. Aber was wußten die schon von der täglichen Schlacht am Kiosk? Stefan Aust kümmerte es herzlich wenig, um welchen Preis er die Abverkäufe steigerte; deshalb war sein *Spiegel* von der *Bild am Sonntag* gelegentlich nur am Papier zu unterscheiden. Welche Langzeitwirkung die antiislamischen Titel des *Spiegel* haben könnten, interessierte Aust nicht. Hier schlägt das kaufmännische Kalkül um in blanken, eminent gefährlichen Zynismus. »Wehe uns«, sagte der Kabarettist Hagen Rether angesichts diverser *Spiegel*-Cover, »wenn hier demnächst die Moscheen brennen! Dann will's wieder keiner gewesen sein.«[72] Daß Stefan Aust, der erste Mann des *Spiegel*, den Islamfeinden die Fackeln in die Hand gedrückt hätte, wäre eine böswillige Unterstellung. Aber er stand auch nicht im Weg, als sie nach Feuerzeugen suchten.

Ängstlich dahineilend, den Kopf tief gesenkt, vom Scheitel bis zur Sohle mit weiten Schleiern verhüllt: So stellte der *Spiegel* im November 2004 »Muslimische Frauen in Deutschland« vor; und so sollten sich auch die Leser »Allahs rechtlose Töchter« vorstellen. Die Geschichte zum Titel erzählt von jungen Frauen, deren Väter sie erbarmungslos unterdrückten, die beim kleinsten Widerspruch grausam bestraft wurden, die sich vor ihren Familien verstecken müssen, um endlich so leben zu können, wie sie wollen: »Sie stehen für eine Generation von Einwandererkindern, die den Kampf der Kulturen vorm Kleiderschrank und im Wohnzimmer kämpfen. Jede Jeans ist ein Etappensieg, und siegreich ist, wer nicht gegen seinen Willen verheiratet wird, irgendwo dahinten, weit in der Türkei.«

Diese Pauschalisierung hat etwas Beklemmendes, wenn nicht Perfides. Denn keineswegs kann die Coverstory beweisen, es sei in muslimischen Familien völlig normal, Mädchen wie Dreck zu behandeln, sie zu verprügeln und an den Meistbietenden zu verschachern. Die Autoren Hatice Akyün und Alexander Smoltczyk nennen an keiner Stelle Zahlen, die die Titelzeile von »Allahs rechtlosen Töchtern« wenigstens im Ansatz stützen würden. Der Beleg wird nicht einmal versucht; weder die Schreiber noch der Chefredakteur hielten es offenbar für nötig, sich bei den zuständigen Behörden, bei Kriminologen, Sozialarbeitern oder Migrationsforschern zu erkundigen, wie weit die Unterdrückung junger Frauen in muslimischen Familien verbreitet ist und ob die Patriarchen aus religiösen Motiven oder Sadismus prügeln. Es regiert die Behauptung: »Die türkischen Mädchen in Deutschland, die sich gegen die Tradition ihrer Väter auflehnen, riskieren viel, auch ihr Leben.«[73] In der anschließenden Reportage geht es um genau drei Frauen aus genau zwei türkischen Familien. Ihnen wurde Leid zugefügt, das kein Glaube und kein Migrationshintergrund relativieren kann. Es ist durchaus richtig, Menschen, die soviel Gemeinheit und Brutalität erfahren haben, eine Gelegenheit zu geben, von ihrem Martyrium zu erzählen. Doch Boulevard und nicht die geringste Scheu vor Demagogie herrschen, wenn der *Spiegel* aus drei bestürzenden Geschichten ableitet, das Martyrium, die Barbarei und Brutalität stellten den Normalfall in den Familien von mehr als drei Millionen türkischstämmigen Migranten dar.

Um von der mageren Indizienlage abzulenken, wird Alice Schwarzer zum Gespräch gebeten. Die hat zwar gleichfalls keine verläßlichen Befunde anzubieten. Aber da sie den Islam schon verabscheute, als den meisten Journalisten zum Koran nicht viel mehr eingefallen ist als Hadschi Halef Omar und das Schweinefleischtabu, darf der *Spiegel* sicher sein, beim Gruseln nicht gestört zu werden, im Gegenteil: »Die Islamisten machen in Deutschland seit Mitte der achtziger Jahre eine gezielte Propaganda. Offensive Nummer eins: die soziale Unterwanderung der eigenen Leute. Offensive Nummer zwei: die Aufweichung des demokratischen Bildungswesens. Offensive Nummer drei: die juristische Unterwanderung des Rechtsstaats. In konzertierten Aktionen wird seit einigen Jahren versucht, die Scharia in das deutsche Recht zu infiltrieren.« So kommt dank Schwarzer endlich auch die Verschwörungstheorie im islamfeindlichen Katalog des Aust-*Spiegel* an. Die Kollaborateure des Komplotts kennt Alice Schwarzer ebenfalls: »Vor allem Linke plädierten bisher für eine ›Toleranz der Unterschiede‹. Doch wer so argumentiert, hält Türkinnen für eine andere Sorte Mensch in einer anderen Kultur, deren Regeln akzeptiert werden müssen, auch wenn sie frauen- und menschenfeindlich sind.« Wer wie Schwarzer argumentiert, muß sich allerdings fragen lassen, wohin die Intoleranz führt, wenn nicht direkt in den Rassismus.

Der *Spiegel* vermeidet diese Frage. Lieber läßt er Schwarzer auf die »Multikulti-Ideologie« schimpfen, die sie für »verlogen« hält: »Sie verschleiert, dass wir anderen nicht mit der Grundhaltung der Gleichheit begegnen, sondern gönnerhaft. Diese ganz besondere Fremdenliebe ist nur die andere Seite der Fremdenverachtung.« Was gönnerhaft und verächtlich daran sein soll, der eingewanderten Kultur einen ebenso hohen Wert einzuräumen wie der eigenen – dieses Paradox erläutert Alice Schwarzer nicht. Eingewickelt in ihren Abscheu vor den Linken und ihren Haß auf den Islam wie eine Muslima in die Burka, produziert sie nichts als Ideologie – und denunziert, das gehört dazu, ihre Opponenten als Ideologen. Ausgerechnet denen, die den Fremden akzeptieren, wie er ist, Chauvinismus und Rassismus zu attestieren, verschafft echten Chauvinisten und Rassisten eine Ausrede für ihren Fremdenhaß, auf die sie nur gewartet haben. Alice Schwarzers eigenwillige Auslegung der »Multikulti«-Politik als Spielart der Fremdenverachtung findet sich mittlerweile in zahllosen muslim- und migrantenfeindlichen Polemiken wieder. Ein schöner Erfolg für die Feministin der Nation!

Die *Spiegel*-Redakteurinnen Michaela Schießl und Caroline Schmidt befiel kein Hauch von Unbehagen, als sie Schwarzers reaktionäre Thesen hörten. Widerspruchslos ließen sie ihr jede Ungeheuerlichkeit durchgehen: »Nachdem die Nazis alles Fremde verteufelt haben, wollen die Kinder nun alles Fremde lieben, mit fest verschlossenen Augen. Nachdem ihre linken Götter untergegangen sind, wollen sie an diese neuen Götter glauben.« Statt diesen Quatsch mit der realen Situation der »neuen Götter« in Deutschland zu konfrontieren, mit der alltäglichen Diskriminierung am Arbeitsplatz und in den Behörden, mit »No-go-Areas« und Zuwanderungssperren – statt also nachzufragen, ob Schwarzer den gesellschaftlichen Einfluß der »Multikulti«-Fraktion nicht maßlos übertreibe, liefern die Interviewerinnen ihr nur Stichworte: »Seit Jahrzehnten wird tatenlos zugesehen, wie ein Teil der hier lebenden Türkinnen völlig entrechtet wird. Warum regt sich in der deutschen Gesellschaft so wenig Widerstand?« Womöglich weil der »Teil« viel kleiner ist, als die Redakteurinnen spekulieren. Oder weil es sehr vielen Deutschen komplett egal, oft sogar willkommen ist, wenn eine Türkin wie ein Tier und nicht wie ein Mensch behandelt wird. Und seit wann eigentlich ist die Unterdrückung von Frauen eine türkische Spezialität, bei den Deutschen hingegen abgeschafft?

Um ihren Feldzug gegen den Islam, die Linke und die »Multikulti-Ideologie« führen zu können, wirft Schwarzer noch den letzten Rest feministischer Erkenntnis über Bord und schiebt die Schuld für die Diskriminierung türkischer Frauen auch denen in die Schuhe, die explizite Feinde der Diskriminierung sind. Der angeblich so geringe Widerstand der Deutschen gegen die Entrechtung von Türkinnen sei nämlich darauf zurückzuführen, daß »jedes Anprangern dieses Mißstands sofort als Rassismus gebrandmarkt wird«. Wer so anprangert wie Schwarzer, von Frauen redet, »die unter ihren Stoffbergen [dahinstolpern], während ihr Mann lässig in Jeans ausschreitet«[74], der sollte sich über Brandblasen besser nicht beschweren.

Daß Alice Schwarzer, wenn sie den Islam verteufelt, weniger für die Menschenrechte ficht – gegen die das Dahinstolpern in Stoffbergen durchaus nicht verstößt – als für ihre Vorurteile, daß die Börne-Preisträgerin im Weltreich der Unterdrückung Territorien kennt, wo frau auch mal mit Unterdrückern solidarisch werden darf, bekannte sie einige Jahre nach dem *Spiegel*-Interview. Als die Militärjunta von Burma nach einer Überschwemmungskatastrophe westlichen Hilfsorganisationen die Einreise verweigerte, warb Schwarzer in der FAZ um Verständnis für die Diktatoren: In »diesen postkolonialistischen Zeiten« hätten »einst [sic!] ehrenwerte Begriffe wie Menschenrechte oder Demokratie leider längst ihre Unschuld verloren«, schreibt die Journalistin, die sonst nicht müde wird, den Muslimen Verachtung westlicher Werte vorzuwerfen. »In ihrem Namen betreiben die angeblichen Retter immer öfter nichts anderes als Interventions- und Interessenpolitik.« Und darum mißtrauten die Despoten von Myanmar »zu Recht« den Hilfsangeboten aus Europa und Amerika. Man muß hier nicht gleich Schizophrenie diagnostizieren; es kann auch schlicht Dummheit im Spiel sein. Jedenfalls empfiehlt es sich, Alice Schwarzers Einlassungen zum Islam künftig stets an ihrem Solidaritätsartikel für ein Putschistenregime zu messen, das einen blutigen Bürgerkrieg führt, politische Gegner einsperrt, versklavt, ermordet und dessen einzige politische Legitimation aus Gewehrläufen und Granaten besteht. Anhand ihrer Reiseeindrücke aus Burma läßt sich übrigens gut nachvollziehen, warum Schwarzer zu Antirassisten ein gespanntes Verhältnis hat: »Ich war im rauen Norden, in Rakhine, wo die Menschen nicht so goldhäutig und heiter sind wie im Süden, sondern dunkel und mißtrauisch«.[75] Richtig dunkel wird es zwei Jahre später auch im *Spiegel*.

Die schwarze Serie – Episode I: Die erfundene Bedrohung

Am 12. September 2006 hält der berühmteste Theologe der Welt an der Universität Regensburg einen Gastvortrag über »Glaube, Vernunft und Universität«. Er stellt darin die steile These auf, Glaube sei der Vernunft verpflichtet, denn der »Wille zum Gehorsam gegenüber der Wahrheit« sei »Ausdruck einer Grundhaltung, die zu den wesentlichen Entscheiden des Christlichen gehört«. Von dem irrationalen Kondomtabu der katholischen Kirche, ihrer Homophobie, dem Zölibat und der eigentümlichen Wahrheit, bei der heiligen Kommunion verwandle sich Gebäck buchstäblich in das Fleisch Christi, erzählt er ebensowenig wie davon, daß er diese und überhaupt alle Dogmen des Katholizismus nicht nur befürwortet, sondern die innerkirchliche Kritik daran mit sämtlichen ihm gegebenen Mitteln verfolgt. Und der Theologe Joseph Ratzinger verfügt über viele Instrumente, kritische Kollegen abzustrafen. Denn ein Jahr vor seiner Regensburger Lektion war er als Benedikt XVI. zum neuen Papst gewählt worden.

Trotzdem – die Spitzfindigkeit und der originelle Umgang mit der Realität allein hätten Ratzingers Vortrag kaum zum globalen Streitfall werden lassen; man ist von Stellvertretern Christi in dieser Beziehung einiges gewohnt. Hätte Benedikt sich darauf beschränkt, von der Theologie als Element im »Kosmos der Vernunft« zu schwafeln und sie für die fortwährende Suche nach der »Vernunft des Glaubens« zu preisen, es hätte niemals einen Eklat gegeben. Weil Selbstkritik bei Päpsten noch seltener stattfindet als bei burmesischen Generälen oder Bundesverdienstkreuzträgerinnen, wäre seine Regensburger Rede als Reklame in eigener Sache abgetan oder gar nicht erst beachtet worden. Aber er beschränkte sich nicht, sondern verknüpfte das Loblied auf die katholische Theologie mit einer Kampfansage. Die angebliche Vernunft des Christentums konfrontierte Ratzinger mit einer Religion, der die Ratio prinzipiell abgehe: dem Islam.

Der Papst benennt als Zeugen den byzantinischen Kaiser Manuel II. Der Herrscher sprach, vermutlich 1391, mit einem anonymen »Perser« über die Differenzen der großen Religionen; einige Jahre später schrieb Manuel den Dialog nieder. Joseph Ratzinger interessiert sich vor allem für die Einlassungen des Kaisers zum Dschihad und zitiert unter anderem: »Zeig mir doch, was Mohammed Neues gebracht hat, und da wirst du nur Schlechtes und Inhumanes finden wie dies, daß er vorgeschrieben hat, den Glauben, den er predigte, durch das Schwert zu verbreiten. […] Wer jemanden zum Glauben führen will, braucht die Fähigkeit zur guten Rede und ein rechtes Denken, nicht aber Gewalt und Drohung.« Zwar distanziert Benedikt sich von Manuels »erstaunlich schroffer, für uns unannehmbar schroffer Form«; dem Inhalt pflichtet er jedoch restlos bei: »Manuel II. hat wirklich aus dem inneren Wesen des christlichen Glaubens heraus und zugleich aus dem Wesen des Griechischen, das sich mit dem Glauben verschmolzen hatte, sagen können: Nicht ›mit dem Logos‹ handeln ist dem Wesen Gottes zuwider.«[76] Die Folgerung aus diesem Satz überläßt der Papst dem Publikum; sie ist aber nicht schwer zu ziehen: Weil der Muslim nicht aus Gründen der Vernunft, sondern aus Zwang an Gott glaubt, übt er Blasphemie.

Die Empörung in der islamischen Welt, die der Regensburger Vortrag auslöste, war also nicht unverständlich. Außer für den *Spiegel*. Die Ausgabe 38/2006 schmückte ein Cover, das Benedikt XVI. mit weit ausgebreiteten Armen vor pechschwarzem Hintergrund zeigt. Es ist die Geste eines die Welt Umarmenden und zugleich die Pose des Gekreuzigten – und genau so, als Menschenfreund und unschuldiges Opfer, schildert die Titelgeschichte »Papst contra Mohammed« Joseph Ratzinger: Eine »Flut von Beschimpfungen« sei »über den Papst und seinen kleinen Gottesstaat im Herzen von Rom hereingebrochen, wie die Kirche sie nicht mehr erlebt hatte, seit aufrechte Protestanten die Überzeugung aufgegeben haben, der römische Papst sei der Antichrist persönlich und seine Kirche die Hure Babylon«. Dabei wäre Applaus für die intellektuelle Tiefe des Vortrags angemessen gewesen: »Die Argumentation des Papstes ist imponierend und schlüssig.« Und sowieso habe er nicht als geistliches Oberhaupt von mehr als einer Milliarde Menschen, sondern als »Professor Dr. Joseph Ratzinger« gesprochen, als »Gottesweiser, der wohl nicht bedacht hat, daß die Worte eines Papstes in der Stadt wie auf dem Erdkreis gehört werden«.[77] Ja, diese Gottesweisen aus den netten kleinen Gottesstaaten: brillante Hirne, doch weltfremd wie Ministranten.

Selbstverständlich wußte Ratzinger, daß sein Vortrag nicht allein in der Aula Magna von Regensburg zur Kenntnis genommen werden würde. Eventuell lag es ihm fern, einzelne Muslime beleidigen zu wollen. Doch die Diffamierung ihrer Religion als gottloser Irrglaube war beabsichtigt. Heute, im Rückblick, erweist sich, daß Benedikt XVI. mit der Regensburger Vorlesung die diplomatische Zurückhaltung seines ersten Amtsjahres ablegte, um fortan einem fundamentalistischen Missionierungseifer zu frönen.

So predigte der Papst während einer Reise durch Südamerika im Mai 2007, die Christianisierung der Indios – eines der finstersten und blutigsten Kapitel in der notorisch finsteren und blutigen Geschichte des Christentums – sei nichts weniger als eine Erlösung dieser Heiden von einer alten Not gewesen: »Welche Bedeutung hatte aber die Annahme des christlichen Glaubens für die Länder Lateinamerikas und der Karibik? Es bedeutete für sie, Christus kennenzulernen und anzunehmen, Christus, den unbekannten Gott, den ihre Vorfahren, ohne es zu wissen, in ihren reichen religiösen Traditionen suchten. Christus war der Erlöser, nach dem sie sich im Stillen sehnten.«[78] Um so lauter die erlösten Schreie, als sie Christus endlich kennenlernten. Denn seine Verkünder kamen mit Muskete und Peitsche. Darüber, natürlich, kein Wort in Ratzingers Ausführungen. Den protestantischen Glaubensgemeinschaften ließ er von der Kongregation für die Glaubenslehre im Sommer 2007 mitteilen, keine »›Kirchen‹ im eigentlichen Sinn« zu sein, weil ihren Pastoren »das sakramentale Priestertum« und somit den Gemeinden »die ursprüngliche und vollständige Wirklichkeit des eucharistischen Mysteriums«[79] fehle. Aber nicht nur die Protestanten verharren im Zustand der Gottesferne. Auch die Juden sollen sich endlich zur »Vernunft des Glaubens«, wie Joseph Ratzinger sie definiert, bekennen. Seit Februar 2008 enthält die katholische Liturgie eine Neufassung der sogenannten »Karfreitagsfürbitte«. Darin heißt es: »Laßt uns beten auch für die Juden, daß Gott, unser Herr, ihre Herzen erleuchte, damit sie Jesus Christus als den Heiland aller Menschen erkennen. […] Gewähre gnädig, daß, indem die Heidenvölker in deine Kirche eintreten, ganz Israel gerettet werde.«[80] Der Pastoraltheologe Heinz-Günther Schöttler – er lehrt übrigens in Regensburg – konstatiert: »Diese Fürbitte […] belastet den christlich-jüdischen Dialog nachhaltig. All das nimmt der Papst wissentlich in Kauf. […] Die neue Fürbitte offenbart eine Theologie ohne Erinnerung, ohne Erinnerung an die Schuld der Christen und der Kirche«.[81]

Diese Amnesie offenbarte Benedikt bereits in der Regensburger Rede. Nicht eine Silbe darin über die Kreuzzüge oder die Reconquista, über die Kriege, die im Namen Christi Europa und den Nahen Osten verwüsteten, jahrhundertelang. »Die Geschichte der Christlichen Kirche ist die Geschichte eines Schlachtfelds«, entrüstet sich Hans Wollschläger im Nachwort seiner historischen Studie über *Die bewaffneten Wallfahrten gen Jerusalem,* »der Apostolische Stuhl steht auf einem Massengrab«[82]. Es wäre zuviel von einem Papst verlangt, diese Ansicht zu teilen. Doch die Militanz zu verschweigen, mit der das Christentum seine spezielle Vernunft in die Welt getragen hat, und gleichzeitig dem Islam vorzuhalten, er sei gotteslästerlich, weil er den Glauben »mit dem Schwert« verbreite – das ist entweder heuchlerisch oder verblendet, ganz sicher jedoch kein Ausweis intellektueller Redlichkeit. Doch vielleicht kommt es bei einem »Gottesweisen« auf solche Petitessen nicht an.

Der *Spiegel,* nach Kräften bemüht, Ratzingers Provokation zu verniedlichen, schreibt: »Es hätte auch nicht geschadet, in diesem Zusammenhang der wenig ruhmreichen Kreuzzüge zu gedenken.« Das ist, in diesem Zusammenhang, Quark. Solches Gedenken hätte alles entwertet, was der Papst an der Vernunft des Christentums preist. Der sanfte Rüffel steht ohnehin bloß pro forma da und wird gleich wieder radiert. Benedikt erzählte, seinen *Spiegel*-Fans zufolge, über die Schlachtfeste christlicher Krieger nichts, weil darüber längst alles bekannt sei: »Weder das Christentum noch der Islam haben ihre gewaltsamen Traditionen verheimlicht.«[83] Belege für diese interessante Behauptung werden nicht angeführt, es gibt ja auch keine. Gegen sie allerdings zahllose, zum Beispiel die Regensburger Rede. Dreister als seine Verteidiger ist nur Benedikt selbst, der in seinem Vortrag die lange Tradition christlicher Gewalttaten komplett verleugnet und dem Islam pauschal unterstellt, er könne gar nicht anders handeln als brutal.

Zwei Tage nach der Rede setzt eine Welle des Protestes gegen Ratzinger ein. Ali Bardakoglu, Leiter der türkischen Religionsbehörde, wirft dem Papst »Kreuzfahrermentalität« vor und fordert eine Entschuldigung. Am 15. September verdächtigt die Organisation of The Islamic Conference (OIC), der 57 islamisch geprägte Staaten angehören, den Papst, eine »Verleumdungskampagne« zu führen, und äußert die Befürchtung, er wolle Jahrzehnte des Dialogs zwischen christlichen und muslimischen Theologen beenden. Das pakistanische Außenministerium bestellt den Botschafter des Vatikans ein. In mehreren Mitgliedsländern der OIC kommt es zu Demonstrationen gegen Benedikt. Auch muslimische Organisationen in Europa, etwa der Muslim Council of Britain, fordern den Papst zu einer Klarstellung auf. Aus dem Gazastreifen wird ein Bombenanschlag auf ein christliches Jugendzentrum gemeldet – das allerdings nicht von der katholischen Kirche, sondern von einer griechisch-orthodoxen Gemeinde betrieben wird. Durchs Internet geistern Terrordrohungen gegen den Vatikan. Am 17. September, fünf Tage nach der Rede, teilt Ratzinger aus seiner Sommerresidenz Castel Gandolfo mit, er sei mißverstanden worden, er respektiere die Muslime ebenso wie ihren Glauben. Die Protestaktionen islamischer Fundamentalisten reißen dennoch nicht ab. Bei seiner Generalaudienz am 20. September bekundet der Papst den Muslimen »tiefen Respekt«. Fünf Tage später empfängt er die einundzwanzig beim Vatikan akkreditierten Botschafter islamischer Staaten und beteuert auch ihnen seinen Wunsch nach einem friedlichen Dialog zwischen den Religionen. Die Protestwelle verebbt.

Aber hatten die Muslime den Stellvertreter Christi tatsächlich falsch verstanden? Falsch verstehen wollen? Für die *Spiegel*-Autoren steht fest, daß sie bloß nach einem Vorwand suchten, wieder einmal Front gegen den christlichen Westen zu machen: »Die Achsenmächte im Kampf gegen den Okzident und dessen Werte laufen zu großer Form auf. [...] Unfaßbar, was da über den bayerischen Papst auf Heimatbesuch hereingebrochen war.«[84] Mit etwas weniger Wohlwollen für den erzkonservativen Ratzinger hätten die Autoren allerdings fassen können, was da geschah. Er war in Regensburg als Brandstifter aufgetreten. Und Feuer bekam er: Im Irak verbrannten Islamisten am 18. September 2006 eine Papstpuppe.

Walter Homolka, Rabbiner und Rektor des Abraham-Geiger-Kollegs an der Universität Potsdam, nimmt Benedikt XVI. nicht ab, eine Diffamierung des Islam habe ihm ferngelegen: »Ich kann mir nicht vorstellen, daß dies Ausrutscher waren. Hier steht ein Kapitän auf der Brücke seines Supertankers. Durch das Zweite Vatikanische Konzil wurde ein neuer Kurs gesetzt. Nun will er umsteuern und in kurzer Zeit neue Akzente setzen. Da braucht es schon die eine oder andere Sprengbombe, um das Schiff ins neue Fahrwasser zu bringen.«[85] Homolka liegt mit seiner Vermutung nicht daneben. Knapp ein Jahr nach dem Eklat von Regensburg sagte Prälat Georg Gänswein, Privatsekretär und Vertrauter Joseph Ratzingers: »Die Islamierungsversuche im Westen sind nicht wegzureden. Und die damit verbundene Gefahr für die Identität Europas darf nicht aus falsch verstandener Rücksicht ignoriert werden. Die katholische Seite sieht das sehr klar und sagt es auch. Gerade die Regensburger Rede sollte einer bestimmten Blauäugigkeit entgegenwirken.«[86] Die Verteidiger des Papstes hatten sich also etwas zu weit aus dem Fenster gehängt, als sie die Islamfeindschaft des Vortrags kategorisch bestritten: »Auch Bundeskanzlerin Angela Merkel (CDU) nahm Papst Benedikt XVI. in Schutz. [Sie] sagte der *Bild*-Zeitung: ›Wer den Papst kritisiert, verkennt die Intention seiner Rede.‹ Diese sei ›eine Einladung zum Dialog der Religionen‹.«[87] Prälat Gänswein dürfte sich über derartige Blauäugigkeit mindestens so sehr gefreut haben wie sein Chef.

Damit aber die ungebildeten Muselmanen sich für ihren Widerwillen schämen, das Wort des Papstes anzunehmen, verlieh ihm das Seminar für Allgemeine Rhetorik an der Universität Tübingen einen Preis für die »Rede des Jahres 2006«. Die Jury würdigte Ratzingers Äußerungen als einen Vortrag, der »jenseits tagespolitischer Meinungen und Rücksichten eine Antwort auf [die] Frage nach dem richtigen Umgang mit religiösen Fundamentalismen« formuliere und »gezielt mißverstanden« worden sei[88]. Es ist, scheint's, überflüssig, lesen zu können, um deutscher Rhetorikprofessor zu werden, es genügt, die Tagespolitik aufmerksam zu verfolgen und bloß nicht klüger zu sein als die Kanzlerin oder der *Spiegel*.

Mit »über 22 Millionen Leben« beziffert Wollschläger, »nach vorsichtiger Schätzung«[89], die Opfer der Kreuzzüge. Es hätte gewiß nicht geschadet, sich an diese Zahl zu erinnern, bevor man Muslimen falsche Empfindlichkeit attestierte, Joseph Ratzinger als »Gottesweisen« in Schutz nahm und ihn für eine Rede prämierte, die so nachlässig formuliert war, daß er sie mehrmals klarstellen mußte. Und zweifellos sollte ein Theologe, der unentwegt von der Vernunft des christlichen Glaubens schwärmt, erst einmal erklären, welche Art Vernunft bei den Verbrechen im Namen Christi am Werk gewesen ist, bevor er die Untaten der anderen mit der Irrationalität ihres Glaubens begründet.

Dem Papst sei immerhin zugestanden, daß er als Vorsitzender des Aufsichtsrats die eigenen Geschäfte nicht gefährden darf. Doch die Politiker, Dozenten und Journalisten, die ihn verteidigten und feierten, als hätte niemals eine Aufklärung, nie eine Kritik der katholischen Kirche stattgefunden, sollten gelegentlich über diesen Satz von Hans Wollschläger nachdenken: »Seit Konstantin das Kreuz zum Feldzeichen seiner Garde machte, war der christliche Gott ein

Kriegsgott, war die angebliche Religion der Liebe eine Todesreligion.«[90] Solange Ratzingers Advokaten seine Geschichtsblindheit teilen, seine Arroganz und Selbstgerechtigkeit, sind sie den Narren, die eine Papstpuppe verbrennen, ähnlicher als diese Puppe dem Papst.

Feindbild *Spiegel*?

Es könnte allmählich der Verdacht aufkommen, dieses Buch sei ein verkapptes Pamphlet gegen den *Spiegel*. Die Annahme liegt nahe, ich hätte mir das Thema Islamfeindschaft bloß ausgesucht, um einem Ressentiment gegen das Magazin Luft zu verschaffen. Schließlich haben auch andere Blätter als der *Spiegel* Schreckensbilder von den Muslimen gemalt. »Keine Toleranz im Islam«, »Der Islam will die Welteroberung«, »Presse aushebeln – Kritik an der Macht des Islam«: Das sind Schlagzeilen der *Frankfurter Allgemeinen Zeitung* aus dem Jahr 2006[91]. Doch im gleichen Zeitraum veröffentlicht die FAZ auch solche Überschriften: »Feminismus im Islam ist möglich«, »Die glorreichen Tage des Dschihad sind Geschichte«, »Der Islam ist keine Bedrohung für uns«. Oder die *Süddeutsche Zeitung*, wieder 2006: »Der Islam als Herausforderung«, »Angst vor dem Islam«, »Der Islam wird als Waffe eingesetzt«. Und daneben diese Headlines: »Schäuble: Der Islam ist ein Teil Deutschlands«, »Christen und Muslime wollen Islam-Unterricht«, »Fraktionen begrüßen Islam-Konferenz«. In all diesen Schlagzeilen steht »der Islam« synonym sowohl für die Vielzahl von Sekten und Lehren, die sich auf den Koran berufen, als auch für die ganz und gar nicht identischen Kulturkreise, die er prägt. Die Widersprüchlichkeit der Überschriften und Artikel reflektiert die Paradoxa, an denen der Islam und seine 1,4 Milliarden mehr oder weniger passionierten Anhänger zu tragen haben.

Der Islam, kein Zweifel, polarisiert, erregt, verängstigt, und das hat nichts mit der Perspektive zu tun, sondern mit ihm selbst. Wie alle offenbarten Religionen liefert er für Barmherzigkeit und Gewalt gleich viele und starke Rechtfertigungen. Und wie alle Gläubigen, die sich auf eine Offenbarung berufen, sind auch Muslime anfällig dafür, sich als Eigner einer alleinseligmachenden Wahrheit zu fühlen und jeden zu verachten, der ihre Wahrheit nicht teilt. Deshalb stehen sie im Visier jener Schriftausleger, Imame, Ajatollahs, die religiöse Inbrunst mißbrauchen, weil sie sie politisch ausnutzen wollen. Diesen Verführern zu widerstehen, fällt um so schwerer, je erbärmlicher der soziale Status, je hoffnungsloser das Leben des Gläubigen und je geringer sein Wissen ist. Für die Mordlust, den Antisemitismus und die Selbstgerechtigkeit fundamentalistischer Muslime gibt es eine Menge Erklärungen, und viele liefert der Koran. Eine Entschuldigung dafür sind Armut und Religion aber nicht. Selbst unter der Tyrannei von Talibanen muß ein Mensch nicht zwangsläufig zum Killer, Judenhasser oder Sadisten werden (und er wird es meistens auch nicht). Dem mörderischen Gebrüll der Prediger nicht zu widersprechen, ihren brutalen Exegesen gar zuzustimmen bedeutet, das Morden ganz allgemein zu billigen; die meisten Muslime wissen dies.

Unstreitig, leider, gefällt es vielen, die Allah anbeten, mit Feuer zu missionieren, Frauen zu kujonieren, Ungläubige zu bombardieren. Wer den Koran als Handbuch für einen Heiligen Krieg und die Unterdrückung der Frau lesen will, der wird darin finden, was er sucht. Die Borniertheit und Militanz des islamischen Fundamentalismus wäre gar nicht denkbar ohne die Buchstabentreue der Islamisten zum Wort des Propheten – das heißt zu den Worten, die ihre totalitäre Ideologie rechtfertigen. Das fromme Leben, das die Islamisten verordnen, schmeckt allerdings nicht jedem Muslim: Darum müssen gerade die Staaten, in denen die Scharia herrscht, einen monströsen Polizei- und Spitzelapparat aufbieten, um ihre Untertanen in Schach und von all den Versuchungen fernzuhalten, die nur deshalb welche sind, weil die Frömmler sie als Sünde verdammt haben – Lippenstifte zum Beispiel, kurze Röcke und Rockmusik oder Salman Rushdies *Satanische Verse*.

Wenn also ein Medium, das sich für seriös hält und auch vom Publikum dafür gehalten wird, 1,4 Milliarden Menschen unterstellt, sie seien zwangsläufig Barbaren, weil sie sich zu einer Religion bekennen, die barbarisch interpretiert wird – dann überschätzt es die Gläubigkeit dieser Menschen ebenso wie die Verbindlichkeit der fundamentalistischen Schriftauslegung. Wer den Islamismus als zwingende Konsequenz aus den Suren des Korans betrachtet und nicht etwa als die mörderische Ideologie, welche die Islamisten daraus gemacht haben, der bestätigt nur ihren Anspruch, als einzige die »Wahrheit« des Korans zu kennen. Daß jedoch die meisten Muslime Fanatismus, Unterdrückung, Quälerei und Mord verabscheuen und sich vor den Haßpredigern, Dschihadisten und Religionstyrannen nicht weniger fürchten als ein *Spiegel*-Redakteur – allerdings mit weit triftigeren Gründen als er, denn die allermeisten Opfer islamistischen Terrors sind Muslime: Dies sollte ein Journalist, der über das Thema schreibt, schon wissen und auch mitteilen. Zumal wenn er im Land des Holocaust lebt.

Die Redaktionen der FAZ und der *Süddeutschen Zeitung* haben versucht, das Bedrohliche des Islam zu kontern mit der Normalität, welche die meisten Muslime, auch in Deutschland, zu leben versuchen. Der *Spiegel* unter Stefan Aust hat sich ausschließlich für die Fanatiker, das Anormale, die Bedrohung interessiert. Die Kampfansage der Islamisten beantwortete das Nachrichtenmagazin mit einer Kampagne gegen den Islam und seine Gläubigen, und so tappte es ebenso blindlings wie bereitwillig in die Falle der Haßprediger. Weil die den Islam als einzig denkbaren Pfad zur Gnade Gottes preisen, fühlte der *Spiegel* sich berufen, auszuführen, warum der Islam der denkbar schlechteste Weg sei. Statt alle Religionen der Welt gleich kritisch zu beschreiben, verstiegen sich *Spiegel*-Redakteure dazu, gemeinsam mit Papst Benedikt einen Wertungstest der Religionen vorzunehmen – bei dem das Christentum natürlich mit Bestnoten abschnitt, denn der Papst und seine Verbündeten in Hamburg an der Brandstwiete taten so, als wären religiöser Fanatismus, Bigotterie und Grausamkeit unter den Christen seit vielen Generationen überwunden und als hätte die Aufklärung einen weiten Bogen um die islamische Welt geschlagen.

Die Allmachts- und Auserwähltheitsphantasien der Islamisten konterte der *Spiegel* mit Halluzinationen von einem Abendland, in dem Toleranz, Demokratie, Freiheit und Emanzipation nicht etwa gegen die Herren der christlichen Kirchen, sondern mit ihnen realisiert worden sind. Wäre Kulturkampf nur eine intellektuelle Übung und nicht auch ein Motiv für die Invasionen in Afghanistan und im Irak gewesen, die selbstgerechten Antiislam-Cover des *Spiegel* ließen sich als einfach kindisch abtun. Sie sind aber jenseits aller »Ätsch, ihr seid viel schlimmer!«-Infantilität boshaft und völlig verantwortungslos. Die Macht und der Einfluß islamischer Radikaler wurden vom *Spiegel* wie ein globales Krebsgeschwür beschrieben. Das dürfte den Fundamentalisten in ihrer Geltungssucht gut gefallen haben. Die Parteilichkeit des *Spiegel* ebenfalls – das Blatt präsentierte sich genau so, wie der Islamist es von einem Blatt der Ungläubigen erwartet: überheblich, dünkelhaft, »kreuzfahrerisch«.

Wie demütigend und diffamierend die Islampolemik des *Spiegel* auch auf einen Laizisten wie ihn gewirkt hat, schildert Navid Kermani: »Aber dann stand ich doch da, am Pranger […], bloß aufgrund meiner Herkunft als schiitischer Muslim in Deutschland. Dabei trägt seit zwei Generationen niemand bei uns ein Kopftuch; nicht einmal einen Bart haben wir uns in den letzten Jahren zuschulden kommen lassen, es sei denn, ich war mal wieder zu verkatert, um mich zu rasieren. […] [Ihr] Artikel zwingt mich in dieses [›Wir Muslime‹], indem er Einzelne von uns bewußt ausnimmt, gewissermaßen adoptiert, nur um den Rest zu Fanatikern zu erklären, zu Barbaren und Frauenhassern.«[92] Kermani beschreibt die Ohnmacht eines Menschen, der von rassistischen Klischees heimgesucht wird, und was ihn am meisten empört, ist die Leichtfertigkeit, mit welcher ausgerechnet der *Spiegel* diese Klischees bedient.

Man könnte jetzt einwenden, es sei nicht fair, Tageblätter mit einem Wochenheft zu vergleichen. Immerhin muß sich ein wöchentlich erscheinendes Publikumsblatt anders verkaufen als eine Tageszeitung. Es ist gehalten, aus den Themen der Woche das eine zu fischen, das den Abend überdauert, und bei heiklen Geschichten darf es nicht heikel sein.

Wirklich nicht? Ein Blick auf die Titelseiten der *Zeit* von 2006: Die Redaktion vermeidet, auch nur eine Schlagzeile mit den Reizwörtern »Islam« oder »Muslime« zu formulieren. Aufmachergeschichten über den militanten Islamismus und die Furcht des Westens sind vielmehr so überschrieben: »Dr. Seltsam in Teheran«, »Wer will den Kampf der Kulturen?«, »Angst vor dem 11. September« oder »Die Angst ist am Zug«. Den Aufruhr nach Joseph Ratzingers Islamdenunziation dokumentierte die *Zeit* nicht bloß nüchterner, sondern auch gründlicher als der *Spiegel*. Statt von einem »Gottesweisen« zu schwärmen, dem »unfaßbare« Reaktionen die Kontemplation verdarben, kommentierte *Zeit*-Redakteur Jan Ross den Fall so: »Mohammed – Heiliger Krieg – Terror: die Verbindungslinien wurden nicht wirklich anklägerisch gezogen, aber doch gewissermaßen schraffiert. Das war provozierend. Und provozieren darf ein Papst nicht.« Er, der Papst, könne »nicht einfach wieder in die Professorenrolle schlüpfen«, er müsse »seine Worte wägen«[93]. Für Journalisten – das hat Ross nicht erwähnt, wohl weil er es für selbstverständlich hält – gilt das gleiche. Zumal wenn sie für eines der einflußreichsten Blätter des Landes schreiben.

Es war einmal ein deutsches Nachrichtenmagazin, das den Einheizern und den autoritären Ideologen beherzt entgegentrat, wo und wann immer sie Herrschaftsinteressen über den Rechtsstaat stellten. Ob zu Zeiten der APO, während des Deutschen Herbstes, in Brokdorf oder Mutlangen – die Redaktion und ihr Herausgeber wollten lieber Korrektive als Helfer der Staatsmacht sein. Dabei nahmen sie auch in Kauf, für »links« gehalten zu werden, obschon sie dies im engeren Sinn nie gewesen sind. Der *Spiegel*-Leser wußte vielleicht nicht mehr als der Leser der *Welt*, doch immerhin konnte er sich lange Zeit darauf verlassen, nicht auf ein Leib- und Magenblatt von Reaktionären abonniert zu sein. Deshalb entfalten die islamfeindlichen Titel des *Spiegel* eine verheerendere Wirkung als alle ähnlich lautenden Schlagzeilen etwa der *Bild*-Zeitung. Deren Publikum will sich seine Vorurteile ja bloß bestätigen lassen, die eigene Dumpfheit in den dumpfen Headlines und Kolportagen wiederfinden. Vielen *Spiegel*-Lesern kann man Vorurteile jedoch noch beibringen und ihnen eine Angst einjagen, von der sie vor der Lektüre noch gar nicht wußten, daß sie sie kennen sollten. Seit den Tagen der »Asylantenflut« hat das Blatt den Angsthabern nicht bloß Argumente geliefert, sondern sogar Zulauf verschafft.

»Ein aufgeklärtes Nachrichtenmagazin«, staunte Ende 2007 der Kabarettist Hagen Rether, »ist tatsächlich in der Lage, binnen weniger Monate immer mit schwarzem Titelbild über den Islam zu berichten. Rudolf Augstein rotiert im Grab. Das kannst du bis Mekka hören!«[94] Hier siegt die Pointe über die Fakten. Tatsächlich gab Augstein selbst den Ton vor, der unter Stefan Aust zur Kakophonie anschwoll. Im Juni 1993, eine Woche nach der Mordbrennerei von Solingen, die Kanzler Kohl zu der Überlegung bewogen hatte, den türkischen Migranten eine zeitlich befristete doppelte Staatsbürgerschaft zu gewähren, meldete der Gründer und Herausgeber des *Spiegel* schwere Bedenken an. Rassistische Bluttaten könne man, wenn überhaupt, nur durch »öffentliche Prügelstrafe und das Todesurteil« verhindern. Die bürgerrechtliche Integration der Türken aber bringe gar nichts, sie sei vielmehr eine »Scheinlösung«. Daß die Killer von Mölln und Solingen vielleicht auch deshalb jede Hemmung verloren hatten, weil sie wußten, daß ihre Opfer im deutschen Staat bloß Menschen zweiter Klasse waren, interessierte Augstein nicht.

Statt dessen sprach er den Angsthabern aus der Mördergrube, die sie ein Herz nennen. Es habe »unter Privilegierten, die demselben Kulturbereich angehören, [nie] prinzipielle Schwierigkeiten mit der Staatsangehörigkeit gegeben.« Doch »[sehr] anders wäre das mit den Türken. Sie gehören einem Kulturkreis an, der mit dem unseren vor und nach Prinz Eugen nichts gemein hat.« Nichts. Von Kleinigkeiten wie dem kapitalistischen Wirtschaftssystem, dem Laizismus, der parlamentarischen Demokratie oder der lateinischen Amtsschrift mal abgesehen. Wer solch ignoranten Quatsch verbreitet wie Augstein, unbekümmert um die jüngere Geschichte, der muß freilich weit, gleich drei Jahrhunderte weit ausholen, bis hin zum stolzen Ritter, der einst die Osmanen aus Ungarn vertrieb, damit er sich als Kenner, der er nicht ist, aufspielen kann. Augstein sind die Türken zutiefst suspekt; darum glaubt er – eine Woche nachdem Kinder verbrannt waren, nur weil sie türkische Eltern hatten! –, sie ermahnen zu dürfen: »Vor allem müssen [sie] erkennen und anerkennen, daß sie in einer nicht höheren, sondern anderen Kultur leben und arbeiten.« Als merkten Türken das nicht jeden Tag, den sie in Deutschland leben, als ließe man es sie nicht täglich spüren – zum Beispiel in den Leitartikeln von Rudolf Augstein! Wer die Staatsangehörigkeit der Bundesrepublik wünsche, der habe sich zu assimilieren, restlos, und er müsse alles vergessen, was ihn an die alte Heimat bindet: »Entweder sie wollen Deutsche werden, mit allen Rechten und Pflichten, oder Türken bleiben, was ihnen ja freisteht.«[95] Wenn das kein Kulturchauvinismus ist, dann hat es niemals einen gegeben.

Einige Monate nach der aufschlußreichen Kolumne interviewten drei Nachwuchsredakteure des *Spiegel* den Gründervater und fragten ihn neben vielem anderen nach seiner schlechten Meinung über die Türken und ob das, »was Sie in diesem Fall geschrieben haben«, nicht »eher den Rechten genützt haben« könnte. Rudolf Augstein erwiderte: »Sie können nicht behaupten, die Leute lesen den *Spiegel* und knüppeln dann Türken nieder.«[96] Doch genau das konnte man damals und ein Jahrzehnt später wieder behaupten, und man lag damit beträchtlich näher an der Realität als Augstein und sein Nachfolger Aust, wenn sie die prinzipielle Unverträglichkeit von Muslimen mit deutschen Ureinwohnern heraufbeschworen. In einem anderen Zusammenhang haben 2005 die Ressortleiter des *Spiegel* stolz darauf hingewiesen, die Leser seien »von der Qualität des Magazins überzeugt«, der *Spiegel* genieße »im In- und Ausland hohes Ansehen«, er sei »das meistzitierte Medium der Republik«[97]. Genau aus diesem Grund räume ich den antiislamischen Titelgeschichten des *Spiegel* in diesem Buch so viele Seiten ein. Es geht nicht um mein Ressentiment gegen das Blatt. Sondern um die Ressentiments, die es zu verbreiten half und besonders erfolgreich streuen konnte, weil es so hoch angesehen ist und so oft zitiert wird, daß man seine Warnrufe gelegentlich bis Mekka hören kann. Oder wenigstens bis Hoyerswerda.

Die schwarze Serie – Episode II: Angriff der Schariakrieger

Unten steht das Brandenburger Tor, oben hängt ein Sichelmond. Zwischen den Spitzen der Sichel blinkt, wie in der Flagge der Türkei, ein Stern mit fünf Zacken. Der Himmel dahinter: kohleschlackendunkel. Auf der Titelseite seiner Ausgabe 13/2007 verkündet der *Spiegel* den Untergang des Christenlandes. »Mekka Deutschland – Die stille Islamisierung« lautet die Titelzeile, die zwischen Türkenmond und Quadriga schwebt. Dem Graphiker, der das Cover anfertigte, ist es gelungen, die faustdicke Symbolik um eine Metapher zu ergänzen: Sichelmond und Zackenstern sind von ihm so gedreht worden, daß sie an ein Auge mit grimmig funkelnder Pupille erinnern. Zwei Abendhimmelwölkchen hat der Zeichner darüber angeordnet wie eine zornig gewölbte Braue. Und so blickt das Auge Allahs böse herab auf das Wahrzeichen der Wiedervereinigung, das in der modernen deutschen Ikonographie – ziemlich falsch – auch für »Demokratie« und »Freiheit« steht.

Das Titelblatt wurde offensichtlich von Wahlreklame der CDU aus den 50er Jahren inspiriert (»Alle Wege des Kommunismus führen nach Moskau«). Ohne es zu ahnen, haben Illustrator und Chefredaktion die lange Tradition, in der das Feindbild Moslem steht, auf eine visuelle Formel gebracht – vom Antikommunismus in der alten Bundesrepublik über die rassistischen Exzesse nach dem

Mauerfall bis hin zur akuten Islamophobie. Das Cover erzählt von einem Kulturkampf, und gleichzeitig führt es ihn. Hier ist keineswegs die notorische *Spiegel*-Ironie am Werk, die ihren Urhebern und der Kundschaft das Gefühl schenken soll, souverän gegenüber der »Massenmeinung« zu sein, dieser wenig witzige, sofort erkennbare Sarkasmus, der aus unergründlichem Dünkel stammt und einen ebenso grundlosen Dünkel pflegt. Diese Titelseite ist vollkommen ernst gemeint. Stefan Aust mag Politik herzlich egal sein und er mag ebenso gleichgültig sein gegen die Folgen seiner Arbeit. Doch im Fall der Muslime in Deutschland machte er unablässig Meinung, ohne Vorbehalt und ohne Rücksicht auf Verluste.

Den Anlaß für die Titelgeschichte lieferte Familienrichterin Christa D. aus Frankfurt am Main. Sie lehnte im Januar 2007 den Antrag einer Deutschmarokkanerin auf Ehescheidung vor Ablauf des Trennungsjahres ab. Die erwiesene Gewalttätigkeit des Ehemannes reiche in diesem Fall als Grund für eine vorzeitige Scheidung nicht aus, denn für »›den marokkanischen Kulturkreis [sei] es nicht unüblich, daß der Mann gegenüber der Frau ein Züchtigungsrecht [ausübe].‹ Als Beweis zitierte die Richterin Sure 4, Vers 34 des Korans: ›Die Männer sind den Weibern überlegen wegen dessen, was Allah einen vor den anderen gegeben hat ... Diejenigen [Weiber] aber, für deren Widerspenstigkeit ihr fürchtet – warnet sie, verbannet sie in die Schlafgemächer und schlagt sie ...‹«[98] Die sonderbare Rechtsprechung der Christa D. wurde von der Anwältin der geprügelten Frau im März 2007 publik gemacht, nachdem das Familiengericht einen Befangenheitsantrag gegen Christa D. abgewiesen hatte. Die Affäre sorgte weit über Deutschlands Grenzen hinaus für Schlagzeilen, sogar die *New York Times* widmete ihr einen ausführlichen Artikel.

Bestürzt über D.s Abschaffung des Familienrechts zugunsten einer Sure zeigten sich nicht allein die üblichen Islamphoben wie Bayerns Ministerpräsident Stoiber (»Der deutsche Rechtsstaat darf nicht vor dem Koran einknicken, und er darf sich auch nicht unterwandern lassen«[99]). Die Muslime selbst wollten sich die Scharia nicht verordnen lassen. »Nirgendwo«, stellte Jörg Lau in der *Zeit* fest, »wurde der Frankfurter Justizskandal schärfer verurteilt als in den Deutschlandausgaben der türkischen Zeitungen. Mit Entsetzen diagnostizierte man dort die Selbstaufgabe des europäischen Rechts. Die islamischen Verbände fanden sogar, die Richterin habe sich mit ihrer Surendeutung ›auf die Stufe der Taliban‹ gestellt.«[100] Das immense Medienecho auf Christa D.s Entscheidung ließ ihre Vorgesetzten endlich handeln: Der Fall wurde ihr entzogen; sie selbst ließ sich beurlauben und über den Gerichtssprecher ihr Bedauern mitteilen. »Ihr sei die politische Tragweite und Sprengkraft nicht bewußt gewesen […]. Keinesfalls habe sie mit dem Verweis auf religiöse Regeln diese billigen wollen. Das sei nie ihre Absicht gewesen. ›Im Rückblick versteht sie es selber nicht‹.«[101]

Bei aller legitimen Erregung über die Rechtsauslegung von Christa D. muß festgehalten werden: Es handelt sich um einen einmaligen Vorfall, und die Richterin selbst hat ihre Entscheidung als Fehler erkannt. Ihr Urteil war keineswegs symptomatisch für die gesamte deutsche Rechtsprechung, und es bedeutete durchaus nicht, daß Frauen, die aus Marokko stammen, in Deutschland keinen Schutz vor ihren prügelnden Ehemännern genießen. »Das Urteil«, schreibt Peter Nowak, »wäre spätestens in der nächsten Instanz aufgehoben worden, und ein Notfall lag nicht vor. Denn die Richterin hat, ganz entgegen der öffentlichen Debatte, die Frau eben nicht ihrem prügelnden Ehemann ausgeliefert. Sie hatte gegen ihn vielmehr ein Näherungsverbot ausgesprochen.«[102] Und Mark Landler bemerkt in der *New York Times*: »Während Rechtsexperten sagten, das Urteil sei eher ein juristischer Irrtum als ein Beleg für einen Trend, fällt es in eine Zeit steigender Spannungen in Deutschland und Europa. Denn in vielen Bereichen kämpfen die Behörden darum, die wachsenden muslimischen Minderheiten in ihren Ländern mit westlichen Werten vertraut zu machen.«[103]

Die Nüchternheit Landlers, Nowaks und Laus wollen die Autoren des *Spiegel* partout nicht teilen. Bereits im Vorspann zur Coverstory wird gemunkelt, was das Zeug hält: »Der Frankfurter Justizskandal um eine verprügelte muslimische Frau macht deutlich: Die dritte Gewalt tut sich schwer mit den Problemen der deutschen Einwanderungsgesellschaft. Allzu viele Urteile spielten bereits Islam-Fundamentalisten in die Hände.« So viele Urteile sind es dann doch nicht, die aus dem berühmten *Spiegel*-Archiv zum Beleg herausgefischt werden konnten. Darum rühren die Schreiber unterschiedslos alles zusammen, was irgendwie mit Islam und deutscher Justiz zu tun hat – vom Recht aufs Beten bis zum sogenannten »Ehrenmord«: »Mit Verweis auf die im Grundgesetz garantierte Freiheit der

Religionsausübung erlaubten Richter Muslimen hierzulande, ihre Kinder vom Schwimmunterricht abzumelden oder Klassenfeiern und -fahrten fernzubleiben. [...] 2002 entschied das Landesarbeitsgericht Hamm, daß Gebetspausen während der Arbeitszeit zulässig seien, sie müßten allerdings mit dem Arbeitgeber abgesprochen werden. [...] Beim Schächten mußten deutsche Gerichte muslimischen Metzgern in mehreren Verfahren Ausnahmen zugestehen: Schließlich dürften ja auch Schlachter der jüdischen Religionsgemeinschaft rituell schächten. [...] Auch in puncto Moscheebau haben Muslime deutsche Gerichte oft auf ihrer Seite. Nachbarn hätten es ›grundsätzlich hinzunehmen‹, daß sie vor Sonnenaufgang geweckt werden, entschied das Bundesverwaltungsgericht schon 1992. [...] Daß Ehrenmörder nur wegen Totschlags belangt werden, ist durchaus nicht selten. Das Landgericht Frankfurt ließ 2003 einen in der Türkei geborenen Mann milde davonkommen, nachdem der seine in Deutschland geborene Ehefrau erstochen hatte.«

Was der *Spiegel* nicht verschweigt, jedoch bloß en passant erwähnt, ist die ganz und gar nicht islamistenfreundliche Rechtsprechung bei Berufungsgerichten. Lieber tun die Redakteure so, als seien gelegentliche Fehlurteile in der ersten Instanz typisch für das Handeln aller Richter in Deutschland: »Auch wenn höhere Instanzen solche Urteile meist« – richtig wäre: so gut wie jedesmal – »aufheben, gibt es immer noch Richtersprüche mit derselben Logik.« Die wiederum bei Kassationsverhandlungen keinen Bestand haben werden. Doch weshalb sich mit Differenzierungen aufhalten, wenn es Panik und Paranoia anzufachen gilt? Obwohl die Gesetzbücher voller Paragraphen stehen, die gegen die Zwangsehe, den Ehrenmord, die häusliche Gewalt oder die Verweigerung der Schulpflicht angewandt werden können, und obgleich die inkriminierten Urteile weniger die Schwäche des Systems als die einzelner Richter vorführen, verlangt der *Spiegel* Sonderregelungen eigens für Muslime: »Bleiben dringend notwendige Gesetze aus, hat das [...] verheerende Wirkungen.«

Die Unabhängigkeit der Justiz und ihrer Vertreter, ohne die ein Rechtsstaat nicht zu haben ist, wird von den Kulturkämpfern des *Spiegel* kurzerhand zur Disposition gestellt: »Markiert die unsägliche Entscheidung [...] tatsächlich eine neue Stufe des Appeasement, der Beschwichtigungspolitik der deutschen Justiz gegenüber aggressiv auftretenden Muslimen?« Eine rhetorische Frage nach der anderen: »Gefahr erkannt, Gefahr gebannt? Von wegen. Zwar wurde die Richterin von ihrem Fall abgezogen, die Justiz erwies sich als handlungsfähig. Aber schon häufig wurde die Liberalität des Rechtsstaats mißbraucht, wurde falschverstandene Toleranz zur Selbstaufgabe.« Doch bevor der Rechtsstaat sich vor lauter Rechtsstaatlichkeit selbst beseitigt, geben ihn lieber die *Spiegel*-Redakteure auf: »Gilt es dabei nicht gerade, die [...] Liberalität zu schützen, notfalls mit null Toleranz gegenüber der Intoleranz?«[104] Sie hätten, mit demselben Rechtsverständnis, auch überlegen können, ob nicht die Todesstrafe das angemessene Instrument gegen Mörder, das Handabhacken das probateste Mittel gegen den Diebstahl, die Abschaffung der Pressefreiheit eine notwendige Maßnahme zur Verhinderung demagogischer Titelgeschichten wäre. »Hier wird«, so Peter Nowak, »auf dem Rücken der betroffenen Frau, die Gerechtigkeit verlangt hat, ein Kulturkampf ausgefochten, der schon beim Streit um das Entfernen von Kreuzen aus Schulen oder um kopftuchtragende Lehrerinnen erkennbar war. Nicht um eine Justiz ohne jeden religiösen Einfluß, sondern um einen Stellungskrieg Islam gegen Christentum geht es diesen Kritikern des Frankfurter Urteils.«[105]

Deshalb treten in der *Spiegel*-Story neben der unvermeidlichen Alice Schwarzer vor allem Politiker der CDU und CSU als Gewährsleute auf – von Günther Beckstein (»Unerträglich!«) bis Wolfgang Bosbach (»Schleichend [stellen wir] unsere eigenen Rechts- und Wertvorstellungen zur Disposition«). Und darum vermengen die Autoren das Fehlurteil Christa D.s mit lauter Alarmmeldungen aus dem Leben deutscher Muslime, wie der *Spiegel* es wahrnimmt. Sind sie noch schulpflichtig, tragen sie entweder Kopftuch oder lümmeln herum. Ein Lehrer aus Bochum wird zitiert: Er »kenne etliche ›Schulversager mit Goldkettchen‹, die durch antiamerikanische, antijüdische und sexistische Sprüche auffielen. [...] Lehrerinnen versuchten, in manchen Klassen im Unterricht ›einfach nur zu überleben‹.« Eine Kollegin aus Herten »sieht ihre Bemühungen zur Integration der Mädchen [...] vor allem von zwei Seiten torpediert: von ›erzkonservativen‹ muslimischen Eltern und ›machohaften Brüdern‹.« Sind die Mädchen alt genug, droht ihnen die Zwangsverheiratung oder die Ermordung zwecks Wahrung der Familienehre. Die Muslime verwandeln Deutschland in einen Gottesstaat, und Schuld daran tragen nicht zuletzt die »Gutmenschen«. Was lange Zeit als

»›kulturelle Vielfalt‹ schöngeredet« worden sei, habe eine »schleichende Islamisierung« gefördert und den Blick verstellt auf »Parallelwelten mitten in deutschen Städten«. Mit dem ganzen Behagen antiislamischer Angstmacher, die endlich mal die Sau rauslassen dürfen, werfen die Autoren dem nordrheinwestfälischen Oberverwaltungsgericht vor, es habe »die Regeln – tatsächlich – einer Kameltreibergesellschaft in der Moderne« akzeptiert.

Weil es den *Spiegel*-Autoren so wichtig ist, ihre Schreckensvision vom »Mekka Deutschland« zu malen, kommen Muslime, die sich lieber ans Grundgesetz als an die Scharia halten, denen der westliche Lebensstil sympathischer ist als die Glaubensdiktatur der Mullahs, gar nicht erst vor. Außer sie bestätigen, wie die Autorin Seyran Ateş oder die Berlin-Neuköllner Quartiersmanagerin Ayten Köse, die apokalyptischen Visionen des *Spiegel*. Bei Frau Köse erscheint den Verfassern besonders bemerkenswert, sie sehe »anders aus als die meisten Musliminnen hier. Sie trägt statt Kopftuch ihre Haare offen.« Mit diesem Satz schlägt der Kulturkampf endgültig um in Rassismus. Aber Matthias Bartsch, Andreas Brandt, Simone Kaiser, Gunther Latsch, Cordula Meyer und Caroline Schmidt, die verantwortlich zeichnen für dieses atembeklemmend haltlose und tendenziöse *Spiegel*-Stück, wollen natürlich keine Rassisten sein. Sie wollen bloß warnen! Vor all den Kameltreibern, Kopftüchern, Schulversagern, Goldkettchen, Ehrenmördern, Frauenprüglern sowie den »furchtsamen Richtern«, die einträchtig an der Abschaffung der westlichen Wertegemeinschaft arbeiten. Zumal auch »die mittelalterlichen Keuschheitsvorstellungen Ost-Anatoliens« nicht verhindern werden, daß immer mehr und mehr Feinde des Abendlandes gleich Heuschrecken über uns kommen: »Die Fundamentalisten zeugen viele Kinder, den Männern und Frauen der Vergangenheit könnte sehr wohl ein erheblicher Teil der Zukunft gehören – auch den Muslimen in Deutschland. Deren Zahl wird sich nach einer Studie der Universität Tübingen schon 2030 deutlich mehr als verdoppelt haben.«[106] Islamhörigkeit liegt, dieser Argumentation zufolge, in den Genen. Aber Rassisten sind die Autoren sicherlich nicht. Schließlich schreiben sie für den *Spiegel*.

»Daß sich die geballte Wut nicht nur der Islamkritiker, sondern auch der deutschen Muslime über Christa D. entlädt, ist ein Hoffnungszeichen«, meinte *Zeit*-Redakteur Lau. »In der Wut steckt die

Erkenntnis, dass eine Einwanderungsgesellschaft gegen Fundamentalismus und Relativismus zugleich verteidigt werden muß.«[107] Vom Fundamentalismus des *Spiegel* beim Umgang mit Muslimen spricht Lau leider nicht. Daß eine millionenfach gelesene Coverstory wie »Mekka Deutschland« nicht ebenso skandalisiert wurde wie die törichte Rechtsprechung einer allzu gutmeinenden Richterin, daß man diesen Affront gegen sämtliche muslimischen Migranten der Republik ganz selbstverständlich hinnahm: Darin liegt eine viel größere Gefahr für die deutsche Demokratie und für die Einwanderer als in der Scharia. Denn der *Spiegel*, indes er nach Spezialparagraphen für Muslime schrie, ignorierte eine, die wichtigste Tatsache: Es gibt kein einziges deutsches Gesetz, das sich an einem Gebot des Korans orientiert. Die Islamisierung des Rechtsstaats verläuft so still, daß man sie selbst dann nicht hören konnte, als der *Spiegel* endlich sein Geschrei einstellte. Aber noch hatte das Magazin nicht genug vom Islam. Zehn Monate nach dem infamsten Titel seiner Geschichte sah es auf dem Cover erneut grottenfinster aus.

Die schwarze Serie – Episode III: Die Rache der Schrift

Ein in weite Leib- und lange Kopftücher gehüllter Mensch – nicht zu sagen, ob ein Mann oder eine Frau da sitzt – senkt das Haupt tief über Buchseiten mit arabischen Lettern. Die Wand dahinter: unverdünnte Druckerschwärze. »Der Koran – Das mächtigste Buch der Welt« ist das Titelbild des *Spiegel* 52/2007 überschrieben. Man darf wieder einmal mit dem Schlimmsten rechnen.

Und wird, endlich, enttäuscht. Zum ersten Mal seit sechs Jahren bringt der *Spiegel* eine Coverstory über den Islam, die nicht angst macht, sondern den Angsthabern widerspricht, die Muslime nicht als blutrünstige Halbirre, sondern als menschliche Wesen beschreibt, eine Geschichte, die sich ernsthaft für ihr Thema interessiert und nicht allein Antworten zuläßt, die ihre Verfasser schon kannten, bevor sie mit der Recherche begannen. Wohl, die Redakteure Dieter Bednarz und Daniel Steinvorth kommen nicht ohne reißerische Sätze wie diese aus: »Auf einmal verwandeln sich junge Muslime in verheerende Sprengkörper, jagen Hochhäuser und Diskotheken, vollbesetzte Züge und U-Bahnen in die Luft und reißen Hunderte

Menschen mit in den Tod. Was für eine düstere Religion muß das sein, auf die sich diese Attentäter berufen? Was für ein grauenhaftes Drehbuch muß dieser Koran liefern?« Die Fragen sind allerdings nicht rhetorisch, sondern berechtigt: Die Mörder von New York, Madrid und London waren ja überzeugt, im Auftrag des Propheten zu töten.

Weil die Autoren jedoch nicht auf die Lüge des Islamismus hereinfallen wollen, es gäbe keine andere Auslegung des Korans als seine, sehen sie sich die heilige Schrift der Muslime etwas genauer an. Und erkennen, daß der Koran nur denen ein »Drehbuch« liefern kann, die bereits eines im Kopf haben. Die Suren sind zweideutig, wenn es um Gewalt gegen Ungläubige oder um die Stellung der Frau geht, sie enthalten keinen kohärenten Vorschriftenkatalog wie die Zehn Gebote oder die Bergpredigt, nicht einmal zum Alkoholgenuß formulieren sie ein verbindliches Dogma: »Als sei der Koran ein Lehrbuch für Widersprüche, sagt er etwa zum Umgang mit Alkohol gleich dreierlei: Wird Wein in Sure 16,67 noch zu den guten Gaben Gottes gezählt (›ein Rauschgetränk und Nahrung schön‹), liegt darin in Sure 2,219 schon ›schwere Sünde, auch Nutzen‹; erst in Sure 5,90 ist er dann ein ›Greuel und des Satans Werk‹.« Der Koran ist eben kein Lehrbuch, sondern eine heilige Schrift, unzuverlässig und konfus wie alle anderen geheiligten Schriften – historisch gebunden, semantisch umstritten, maßlos und ekstatisch, »ein Füllhorn an Poesie und Prosa und ein Werk voller ungelöster Rätsel. Mal tolerant, dann wieder streng, bald nachsichtig und bald erbarmungslos.«[108]

Die *Spiegel*-Männer Bednarz und Steinvorth redeten mit aufgeklärten Islam-Exegeten wie Abu Seid oder Ömer Özsoy. Sie haben dabei gelernt, daß es muslimische Theologen gibt, denen die buchstabengetreue Korananbetung der Fundamentalisten ein Greuel ist – kritische Gelehrte, die den Koran nach den Bedingungen beurteilen, unter denen er einst entstand, und die die Worte Mohammeds (wenn es denn seine sind) nicht ohne weiteres als Handlungsanweisungen für die Gegenwart akzeptieren. So zerfällt der grobe Holzschnitt, den Austs *Spiegel* bis dahin von »dem« Islam angefertigt hat. Zum ersten Mal seit 2001 treten im größten deutschen Nachrichtenmagazin Muslime nicht mehr als homogene Masse von potentiellen Terroristen auf, sondern als Individuen, die entweder fanatische oder friedliche Menschen sein können. Jedenfalls: Menschen.

Was war da geschehen? Hatte Stefan Aust genug vom Islam-Bashing? Oder war seine Redaktion den Kulturkampf leid? Beides ist denkbar. Doch vieles spricht dafür, daß sich hier weniger eine späte Einsicht des Chefredakteurs zeigte als vielmehr der Verlust seiner Macht über das Blatt. Am 15. November 2007 hatten die Gesellschafter des *Spiegel*-Verlags auf Initiative der Mitarbeiter-KG einvernehmlich beschlossen, Austs Vertrag nicht über den 31. Dezember 2008 hinaus zu verlängern. Er war damit de facto zum Grüßaugust degradiert worden. Das ließ er sich nicht gern gefallen, und deshalb folgte bereits am 5. Februar 2008 seine Freistellung vom Chefposten. Er hatte genug Unheil angerichtet. Sein Schatten liegt pechschwarz noch auf dem Cover der »Koran«-Nummer. Zum Glück nicht mehr auf der Geschichte selbst.

Denn das Feindbild Moslem, an dem der *Spiegel* bis dahin gebaut hatte, war nahezu vollendet, als die letzte Episode der »Schwarzen Serie« erschien und nach der Wurzel des Übels grub. Die Zeitschrift hatte unter Stefan Aust alle Haß-Tickets der Islamfeinde für ein großes Publikum aufbereitet – bis auf eines. Dieses gefährlichste Vorurteil im Arsenal der Antiislamisten lautet, der Islam sei keine Religion, sondern eine Ideologie, eine Anleitung zur Unterwerfung der Welt und jeder Muslim ein Vollstrecker dieser Ideologie. Es konnte im *Spiegel* nicht mehr auftauchen, weil Bednarz und Steinvorth ihm mit großer Sorgfalt widersprachen. Daher blieb die Weltverschwörungstheorie, an der Aust und seine Verbündeten seit dem 11. September 2001 gebastelt hatten, unvollendet. Sogar der niederländische Schriftsteller Leon de Winter, ein flammender Gegner des Islam, tat beim Bangemachen nicht mehr mit. In einem Essay, den er als Gastautor zum Titel beitrug, zeigt er sich zuversichtlich, daß der aufgeklärte Lebensstil westlicher Staaten zuletzt auch die Fundamentalisten überwinden werde: »Manche Sozialforscher warnen vor dem Heraufdämmern ›Eurabiens‹, des islamisierten Europa. Tatsächlich deutet jedoch alles auf eine entgegengesetzte Entwicklung: Europa wird nicht islamisiert, sondern der Islam europäisiert.«[109]

Die Angsthaber in den antiislamischen Web-Foren und Blogs, die vorher begeistert aus dem *Spiegel* zitiert hatten, reihten das Magazin nach der Nummer 52/2007 umgehend wieder unter die verfluchten »Mainstream-Medien« ein, die ihrem Wahn zufolge gemeinsam mit den Muslimen an der Niederwerfung der christlich-weißen Kultur arbeiten. Es gibt in Islamhasser-Kreisen keine Dankbarkeit für alte Verdienste. Nur Mißtrauen, Myopie und eine psychotische Unfähigkeit, den Pluralismus, der sowohl die Demokratie als auch ihre Medien auszeichnen sollte, zu ertragen, wenn er mal stattfindet. Sie hassen die abweichende Meinung, weil sie alle Meinungen, die ihrer nicht gleichen, fürchten – so unsicher sind sie sich der Stichhaltigkeit ihrer Überzeugungen. Sie verachten jedes Argument, das ihnen widerspricht, weil sie den Streit über Argumente generell nicht ertragen. Hält man sie dazu an, nachzudenken, unterstellen sie dem Mahner, er wolle sie verwirren. Ertappt man sie bei Denkfehlern, halten sie sich für Märtyrer des Gedankens. Erkennt einer ihre rassistische Gesinnung und nennt die Sache beim Namen, verschreien sie ihn als Faschisten. Es sind Leute von allermiserabelstem geistigen Zuschnitt. Aber sie sind mittlerweile Legion, nicht zuletzt dank Stefan Austs antiislamischer Obsession.

Er hat sie, mit der Macht einer Zeitschrift, die als aufgeklärt, liberal und unparteiisch gilt, dazu ermuntert, die Muslime zu fürchten und all jene, die sich vor ihren Nachbarn nicht fürchten wollen, als »Gutmenschen« zu verachten. Das gefiel ihm, warum auch immer. Er ist eventuell stolz auf seine »politisch inkorrekte« Haltung, mag sie am Ende auch auf blanken Rassismus hinauslaufen. Vielleicht hat er mit dem Kulturchauvinismus bloß gespielt. Vielleicht hat sein Freund Volker Rühe ihn überzeugt, daß Rassismus nicht vom Haß auf den Fremden kommt, sondern von der Angst vor »Überfremdung«. Appetitlich ist keine dieser Spekulationen; aber Austs islamfeindliche Titelgeschichten sind es ja ebenfalls nicht.

Das Feindbild namens Moslem hat Aust gemeinsam mit seinen Paladinen beim *Spiegel* genau umrissen. Sechs lange Jahre haben der Chefredakteur und seine Alliierten daran gearbeitet, die Muslime in Schreckgespenster zu verwandeln. Es ist fast unmöglich, *Politically Incorrect* und verwandte Internet-Hetzseiten zu mustern, ohne die Vorarbeit des *Spiegel* zu erkennen. Und es wird die neuen Chefredakteure des Nachrichtenmagazins, Georg Mascolo und Mathias Müller von Blumencron, noch viel Mühe kosten, den Schaden, der jahrelang angerichtet worden ist, zu reparieren. Daß sie und viele ihrer Redakteure diese Mühe nicht scheuen, bewiesen sie umgehend nach Stefan Austs Abgang. Im März 2008 erschien das *Spiegel special* 2/2008, ein weitgehend gruselfreies Magazin über »Allah im Abendland – Der

Islam und die Deutschen«. In der »Hausmitteilung« des Sonderhefts heißt es: »Muslime werden hierzulande immer wieder mit Fundamentalismus und Fanatismus, mit Gewalt und vormodernen patriarchalischen Traditionen gleichgesetzt. Der Vielfalt der mehr als drei Millionen Anhänger Allahs in Deutschland werden Pauschalurteile nicht gerecht, die Spannweite reicht von islamistischen Eiferern bis zu weltoffenen, liberalen Muslimen, die sich der westlichen Gesellschaft angepaßt haben.«[110] Selbstverständliche Sätze, gewiß. Aber sie lesen sich so, als sei nach vielen stickigen Jahren im Hochbunker an der Brandstwiete endlich gelüftet worden.

Konnte der *Spiegel*, der ja von Hunderten Journalisten hergestellt wird, schnell wieder zur Besinnung kommen, nachdem die Chefredaktion ausgewechselt worden war, so tun sich einzelne Autoren mit der Rückkehr zur Vernunft erheblich schwerer. Zumal bei ihnen, auch materiell, die Polemik gegen den Islam und seine Anhänger ebenso wie gegen »Multikultis« und »Gutmenschen« eine Aufgabe geworden ist, von der sie nicht lassen können. Für die Angsthaber und Angstmacher sind diese Schriftsteller wahre Glücksfälle. Denn als Nachkommen türkischer oder jüdischer Eltern stehen sie nicht im Verdacht, dumpfe deutsche Rassisten zu sein. Außerdem unternehmen sie ziemlich wenig dagegen, von den Hetzern vereinnahmt zu werden; einer fühlt sich dabei sogar wohl. Von ihm und drei weiteren Galionsfiguren der Angsthaber handelt das folgende Kapitel.

> »Wollen sie denn nicht den Koran studieren, oder sind vor ihren
> Herzen Schlösser?«
> *Al Qur'an*

Die Kronzeugen

Henryk M. Broder

Die Muslimhasser, die auf *Politically Incorrect* (PI) zu Hause sind, wissen, was sie an ihm haben: »Er ist so etwas wie die personifizierte Vernunft, ein Immanuel Kant der Moderne«, haucht voller Ehrfurcht ein User namens »Justice«[111], von dem man freilich annehmen darf, daß er das »Ding an sich« für eine schweinische Metapher hält und einen sehr eigenwilligen Begriff von der Vernunft hat. Ganz wie sein Idol, das in jedem großmäuligen Bengel schon den künftigen Massenmörder wittert: »Das erstaunliche Selbstbewußtsein der moslemischen Jugendlichen, die ihre Mitschüler ›Nutten‹ und ›Schweinefleischfresser‹ schimpfen, speist sich nicht aus Erfolg oder Leistung, sondern aus ihrer Gruppenzugehörigkeit. Osama bin Laden zeigt der ganzen Welt den Stinkefinger – sie machen es auf dem Schulhof und in der U-Bahn.«[112] Der moderne Kant, der dies schreibt, ist übrigens selbst ein Beleidiger und Unflatwerfer vor dem Herrn. Wohl deshalb hält er maßloses Schimpfen für das Zeichen eines »erstaunlichen« statt – was vernünftiger wäre – für den Ausdruck eines schwer deformierten Selbstbewußtseins.

»Der Mann ist eine Faktenmaschine«, schwärmt PI-Leserin »Makieken«[113], und sie meint damit Fakten wie diesen: »Eine junge Muslima, die ihr Elternhaus verläßt, um ›wie eine Deutsche‹ zu leben, riskiert es […], vom Familienrat zum Tode verurteilt zu werden.«[114] Oder den hier: »Natürlich sind nicht alle Moslems Terroristen, aber leider sind so gut wie alle Terroristen der letzten Zeit Moslems.«[115] Und auch bei folgendem Fakt aus der Maschine wird allen Inkorrekten warm um den rechten Fleck: »Heute […] bedeutet ›Migrationshintergrund‹ eine Art Freifahrtschein für alle Fälle. Wer einen ›Migrationshintergrund‹ hat, der braucht nur noch in ganz extremen Fällen einen Anwalt, zum Beispiel wenn er einen Filmmacher auf offener Straße abschlachtet.«[116] Der Autor, der sich für geistreich hält, wenn er solch gemeingefährlichen Stuß in die Welt setzt, dieser Journalist, den nicht allein Islamfeinde mit einem Satiriker und Polemiker verwechseln, obwohl er bloß ein Stänkerer und Grobian ist – Henryk M. Broder also hat vor einigen Jahren das Islam-Keulen als neues Betätigungsfeld entdeckt. Es bekam ihm nicht schlecht.

Das hat er weniger der Brillanz seiner Pamphlete zu verdanken als der Lautstärke, mit der er sie und sich vermarktet. Broder kommt mit recht wenig Material aus, um die drohende Islamisierung des Abendlandes zu belegen; und er hat sowenig Material, weil er zu bequem und vielleicht auch zu eitel ist, um sich ernsthaft mit dem Thema zu beschäftigen. Deshalb fällt er schon mal auf Fakes herein und verbreitet sie weiter – zum Beispiel die Ente von den Sparschweinen, die aus einigen britischen Banken verbannt worden seien, um muslimische Kunden nicht zu provozieren. Als man ihm nachgewiesen hatte, daß er mit einer Falschmeldung hausieren ging, pöbelte er los, die »islamophile Bloggerszene« sei vom gleichen Kaliber wie die »Scharen von Revisionisten«[117], die das Tagebuch Anne Franks als Fälschung denunzieren, um so die Shoah zu leugnen. Dieser Vergleich war selbst für Broders Verhältnisse von überraschender Ekelhaftigkeit.

Henryk M. Broder kümmert sich, wenn er die Muslime ins Visier nimmt, nicht um solche Nebensächlichkeiten wie Geschmack oder Recherche. Verschont von jeglichem Selbstzweifel, gepanzert mit dem stahlharten Halbwissen eines Fanatikers, ist er beim Schimpfen auf die Muslime so firm geworden, daß es wirkt, als hätte er die Weisheit, die er uns um die Löffel haut, mitsamt den Löffeln gefressen. Um von seiner Oberflächlichkeit abzulenken, setzt der »Kant der Moderne« auf Rüpelhaftigkeit. Statt zuzuhören, brüllt er seinen Opponenten ins Ohr, während er ihnen ans Bein pinkelt. Wer sich in einer Talkshow oder bei einer Podiumsdiskussion die Zeit nimmt, nachzudenken, bevor er Broder widerspricht, hat schon verloren. Denn gleich brodert er los, pöbelt haarscharf, meistens, am Beleidigungsprozeß vorbei, und er sieht dabei aus und um sich wie ein Sieger. »[Dürftige] Polemiker« wie er, konstatierte die Redaktion der Zeitschrift *konkret*, »dürfen den Gegner nicht ausreden lassen. Die grellsten Zitate, die sie bringen, sind Erfindungen.«[118] Die treffendste Selbstbeschreibung, die Broder je geliefert hat, war leider keine. Sondern ein Versuch, den Pulitzer-Preisträger Seymour Hersh – den Mann also, der das Massaker von My Lai und die Häftlingsfolter in Abu Ghuraib aufdeckte – als Windbeutel zu denunzieren: »[Er] hat eine sichere Methode entwickelt, sich im Gespräch zu halten. Sie besteht zu einem Drittel aus Spekulation, zu einem Drittel aus Suggestion und zu einem weiteren Drittel aus der Wiederholung des schon Gesagten.«[119]

Henryk M. Broder interessiert sich für seriösen Journalismus eher wenig, außer wenn er dessen Vertreter anrempeln will. Die Anforderungen moderner Massenmedien kennt er allerdings genau. Und deshalb taucht er überall auf, wo es ums Einschlagen auf den Islam geht – in Talkshows, in der *Welt*, im *Spiegel*. Er ist ein Fachmann für Krawall und damit auf jeden Fall unterhaltsamer als irgendein echter Experte mit Bedächtigkeit, guten Manieren und Interesse für andere Meinungen. Broder will nicht aufklären, sondern Horrorstorys in die Welt setzen: »Grinzing bald ohne Heurigen. Der Islam wächst in Österreich stetig – und wird bald zweitgrößte Glaubensgemeinschaft sein. Nach derzeitigen Prognosen lösen die Muslime im Jahr 2010 die Protestanten als derzeit größte Religionsgemeinschaft nach dem Katholizismus ab.«[120] Was Broder nicht erwähnt, nicht erwähnen darf, weil sonst der islamfeindliche Impetus seiner »Meldung« flötenginge: In Österreich lebten 2006 etwa 400 000 Muslime, doch nur mehr 326 117 Protestanten – die Anbeter Allahs hatten die Evangelischen also längst überflügelt. Trotzdem wird in Grinzing weiterhin Wein ausgeschenkt, und das hört bestimmt nicht »bald« oder 2010 auf und auch nicht im Jahr 2100. Denn die größte Glaubensgemeinschaft in Österreich bilden weiterhin die Katholiken: 2006 wurden 5 630 700 gezählt. Es braucht schon viel bösen Willen oder sehr schwache Rechenkenntnisse, um aus diesen Daten einen Beleg für die Islamisierung der Alpenrepublik oder bloß eines einzigen Stadtteils von Wien zu entnehmen. Doch eventuell war »Faktenmaschine« Broder schlicht zu bequem, den Zeitungsartikel, auf den sein Blog-Eintrag verlinkt[121], über den ersten Absatz hinaus zu lesen.

Ob er ein Provokateur aus Passion oder Kalkül ist, läßt sich nicht leicht entscheiden. Broder kann, wenn er will, auch charmant sein, und seit er sich entschieden hat, kein linker Journalist mehr zu sein, sondern die Linke zu bekämpfen, gibt er sich am nettesten in den

Hausblättern der Rechten, etwa in der *Welt*: »Ich stehe morgens nicht auf und überlege mir, mit wem lege ich mich heute an. Ich schreibe, weil ich so oft staunen muß, weil ich so vieles nicht verstehe, weil niemand da ist, der es mir erklären könnte, so daß ich es am Ende selber tun muß. Ich staune, also bin ich, ich wundere mich, also schreibe ich.«[122] Er versteht vieles nicht, trotzdem erklärt er es – hätte Broder das nicht selbst gesagt, für diese bündige Beschreibung seiner Methode müßte der klagefreudige Schriftdarsteller sofort den Anwalt in Bewegung setzen.

Nicht alle Feinde, die Broder sich sucht, verdienen Solidarität. Er hämmert zwar auf jeden Nagel, den er sieht, aber manchmal trifft er auch den Kopf. Das ist so, wenn er Irans Präsident Mahmud Ahmadinedschad unterstellt, die Vernichtung Israels zu planen; das war so, als er 1981 Alice Schwarzer und Teilen der deutschen Linken verkappten Antisemitismus vorwarf. Broder hat den Judenhaß, der in den Äußerungen vieler deutscher Linker seit 68 wütet, als erster publik gemacht, und dieses Verdienst kann ihm niemand nehmen, nicht mal er selbst.

Die Tatsache eines linken Antisemitismus führte bei ihm jedoch zu dem Kurzschluß, daß die gesamte Linke gar nicht anders denken könne als antisemitisch: »Wenn man sich bis jetzt auf etwas felsenfest verlassen konnte, dann war es der saubere Gutmenschen-Antisemitismus der Linken, verkleidet als Antizionismus. [...] Doch jetzt kommt Leben in die linke Sülze. Eben erst hat Gregor Gysi das Existenzrecht Israels verbal anerkannt, jetzt kritisiert die Juso-Chefin Franziska Drohsel den linken Antisemitismus, den es doch gar nicht geben kann, weil Linke per se keine Antisemiten sein können.« Da staunt Herr Broder und hat doch gleich, wie immer, eine Erklärung parat. Das alles ist bloß »verbal«, Gesülze, Tarnung und Täuschung: »Nicht einmal der alte Kotzbrocken Dieter Kunzelmann, der vor fast 40 Jahren die Deutschen dazu aufrief, ihren ›Judenknacks‹ zu überwinden, möchte [ein Antisemit] sein.«[123]

Die Verwechslung von Ausnahme und Regel kehrt in Broders antiislamischer Kampagne wieder. Denn der nachgeborene Kant versteht nicht nur vieles nicht, ihm fehlt meistens auch die Lust, sich um Verständnis zu bemühen. In einer Videoglosse für das ARD-Magazin »Polylux« setzte er sich mit einem Fes auf dem Kopf vor einen Dönerladen und nannte das »meinen Beitrag zur Integration«, so wie der türkische Staatspräsident Erdogan sie sich angeblich vorstelle. Daß der Fes seit 1925 in der Türkei als Zeichen der Rückständigkeit geächtet, sogar gesetzlich verboten ist, daß der hohe Hut nicht mal von Islamisten getragen wird, hätte Broder vom Imbißwirt erfahren können. Den fragte er jedoch lieber – denn er wolle jetzt vorsichtshalber Türkisch lernen –, wie in der Türkei das Wort für »Döner« laute.[124] Mit Witzen dieser Art hat Broder viele Fans erobert, die genau wie er Satire für etwas halten, das Klischees nicht etwa lächerlich macht, sondern zementiert.

Entsprechend gilt ihm und ihnen Aufklärung als eine Übung, bei der Vorurteile nicht beseitigt, sondern bloß anders begründet werden. Ein Beispiel: Aus dem Deutschlandfunk erfährt Broder Anfang 2008, daß in »Frankreich, Deutschland wie Großbritannien […] fast 40 Prozent der muslimischen Bevölkerungsgruppen von Zuwendungen des Staates [leben], ganz anders als Chinesen oder Inder, unter denen Arbeitslosigkeit fast unbekannt ist.« DLF-Kommentator Jürgen Krönig verrät nicht, woher er diese Daten hat, welche Art »Zuwendungen« gemeint sind, ob also etwa Rentenzahlungen mitgerechnet werden. Ihm fällt auch nicht ein, die Quote chinesischer und indischer Migranten in eine Relation zum Bevölkerungsanteil der Muslime zu setzen. Von der Benachteiligung muslimischer Einwanderer auf dem deutschen Arbeitsmarkt will er sowieso nichts wissen. Er hat nämlich schon eine Antwort parat, die nicht nur Henryk M. Broder unbedingt hören will: »Die [sic!] Mantra von Arbeitslosigkeit, Armut und Diskriminierung als Erklärung für diverse Phänomene, das Abfackeln von Autos in Frankreichs Banlieues, serielle Gewaltdelikte Jugendlicher in Deutschland oder für Englands terrorbereite junge Muslime, greift nicht. […] Manch ethnische Gruppen vermögen sich offenkundig besser an demokratische Industriegesellschaften anzupassen als andere Minderheiten.«[125] Broder zitiert – ohne Kennzeichnung und Nennung des Autors – in seinem Blog auf der Website *Die Achse des Guten* Krönigs rassistische Tirade und überschreibt den Beitrag mit: »Warum Migranten aus Indien nicht arbeitslos sind und keine Autos abfackeln«[126]. Daß jeder achte Inder muslimische Eltern hat, ist der »Faktenmaschine« offenbar genauso wursch wie ihrem Gewährsmann Krönig. Wahrscheinlich weil diese Statistik »nicht greift«. Broder führt als Beweis für die Bedrohlichkeit des Islam und die Feigheit des Westens, für die Anmaßungen der

Muslime und das »Appeasement« der Multikulturalisten am liebsten den Aufruhr an, den die »Mohammed-Karikaturen« im Februar 2006 auslösten.

Sein Buch *Hurra, wir kapitulieren!*, im selben Jahr erschienen, nimmt die in der Tat irrsinnigen Reaktionen vieler Muslime auf diese Cartoons und die wahrhaft erbärmlichen Statements einiger westlicher Politiker und Konzernmanager zum Anlaß, von der nahezu vollendeten Islamisierung Europas zu fabulieren. Was in Broders Buch nicht erzählt wird, ist die Geschichte vor der Geschichte.

Am 30. September 2005 veröffentlichte die größte dänische Tageszeitung *Jyllands-Posten* satirische Zeichnungen zum Thema »Mohammeds Antlitz«. Feuilletonchef Flemming Rose, der unter den Künstlern seines Landes eine zunehmende Selbstzensur witterte, wenn es um den Islam ging, hatte zuvor 40 dänische Karikaturisten angeschrieben und um ihre Sicht auf den Propheten gebeten. Nur zwölf kamen der Einladung nach; drei von ihnen waren regelmäßige Mitarbeiter der Zeitung. Die Muslime in Dänemark reagierten auf die Veröffentlichung mit Schweigen, vielleicht weil sie *Jyllands-Posten* nicht lesen mochten: Das Blatt war der wichtigste publizistische Helfer von Ministerpräsident Anders Fogh Rasmussen. Der hatte in Dänemark eine Migrationspolitik eingeführt, die sogar der Menschenrechtskommissar der EU rügte. Die dänischen Kulturkämpfer dürsteten nach Zoff. Zeichnerin Gitte Skov, die eine Teilnahme am Mohammed-Bashing abgelehnt hatte, ist überzeugt, die »ganze Aktion« sei eine »Provokation um der Provokation willen«[127] gewesen. Tatsächlich wollte die Redaktion von *Jyllands-Posten* die Gleichgültigkeit der muslimischen Community nicht einfach hinnehmen. Sie verschickte also die Karikaturen an alle islamischen Organisationen im Land.

Jetzt, endlich, rührte sich Protest. Doch immer noch kein großer. Am 14. Oktober protestierten in Kopenhagen etwa 1000 Menschen gegen die Veröffentlichung der Cartoons. Die übrigen 116 000 Muslime, die in Dänemark leben, mochten sich über die Gesichter Mohammeds immer noch nicht aufregen. Am 17. Oktober wurden die Bilder erstmals nachgedruckt, von der ägyptischen Zeitung *Al Fagr*. Statt zu Massendemonstrationen in Ägypten kam es nur zu einer Bitte der Botschafterin des Landes um ein Treffen mit Rasmussen. Der lehnte, obwohl die Diplomatin auch im Namen elf weiterer

Staaten vorgesprochen hatte, brüsk ab und empfahl ihr, sich lieber an ein Gericht zu wenden.

Daß die Zeichnungen in *Jyllands-Posten* von »erschütternder Harmlosigkeit« seien, stellt Broder in seinem Buch korrekt fest. Er unterschlägt jedoch, daß es nicht diese Bilder waren, die einige Monate später blutige Tumulte in der islamischen Welt entzündeten. Viel zu harmlos fanden nämlich auch der Imam von Århus, Ahmed Akkari, und sein Kopenhagener Kollege Ahmad Abu Laban, ein bekennender Islamist, die Cartoons. Deshalb legten sie der Mappe, mit der sie sich auf Tournee durch Ägypten, Syrien und den Libanon begaben, um Stimmung gegen Dänemark zu machen, einige Bilder bei, die nie in *Jyllands-Posten* erschienen waren. Darunter eine Zeichnung, die Mohammed als Kinderschänder mit Teufelshörnern vorführt, und ein Photo, auf dem ein als Schwein maskierter Mann zu sehen ist. Angeblich eine Verhöhnung des Propheten, handelte es sich in Wirklichkeit um ein Bild, das auf einer Landwirtschaftsmesse in Frankreich geknipst worden war.

Der ägyptischen Regierung, von Rasmussen so rüde abgebürstet und außerdem gerade im Wahlkampf, kam das Fake-Dossier sehr zupaß. Am 7. Dezember zeigte Außenminister Ahmed Abu al-Gheit auf einer Konferenz der OIC[128] den Kollegen das dubiose Material. Es verfehlte auch bei ihnen nicht die Wirkung. Am 10. Januar 2006 forderte Imam Abdul Rahman bei einer Predigt vor zwei Millionen Gläubigen in Mekka, der »Kampagne gegen den Propheten« die Stirn zu bieten. Bald klagten auch die Regierungen von Saudi-Arabien und Kuwait sowie das jordanische Parlament über die dänische »Blasphemie«. Obwohl seine Diplomaten ihn inständig darum baten, die immer höher schlagenden Wogen zu glätten und endlich das Gespräch mit den islamischen Staaten zu suchen, hielt Rasmussen sich weiterhin nicht für zuständig und verwies auf die in Dänemark geltende Pressefreiheit.

Was nun in der islamischen Welt folgte – Demonstrationen, Boykottaufrufe, Brandstiftungen, Fatwas, Lynchjustiz und Totschlag –, war sicherlich kein Beweis für die Friedfertigkeit des Islam. Es belegte allerdings auch nicht – obwohl Broder und alle anderen Islamhasser es seither inbrünstig behaupten – die generelle, gleichsam angeborene Unfähigkeit der Muslime, Kritik an ihrer Religion zu ertragen. Andreas C. Knigge hat mit seinem Essay »Satanische Zeichnungen«

eine ebenso profunde wie nachdenkliche Studie über den »Karikaturenstreit« vorgelegt. Ihm fällt auf, daß keineswegs »der Islam« schockiert und schockierend reagierte, sondern bestimmte autoritäre Regime ihre Untertanen dazu aufhetzten, dem Westen die Faust zu zeigen. Knigge schreibt, es mute »seltsam an, wenn es in Ländern wie Saudi-Arabien, Syrien, Libanon oder Iran, [...] in denen sich normalerweise nicht drei Leute unter freiem Himmel versammeln können, ohne Verdacht zu erregen, zu ›spontanen‹ Massenkrawallen kommt, während etwa in Marokko, Libyen oder den reichen Golfstaaten weitgehende Gelassenheit herrschte oder in Ägypten und Jordanien gemäßigte Religionsführer zu Gewaltlosigkeit aufriefen.« Und weiter: »Hier wird offensichtlich, daß die fundamentalistischen Regierungen die Wut gezielt entfachten, um antiwestliche Ressentiments zu schüren, als regimestabilisierendes Ventil.«[129]

Von solchen differenzierten Beobachtungen keine Spur bei Henryk »Kant« Broder. Wider das bessere Wissen, das ihm Recherche und Reflexion hätten verschaffen können, behauptet er: »Der Karikaturenstreit war objektiv ein Sturm im Wasserglas, subjektiv eine Machtdemonstration und im Kontext des ›Kampfes der Kulturen‹ eine Probe für den Ernstfall.« Denn nun sei nicht länger zu übersehen, wie »schnell und effektiv [die Moslems] Massen mobilisieren können«, während »der freie Westen, der sonst bei jedem Hakenkreuz auf einer Hauswand ›Wehret den Anfängen!‹« rufe, gezeigt habe, »daß er der islamischen Offensive nichts entgegenzusetzen hat – außer Angst, Feigheit und der Sorge um seine Handelsbilanz«.[130] Die Sorge um Touristen, Botschaftsangestellte, Mitarbeiter von Hilfsorganisationen oder Vertreter westlicher Firmen, das diplomatische Gebot, auf Wahnsinn mit Verstand zu reagieren, kennt Broder offenbar nicht. Was hätten die Politiker des Westens denn tun sollen, um in seinen Augen nicht feige zu erscheinen? Das verschweigt der Haudrauf, der keine Verantwortung zu tragen hat für Menschenleben, der nicht einmal für die Folgen seiner Bosheit so etwas wie Verantwortung kennt – sondern sich notfalls durch alle Instanzen klagt, damit er etwa die Tochter eines Auschwitz-Überlebenden, Evelyn Hecht-Galinski, weiterhin als Antisemitin anpöbeln darf.[131]

Er behält ebenfalls für sich, daß unter anderem die Sturheit des dänischen Ministerpräsidenten, eines ausgewiesenen Muslimverächters, dazu beigetragen hatte, die Situation eskalieren zu lassen, bis am Ende mehr als 140 Menschen der Provokation und den Fundamentalisten zum Opfer gefallen waren. Auch Paul Spiegel, 2006 der Vorsitzende des Zentralrats der Juden in Deutschland, war nach Broders Diktion bloß ein Weichei, einer, der die Hosen voll hatte und sich um die Bilanzen sorgte, und darf deshalb in *Hurra, wir kapitulieren!* nicht zu Wort kommen. Eine Stimme der Vernunft würde in diesem Buch bloß stören. »Ohne Frage«, sagte Spiegel damals, »sind die gewalttätigen Ausschreitungen durch nichts zu rechtfertigen, aber man würde den an einer Eskalation der Situation offensichtlich interessierten Islamisten leichtfertig in die Hände spielen, würde man hierfür die Gesamtheit der Muslime in Haftung nehmen. Es gibt keine Kollektivhaftung!«[132]

Genau das läßt Broder, an einer Eskalation offensichtlich interessiert, nicht gelten. Dürftiger Polemiker, der er ist, operiert er nicht mit Tatsachen, sondern mit Behauptungen, um alle, die Allah anbeten, als Irre und Verhetzte zu diffamieren: »Millionen von Moslems, die nicht einmal wissen, wo Dänemark liegt, demonstrieren gegen die Kränkung des Propheten«[133]. Der Journalist Knut Mellenthin hat sich die Berichte etwas sorgfältiger angesehen und kommt auf »100 000, höchstens 150 000 Demonstranten weltweit«. Wenn man Mellenthins Zahlen liest – sie beziehen sich auf die Hochzeit der Proteste im Februar 2006 –, bleiben Zweifel an der Effektivität, mit der, laut Broder, »die Moslems« ihre »Massen mobilisieren«, kaum aus. »In Jakarta, der Hauptstadt Indonesiens (das Land mit der größten Moslembevölkerung der Welt), 300 Menschen. 2000 bis 5000 Protestierer in der bengalischen Hauptstadt Dhaka, einer Stadt mit über sechs Millionen Einwohnern. Ungefähr ebenso viele in Islamabad, der Hauptstadt Pakistans [...]. Ein paar Hundert Menschen im afghanischen Kabul. 3000 Demonstranten in Kairo, einer Stadt mit über 15 Millionen Einwohnern. Die größten Proteste fanden in Beirut und in der marokkanischen Hauptstadt Rabat mit jeweils etwa 20 000 Teilnehmern statt.«[134] Aber was scheren eine »Faktenmaschine« Fakten, die sie nicht selbst fabriziert!

Broder hat eine These, und weil er sie hat, hält er es für überflüssig, sie ordentlich zu belegen. Er phantasiert von »1,5 Milliarden Moslems in aller Welt, die chronisch zum Beleidigtsein und unvorhersehbaren Reaktionen neigen«[135], und wenn in Wirklichkeit kaum ein Muslim chronisch beleidigt ist, wenn Abermillionen tobender Irrer auf einige Hunderttausend zusammenschrumpfen, kümmert das Broder gar nicht. Denn was Wirklichkeit ist, entscheidet allein er. »Ihr habt kein Recht, irgend jemanden zu töten, niemand ist berechtigt, dies im Namen des Islam zu tun«[136], beschwor Ekmeleddin Ihsanoglu, Generalsekretär der OIC, die Fanatiker. Aber die haben ihn sowenig hören wollen, wie Henryk M. Broder es jemals für nötig gehalten hat, solche Rufe zu zitieren. Seine Art, die Welt wahrzunehmen, ist der des islamistischen Mobs eng verwandt. Und die schlimmsten Beleidigungen, das ist keine Neuigkeit, fügen Familienangehörige einander zu. So liegt ein ziemlich strenger Geruch im Raum, wenn einer, der holzt wie Broder, sich Sorgen macht um den »Kern der Aufklärung«, denn für die Aufklärung hat er, im Kern, nichts übrig. Er fragt – und die Frage beinhaltet nach Demagogenart bereits die Antwort –, »ob Respekt, Rücksichtnahme und Toleranz die richtigen Mittel im Umgang mit Kulturen sind, die sich ihrerseits respektlos, rücksichtslos und intolerant [...] verhalten«[137]. Respekt für andere Menschen, Rücksichtnahme auf ihre Empfindungen, Toleranz für abweichende Wertvorstellungen sind Broder ebenso gleichgültig wie dem Imam, der auf die stinkenden Ungläubigen flucht. Broder gehe es, wenn er die Angst vor der »Eurabisierung« füttert, »um ein Phantom, das wenig mit der Wirklichkeit und viel mit einer besonders böswilligen Form der Kriegspropaganda zu tun hat«[138], vermutet Knut Mellenthin, und damit übertreibt er wenig.

Sollte Broder ernst meinen, was er schreibt, dann sind ihm Luftangriffe lieber als diplomatische Appelle. Wie alle Kriegspropagandisten platzt Broder vor chauvinistischer Arroganz; und deshalb wird es richtig widerlich, wenn er über Muslime Sprüche klopft: »Es ist ja kein Geheimnis [...], daß unsere moslemischen Brüder und Schwestern ein – sagen wir es höflich: ambivalentes – Verhältnis zum Humor haben. Etwa so wie Vegetarier zu einem Schweinebraten, Fernfahrer zu kalorienarmer Schonkost und delirierende Rentner zur Rechtschreibung.«[139] Oder wie Henryk zur Recherche, M. zur Selbstkritik und Broder zur Satire. Die Gehässigkeit in seinem Weblog möge »bitte nicht als islamophobe Äußerung verstanden werden«, fügt er an. Doch um solche Mißverständnisse muß er sich nicht sorgen. Über die Phobie ist Broder schon lange hinaus und tief im Haß gelandet. Oder simuliert er den nur? Hat Broder vor ein paar

Jahren entdeckt, daß es lukrativer ist, Muslime zu denunzieren, als sich mit ihnen gegen die Denunzianten zu verbünden? Mellenthin meint, Broder sei »zwar möglicherweise ein bösartiger Mensch, aber doch alles andere als ein Idiot« und wisse es insgeheim besser: »Er hat in Wirklichkeit gar keine persönlichen Vorurteile gegen Moslems. Er spielt ›aus übergeordneten Interessen‹ den Ausländerfeind, ohne wirklich einer zu sein. Das macht sein Tun nicht besser, sondern schlimmer.«[140] Es gibt Hinweise, daß an Mellenthins Verdacht etwas dran sein könnte, vor allem in einem Beitrag, den Broder für das Buch *Süper Freunde!* verfaßt und den die *Bild*-Zeitung vorab in Auszügen veröffentlicht hat. Ob er »für oder gegen die Aufnahme der Türkei in die EU« sei, hänge »vom Tag, der Tageszeit und meiner momentanen Befindlichkeit ab«, schreibt Broder. Er preist, zu Recht, die Stärke und Wehrhaftigkeit der Laizisten und des Verfassungsgerichts in der Türkei; er kritisiert, ebenso richtig, die staatliche Leugnung des Völkermords an den Armeniern und das Gesetz gegen die Verleumdung des Türkentums. Obwohl es um einen Staat voller Muslime geht, differenziert Broder, wägt ab, denkt nach und kommt zu dem ebenso intelligenten wie erstaunlichen Schluß: »Tatsächlich kann es keinen vernünftigen Grund geben, der Türkei die EU-Mitgliedschaft zu verweigern, wenn Länder wie Bulgarien und Rumänien in den Club der Europäer aufgenommen worden sind [...].«[141] Ist dieser Text wirklich von Henryk M. Broder, schrieb dies derselbe Mann, der zwei Jahre zuvor einen Feldzug gegen die angebliche Islamisierung Europas eröffnet hatte?

Man sollte sich die Augen nicht zu lange reiben. Er betont selbst, seine Meinung sei an die Tageszeit angepaßt, und das heißt bei einem begnadeten Selbstvermarkter wie ihm auch: an die Tageszeitung, die eine Meinung von ihm wünscht. Und wenn *Bild* beschlossen hat, mit der türkischen *Hürriyet* ein Buch zu verlegen, das für die Verständigung zweier Völker sorgen soll, dann will nicht mal Broder ein Spielverderber sein. Er bleibt in der Sache aber hart: »Nein, die sind noch nicht so weit, die müssen erst einmal ein paar Hausaufgaben erledigen.« Die Türkei darf rein in die Europäische Union, aber vorher muß sie nachsitzen. Und das kann dauern. »Ich habe also gegenüber der Türkei keine klare Haltung«, schreibt Broder, und dieser Satz entlarvt ihn als Opportunisten ebenso wie als Taktierer. Er möchte keine Stellung beziehen, weil seine Vorbehalte gegen die Muslime keineswegs verflogen sind. Deshalb erwähnt er den Islam in *Bild* gar nicht erst. Was ihm dazu einfällt, paßt nicht ins Buch, zu dem er beiträgt. Knut Mellenthin irrt, wenn er hinter Broders Muslimfeindschaft eine Masche vermutet. Broder fürchtet und verachtet die Migranten, die sich zu Mohammed bekennen, daß es keine Art hat. Sagt er ausnahmsweise etwas Nettes über sie, hat er Kreide gefressen. Und so klingt sein Text auch – nach einer mühsam verstellten Stimme.

Seine glühenden Verehrer bei *Politically Incorrect* stürzte Broders Plädoyer für den EU-Beitritt der Türkei in eine Verwirrung, die nur dann größer ausfiele, wenn ein Türke ihnen Immanuel Kant vorlesen würde. Die »Faktenmaschine« hatte plötzlich ausgedient, war ein Fall für den Schrotthaufen. Der *Bild*-Artikel, fand ein »Jack Black«, sei »Intellektuellengeschwätz. Wenn 10 Millionen Musel nach Deutschland kommen, kann Broder auf dem Schiff nach Amerika weiterdichten.«[142] Der User läßt offen, ob er und seine Kameraden oder die »Musel« Broder deportieren werden. Zwar hatte der Autor sich in *Bild* nicht verdächtig gemacht, demnächst in die Kommunistische Plattform eintreten zu wollen, doch plötzlich erinnerten sich die PI-Nazis, aus welcher Ecke ihr gestürztes Idol stammt: »Er ist bekennender Linker«, halluzinierte der User »Plebiszit«, »ein Internationalist und damit kein Deutscher, der sich um den Erhalt seiner Kultur und Heimat sorgt«[143]. Also: ein Jud. Sie hatten es ja immer schon geahnt: »Broder ist auch nur ein Lohnschreiber«, greinte »Kim«[144]; »[der] Mann ist aalglatt«, teilte »Taufbecken«[145] mit. Und so räumten sie jeden Zweifel daran aus, daß PI-Gäste neben *Hurra, wir kapitulieren!* besonders gern die Werke von Joseph Goebbels durchblättern.

Doch wie Broder wirklich denkt, erfährt man nicht aus seinen moderaten, sondern aus den boshaften Statements. Die fallen ihm erheblich leichter, und sie sind auch viel zahlreicher. Nur zwei Wochen vor dem *Bild*-Beitrag beklagte Broder in einem Interview mit der *Welt*, daß in Köln eine Kundgebung von Rassisten, Islamhassern und Neonazis (bei Broder: »Rechtspopulisten«) untersagt worden war. Er bemühte wie üblich Holzhammerargumente. Das sei »eine totale Kapitulation des Rechtsstaats« gewesen: »Da stimmt doch was nicht, wenn in Berlin Hisbollah-Anhänger eine Demonstration machen können […]. Und hier in Köln können sich Islamisierungsgegner nicht einmal unter freiem Himmel versammeln. Da wird mit ungleichem Maß gemessen.« Ungleich war aber nicht das Maß, sondern die Lage vor Ort. Der Aufmarsch der »Eurofaschisten«, wie Kölns Oberbürgermeister Schramma sie nannte, durfte nicht stattfinden, weil die Polizei die Sicherheit der Teilnehmer, der Gegendemonstranten und unbeteiligter Passanten nicht garantieren konnte. Doch wie alle Kulturkämpfer und -chauvinisten sieht Broder den Rechtsstaat schon am Boden, wenn er nicht bereit ist, über Leichen zu gehen. Hier verschwinde, behauptet er, »die Idee der Notwendigkeit, den Rechtsstaat zu erhalten, hinter einer fadenscheinigen Argumentation des Opportunismus«. Man kann nur ahnen, was er damit meinte; es wird nichts Freundliches gewesen sein. Auch von einer Unterscheidung zwischen Islam und Islamismus mochte er nichts hören: »Das wurde erfunden, um gute von schlechten Moslems zu trennen. Aber das hängt organisch zusammen.«[146] Auf jeden Fall hing dieses Interview mit Broders üblicher Propaganda organischer zusammen als das, was er kurz darauf in *Bild* von sich gab.

Und darum hatte die große Enttäuschung seiner »rechtspopulistischen« Fans nicht lange Bestand. Broder galt ihnen nur so lange als Idiot, wie er ihnen nicht nützlich war. Bald hatten sie ihn in der Form zurück, die sie kennen und schätzen. Am 22. Dezember meldet er in seinem Blog auf *Die Achse des Guten*: »Zwar wird über eine mögliche Einführung der Scharia noch immer diskutiert, die Praxis ist der Theorie jedoch um mindestens eine Schleierlänge voraus. Im Sozialrecht wird die Scharia inzwischen praktiziert: Im Ausland wirksam geschlossene Mehrehen begründen auch in der Bundesrepublik einen Anspruch auf eine Witwen- bzw. Witwerrente.«[147] Das ist mal wieder eine der halben Wahrheiten, für die der Muslimhasser seinen Broder liebt. Keineswegs erhält jede der Witwen die volle Rente, vielmehr werden die »Ansprüche [...] anteilig und endgültig aufgeteilt«[148]. Das ist auf jeden Fall gerechter, als keiner der Hinterbliebenen – wie Broder es sich offenbar wünscht – eine Witwenrente zu gewähren. Er verschweigt auch, was die Expertise der Oberregierungsrätin Elisabeth Delfs, auf die er sich bezieht, deutlich ausspricht: Daß die Mehrehe in Deutschland strikt verboten ist und »keinem weiteren Ehegatten eine Aufenthaltserlaubnis erteilt [wird], wenn ein in polygamer Ehe lebender Ausländer bereits mit einem Ehegatten in der Bundesrepublik lebt«[149]. Hätte der dürftige Polemiker seriös zitiert, wäre natürlich die Luft aus der Meldung gewesen und die Headline noch leichter als demagogischer Unfug zu erkennen: »Genießen Sie Weihnachten und Chanukka! Solange Sie es dürfen«.

Woher aber wußte Broder überhaupt von dem Aufsatz, aus dem er sich bediente? Stöbert er regelmäßig in den Veröffentlichungen der Wissenschaftlichen Dienste des Deutschen Bundestags, für die Frau Delfs arbeitet? Oder hatte er mal wieder seinen Kameraden von *Politically Incorrect* einen Besuch abgestattet? Dort wurde bereits am 19. Dezember, drei Tage vor Broders Blog-Eintrag, auf das »Papier« hingewiesen, mitsamt Internet-Link. Sollte Broder tatsächlich PI als Informationsquelle benutzen – und dafür spricht einiges, wie noch zu zeigen ist –, dann sollte er auch ins Gästebuch hineinschauen: »Der Zug, der sich ›Islam‹ nennt, ist nur noch mit Gewalt zu stoppen«, fordert ein »Schwabe«[150]; »wir sind im Krieg, also greift zu den Waffen«, stimmt »Pro West« ihm zu[151]; und nicht nur der User mit dem Pseudonym »Argutus rerum existimator« hat die Nase voll vom Grundgesetz: »Ich plädiere dafür, den Begriff der Religionsfreiheit ersatzlos aus der Rechtsordnung zu entfernen.«[152] Doch so weit entfernt von dem, was Broder regelmäßig von sich gibt, sind diese anonymen Hetzereien nicht, daß er sich entsetzt hätte abwenden müssen, sollte er sie gelesen haben. Der Rassismus der PI-Fans würde ihm schon deshalb nicht auffallen, weil Antiislamismus mit Fremdenhaß seiner Meinung nach nichts zu tun hat und über Diskriminierung sowieso am liebsten die klagen, die uns demnächst nicht nur Weihnachten und Chanukka verbieten werden: »Sobald die erste Muslima findet, sie werde diskriminiert, weil andere Frauen keine Burka tragen, werden sich der Europäische Gerichtshof und der UN-Ausschuß gegen Rassismus des Falles annehmen.«[153]

Broder, der keine Beleidigung ausläßt, wenn linke Journalisten und andere »Gutmenschen« ihm in die Quere kommen, wehrte sich bislang mit keiner Silbe dagegen, von durchfallbraunen PI-Nutzern adoptiert zu werden. In seiner Farbenlehre kommen die Braunen ohnehin nur noch vor, wenn sie ausgewiesene Rote sind. Darum nennt er die Antifa eine »alternative SA«[154], hält *Politically Incorrect* jedoch bloß für »eine Internet-Sekte [...], die extrem monothematisch ausgerichtet« sei, nicht schlimmer als etwa die Seite *Bildblog*, die »von Leuten gemacht« werde, »die ein ›kritisches‹ Alibi brauchen, um täglich *Bild* mit gutem Gewissen lesen zu können«[155]. Was übrigens ein Blödsinn ist, den Broder allein deshalb in die Welt setzt, weil »Bildblog«-Mitbetreiber Stefan Niggemeier ihn einige Male als schlampigen Rechercheur und Taschenspieler überführt hat.

Broders Verständnis für *Politically Incorrect* geht so weit, daß er im Mai 2008 den SPD-Bundestagsabgeordneten Sebastian Edathy anschrieb, nachdem der dem Verfassungsschutz empfohlen hatte, auf PI ein Auge zu werfen. »Mich würde es in diesem Zusammenhang interessieren, ob Sie den Verfassungsschutz auch darum gebeten haben, Websites wie z.B. ›Muslimmarkt.de‹ […] zu beobachten, weil dort antisemitische Propaganda betrieben wird.« Edathy fragte zurück, ob Broder das antidemokratische Denken, das auf PI zu Hause ist, für unproblematisch halte. Das wollte Broder nicht beantworten. Statt dessen befahl er Edathy, auf eine Frage nicht mit einer Gegenfrage zu reagieren, sondern gehorsam Auskunft zu erteilen, denn »ich – der Steuerzahler – [bin] Ihr Arbeitgeber«. Darum erwarte Broder von Edathy »wie von jedem Angestellten […], daß Sie Ihre Arbeit machen und sich nicht in Rabulistik üben. Und etwas mehr Höflichkeit erwarte ich auch.«[156] So falsch und demokratiefern die Vorstellung Broders, ein unabhängiger Abgeordneter – der übrigens ebenfalls Steuern zahlen muß – sei sein Angestellter, so lachhaft die Anmahnung besserer Manieren ausgerechnet durch den Mann, dessen Pöbeleien regelmäßig Gegenstand von Gerichtsverfahren sind. Lächerlich war übrigens auch Broders Frage, ob Edathy dem Verfassungsschutz die Beobachtung von »Muslimmarkt.de« nahegelegt habe: Die Website steht bereits seit 2005 auf der Liste des Nachrichtendienstes. Henryk M. Broder, der Großmeister der unterlassenen Recherche, blamiert sich, wo er kann, doch vor lauter Eitelkeit nimmt er seine Blamagen überhaupt nicht wahr. Das muß, wenn man schlampt wie er, ein Segen sein.

Verantwortlich für *Politically Incorrect* ist der Journalist Stefan Herre. Der preist Broder gern als großes Vorbild: »Henryk M. Broders Bestseller *Hurra, wir kapitulieren!* beschreibt diese Form der deutschen Unterwerfung« – nämlich unter die »Wünsche und Forderungen der muslimischen Migranten« – »sehr treffend.«[157] Broder ist bis heute nicht auf die Idee gekommen, sich Herres Umarmungen zu verbieten. Im Gegenteil: Online kann ein Photo besichtigt werden, das ihn strahlend vor Freude über solche Gesinnungsgenossen Seit' an Seit' mit Herre und weiteren Jungreaktionären in einem Biergarten zeigt[158]. Seit Broder sich zum Kulturkrieger gegen den Islam berufen fühlt, sind ihm als Bundesgenossen offenbar alle recht, die Rechten besonders. Deshalb warf er sich auch für »Fitna« in die Bresche, das ebenso plumpe wie fremdenfeindliche Video-Pamphlet des niederländischen Politikers Geert Wilders. Der möge ja »vieles sein«, aber »ein ›Rechtspopulist‹ ist er nicht«. Wer Wilders – dessen PVV (Partij voor de Vrijheid) seit 2006 neun Abgeordnete im Parlament stellt – einen Rechtspopulisten nenne, so Broder, der wolle den »radikalen Liberalen« diffamieren und sich »jede inhaltliche Auseinandersetzung« ersparen. Das ist schlicht Quatsch. Damit Broder den Hetzer als Helden verkaufen kann, verschweigt er, was die PVV in ihr Programm geschrieben hat: neben die Abschaffung des Mindestlohns einen Migrationsstop für Menschen aus islamischen Staaten sowie die Errichtung einer »jüdisch-christlichen Leitkultur« in den Niederlanden.

»Wilders«, schreibt Broder, »ist so ›einseitig‹ wie jeder Dokumentarist, der die Wirklichkeit verdichtet«. Die sieht in »Fitna« so aus: Jeder Moslem ist ein Islamist, also ein Mörder, der Koran ein einziger Aufruf zu Weltkrieg und Sklaverei, Westeuropa kurz vor der Ausrufung der Scharia, und retten können uns vor der islamischen Invasion nur die PVV und Geert Wilders. Daß die Greuelszenen und Dschihad-Suren, die Wilders vorführt, nicht gefälscht sind (aber eben auch nicht »verdichtete Wirklichkeit«), reicht Broder aus, um »Fitna« für eine Dokumentation zu halten statt für rassistischen Unflat. In Wilders erkennt und verteidigt er den Seelenverwandten, der »selbstbewußt bis an die Grenze der Eitelkeit, borniert bis an den Rand der Selbstaufgabe«[159] sei. Die Central Joods Overleg (CJO), eine gemeinsame Plattform jüdischer Organisationen in den Niederlanden, sah da schon klarer: »Die suggerierte Verbindung zwischen Bildern von Terroranschlägen und der Migration von Muslimen nach Europa rücke ›eine ganze Bevölkerungsgruppe in schlechtes Licht‹. [Die CJO rief] sowohl muslimische Gruppen als auch die gesamte niederländische Gesellschaft zu einem gemeinsamen Kampf gegen drohende Radikalisierung auf.«[160] In diesem Fall sah Broder davon ab, von »Appeasement«, »Kriecherei« und »Unterwerfung« zu reden – er hätte sich sonst eventuell selbst als Antisemiten beschimpfen müssen.

Broder fühlt sich, scheint's, wohl im Dunst der Rechten. So hatte er nichts dagegen, der Online-Schülerzeitung *Blaue Narzisse* ein langes

Interview zu gewähren[161], »einer als rechtskonservativ bis rechtsradikal eingeschätzten Publikation«[162], die zwar mit der NPD nichts zu tun haben will, deren Autoren aber nicht müde werden, Gerechtigkeit für die Partei der Neonazis einzufordern: »[Die Medien] konzentrieren sich [...] auf die NPD, um sie fertigzumachen, obwohl die Linke eine genauso große Tracht Prügel bitter nötig hätte.«[163] In solch einer Umgebung kann Broder immerhin sicher sein, nicht von SA-Leuten belästigt zu werden. Die sind ja alle Antifa-Aktivisten und garantiert keine Autoren der *Blauen Narzisse*. Als ihn im Mai 2008 die *Schweizerzeit* einlud, einen Vortrag zu halten, war er gleichfalls gern dabei, obwohl das Blatt eng verbunden ist mit der erzreaktionären, migrantenfeindlichen Schweizerischen Volkspartei und sich nicht scheut, den Juden nachzusagen, sie seien selbst schuld am Antisemitismus und eine Bande von Beutezüglern und Beutelschneidern[164]. Eine feine Gesellschaft, zweifellos, mit der Broder sich da abgibt. Faschisten, wie er sie definiert, hatte er unter den Zuhörern bestimmt nicht zu fürchten, als er über »Die letzten Tage Europas – Europa oder Eurasia« referierte und den versammelten Fremdenhassern sagte, was sie hören wollten: »Das Problem liegt für Broder bei den Gutmenschen der Mehrheitsgesellschaft.«[165]

Wahrscheinlich hat er mit den »Gutmenschen« ein Problem, weil sie so viel mehr Zeit als er damit zubringen, gute statt boshafte Menschen zu sein, und weil sie es für sinnvoller halten, sich für die Rechte einer Minderheit starkzumachen als für den Chauvinismus einer »Mehrheitsgesellschaft«. Deren Stärke hat Henryk M. Broder irgendwann so beeindruckt, daß er beschloß, die faktisch Schwachen im Stich zu lassen, vor den Angsthabern und Angstmachern zu kapitulieren und ihrer Paranoia mit großem Geschrei beizupflichten. Den Islamhassern wurde er damit zum lebenden Beweis, daß sie keine Nazis und Rassisten sein können. Denn mit Broder steht an ihrer Seite ja ein Jude, einer zumal, der komplett blind ist für den Antisemitismus, der in ihren Köpfen wütet. »Interessanterweise kann Broder Dinge sagen, die man als Nicht-Jude besser unausgesprochen läßt, um nicht als ›rechts‹ dazustehen«, schreibt PI-User »Rechtspopulist«[166], und er hat damit mehr über die antisemitische Grundierung von *Politically Incorrect* verraten, als sämtliche Bekenntnisse der Website-Betreiber und -Benutzer zum Staat Israel jemals verdecken könnten (aber dazu mehr im nächsten Kapitel).

Broder ist denen, die PI anklicken, nicht etwa deshalb so teuer, weil sie von ihm mit Haßargumenten gefüttert werden, die sie noch nicht kannten. Es scheint eher so, als hole sich Broder bei ihnen ab, was er zum Pöbeln braucht. Als ehemals linker Journalist und als Sohn jüdischer Eltern ist er genau der Kronzeuge, den sie benötigen, um sich vom Verdacht zu befreien, Nazis zu sein. »Man muß ihn doch gern haben«, schreibt PI-Gast »Gilly«: »Wenn wir alle zum Judentum konvertierten, wäre dieses ›Ausländer‹- oder Nicht-Europäer-Problem schnell aus der Welt, dann würde man den Deutschen sogar wieder nachsehen, wenn sie quasi die NPD zur drittstärksten Partei machen würden.«[167] Und für solche Lumpen legt Broder sich mit einem Bundestagsabgeordneten an, der den Haß von *Politically Incorrect* nicht erträgt ... Hurra, wir kollaborieren!

Der andere Kronzeuge mit einer jüdischen Mutter, den die Muslimhasser hochhalten, hat sich anders als Broder dringend verbeten, von Rassisten eingemeindet zu werden. Allerdings erfolglos. Ohne es darauf anzulegen, hat er, eine moralische Autorität und kein Taschenspieler, den Angsthabern und -machern noch mehr genützt als Broder, dem schon vieles nachgesagt worden ist, doch niemals, er sei eine moralische Autorität. Dazu reißt er einfach zu oft schlechte Witze: »Jetzt wäre die Zeit, den Anrufbeantworter zu aktivieren und zu besprechen. Auf arabisch.«[168]

Ralph Giordano

Im Juli 2001 beschloß auf Antrag von CDU und FDP der Kölner Stadtrat einstimmig den Bau einer großen, repräsentativen Moschee. Die muslimischen Verbände sollten sich in einem Trägerverein zusammenfinden, um gemeinsam mit der Stadtverwaltung die Ausführung zu planen. Die Türkisch-Islamische Union der Anstalt für Religion (DİTİB)[169], eine der bedeutendsten Vereinigungen türkischer Migranten in Deutschland, weigerte sich, dem Trägerverein beizutreten, weil ihm auch Organisationen angehörten, die der Verfassungsschutz wegen islamistischer Umtriebe beobachtet. Während die Stadtverwaltung weiter mit dem Trägerverein kooperierte, plante DİTİB auf einem eigenen Grundstück in Köln-Ehrenfeld den Bau einer alternativen »Zentralmoschee«. Ende Januar 2003 beschloß die neue Stadtregierung aus CDU und Grünen, diesem Projekt den Vorzug zu geben.

DİTİB lobte 2005 einen Architekturwettbewerb für das Gebäude aus und bezog in die Entscheidung auch den Bund deutscher Architekten ein. Ausgewählt wurde im März 2006 ein Entwurf von Paul Böhm. Er hatte sich bis dahin vor allem mit christlichen Sakralbauten einen Namen gemacht. Der Bebauungsplan, auf den Träger, Architekt und Stadtverwaltung sich nach zähen Verhandlungen einigten, wurde am 28. August 2008 vom Kölner Stadtrat genehmigt, allerdings mit nur einer einzigen Stimme aus der CDU-Fraktion – sie stammte von Oberbürgermeister Fritz Schramma. Am 7. November, mehr als sieben Jahre nachdem auch die Kölner CDU die Errichtung einer »Zentralmoschee« befürwortet hatte, wurde DİTİB endlich die Baugenehmigung erteilt. Im Mai 2009 begannen die Abrißarbeiten auf dem Gelände. Mit der Fertigstellung der Anlage wird für das Jahr 2011 gerechnet. Die fünfstöckige Moschee mit einer transparenten Kuppel von 36 Metern Scheitelhöhe und zwei Minaretten, die 55 Meter emporragen, ist ausgelegt für 1200 Gläubige. Der Gebäudekomplex mit knapp 16 000 Quadratmetern Nutzfläche enthält neben der Moschee eine Bibliothek, Unterrichts-, Aufenthalts- und gewerbliche Räume sowie eine Tiefgarage. Die Baukosten trägt ausschließlich DİTİB; sie sollen mit Hilfe von Spenden und aus den Mieteinnahmen der »Basar«-Fläche erbracht werden. Allerdings besteht der Verdacht – den DİTİB energisch bestreitet –, der türkische Staat beteilige sich an der Finanzierung.

Zwist über das Bauvorhaben fand lange Zeit allein zwischen den Gremien statt; die Bürger der Stadt sahen das Vorhaben mit Gelassenheit. Die Versuche der rechtsextremen Partei Pro Köln – seit September 2004 im Stadtrat –, den Moscheebau zu skandalisieren, fanden kaum Beachtung. Das änderte sich erst, als die Architekten ihren ersten Entwurf vorlegten. Nun hatten die Muslimfeinde ein Bild, auf das sie zeigen konnten; und jetzt ergriff auch der Mann das Wort, der wie kein anderer dazu beitragen sollte, daß die Ideologie der Moscheestürmer gesellschaftlich akzeptabel geworden ist.

In seinem Buch *Erinnerungen eines Davongekommenen*, erschienen im März 2007, griff der Autor Ralph Giordano die Baupläne für die »Zentralmoschee« scharf an. Warum er fünf Jahre brauchte, bevor er sich dagegen wehrte, daß die Stadt, in der er wohnt, ein solches

Bauwerk plant, hat er nie erklärt. Aber wie ihm ging es auch vielen anderen Kölnern. Erst das Modell des Architekten machte ihnen klar, was da auf sie zukam. Und während ein Bewußtsein wuchs, machte die unablässige Propaganda von Pro Köln aus der Moschee ein Problem. Trotzdem trauten die Kölner den Muslimhassern immer noch nicht über den Weg: Ein Bürgerbegehren gegen den Bau, von Pro Köln maßgeblich unterstützt, scheiterte im Mai 2007, weil von 23 077 Unterschriften 7137 ungültig waren. 20 000 rechtmäßige Zeichnungen wären für einen Erfolg des Quorums nötig gewesen. Einen versuchten Betrug der Initiatoren witterte nicht nur die *taz*[170].

Möglicherweise wären sie erfolgreicher gewesen, hätten sie mit ihrer Unterschriftensammlung ein paar Monate gewartet. Denn durch Giordano und seine brachial hervorbrechende Islam-Aversion bekam die Kampagne gegen die »Zentralmoschee« einen Alliierten, dem niemand nachsagen kann, er sei ein getarnter Nazi. Der Mann, der Verfolgung und Folter im Dritten Reich überlebt, die braunen Wurzeln der BRD immer wieder freigelegt und 1992, nach den Brandmorden von Mölln, Bundeskanzler Kohl in einem offenen Brief angekündigt hatte, notfalls bewaffnet gegen Rechtsextremisten vorzugehen, um das Versagen der Regierung auszugleichen – dieser Mann kämpfte plötzlich gegen die Kölner Moschee und alle Symbole des Islam mit einer Passion, die Deutschland aufmerken ließ. Durch Ralph Giordano erlangte Islamfeindschaft so etwas wie Legitimität, ja, den Anschein moralischer Notwendigkeit. Und nachdem unter anderem die vielen islamfeindlichen Coverstorys des *Spiegel* so gründlich vorgearbeitet hatten, brauchte Giordano die These, der Koran und seine Anhänger seien grundgefährlich, nicht einmal aufwendig zu belegen – sie war ja bereits populär. Ralph Giordano sagt, der Islam sei eine Bedrohung wie keine andere, und weil er es sagt, genügt den meisten sein Wort. So viel Autorität über das Publikum hat er sich durch Leben und Werk wahrlich verdient. Daß Giordano diese Autorität für einen paranoiden Feldzug mißbraucht, beschädigt jedoch alles, wofür er einmal stand. Sein Zorn, seine überschäumende Wut auf gläubige Muslime machen schon jetzt vergessen, weshalb er früher als ein Gewissen der Nation galt. Welch eine Tragödie! *taz*-Redakteur Eberhard Seidel schrieb im Mai 2007 über einen Fernsehauftritt von Ralph Giordano: »[Seine] Auslassungen sind gefährliche Brandreden, die in der Tradition des Anti-

Asyl-Diskurses zu Beginn der Neunzigerjahre stehen. Eine wichtige moralische Instanz demontiert sich selbst.«[171] Giordano sollte sich jedenfalls nicht wundern, wenn viele Deutsche ihn heute nur mehr als den Mann kennen, der den Muslimen zeigt, was eine Harke ist, aber nicht als den Autor, der sie vormals an ihre erste und zweite Schuld erinnerte.

An den vielen Reden, Interviews, Zeitungsartikeln, in denen Giordano seit 2007 vor den Anhängern Allahs warnt, fällt vor allem dies auf: Hartköpfigkeit, Halbwissen und gezielte Taubheit. Er läßt keine Meinung neben seiner gelten, er hört weg, wenn ihm jemand widerspricht. Es scheint, als habe sein absoluter Abscheu vorm Islam ihn in die frühen 50er Jahre zurückversetzt, als die einzige Wahrheit, die Giordano akzeptierte, von Josef Stalin verordnet wurde und verächtlicher noch als der Klassenfeind jene Kommunisten waren, die sich der Partei nicht unterwerfen wollten. Mit gleicher Inbrunst wettert er heute gegen alle, die seinen Antiislamismus nicht teilen mögen und die rassistischen Muster seiner Argumentation kritisieren. Giordano besteht darauf, die Schwierigkeiten, welche muslimische Migranten in Deutschland haben und verursachen, allein auf ihre religiöse Verstocktheit zu schieben. Nur der Glaube an die Worte des Korans verhindert laut Giordano ihre Integration. Wer ihn auf die Ausländerfeindlichkeit der hiesigen Gesellschaft hinweist, auf die katastrophale Einwanderungs- und Bildungspolitik oder die sozioökonomischen Bedingungen, den deckt er mit Beleidigungen ein.

Als »die deutschen Umarmer, xenophilen Einäugigen, Multikulti-Illusionisten, Sozialromantiker und Beschwichtigungssouffleure« kanzelt Giordano, schäumend vor Wut, sie ab, und daß »xenophil« so ähnlich klingt wie »pädophil«, ist kein Versehen, sondern das Kalkül eines Demagogen, der sich mit einem Aufklärer verwechselt. Die Medien, die politischen Debatten, die Köpfe sind erfüllt von muslimfeindlichen Stereotypen, aber Giordano fühlt sich berufen, dem xenophoben Gebrüll noch nachzuhelfen. Er phantasiert über seine Opponenten, sie trügen »weiter dazu bei, daß ein großer Teil der deutschen Gesellschaft immer noch auf ihre infame Diskriminierungsformel starrt wie der Vogel auf die Schlange, zungengelähmt und in eingeschüchterter Defensive«. So lahm ist die Zunge, so eingeschüchtert der Deutsche, daß eine Zeitschrift wie der *Spiegel* jahrelang die Muslime dämonisierte, *Hurra, wir kapitulieren!*

zum Bestseller wurde und Muslimfresser in sämtlichen Medien den Schnabel aufreißen. Wäre Giordano nicht zum Opfer seiner Obsession geworden, er, gerade er würde inständig hoffen, daß der große Teil der deutschen Gesellschaft, der vor der Schlange hockt, niemals zur Offensive übergeht. Was dann nämlich geschähe, ließe die Brandnächte von Mölln und Solingen wie Kinderfeuerwerk aussehen.

Giordano bewohnt ein Universum, das nicht von dieser Welt ist. »Muslimische Frauen und Mädchen«, behauptet er, »stehen hier in Deutschland zu Tausenden unter dem allgegenwärtigen Druck, von Verwandten ermordet zu werden.« Warum nicht gleich: zu Millionen? Für diese Zahl hätte er ja gleichfalls keinen Beleg. Von 1996 bis 2005 zählte das Bundeskriminalamt 70 Fälle von »Ehrenmord«. 22 der Opfer waren Männer. Man sollte Bestialitäten niemals mit Hilfe von Statistiken relativieren, und es widert mich an, hier Rechnungen zu eröffnen über Mordtaten, als ginge es um den Wasserverbrauch in der Mietnebenkostenabrechnung. Aber Glaubenskriegern wie Giordano kann man anders als über Zahlen nicht beikommen, so scheußlich das Gegenrechnen auch ist. Sieben Fälle im Jahr, zwei davon männlich: Auf dieser Grundlage beschwört Giordano das Horrorszenario von den Frauen, die »zu Tausenden« fürchten müssen, von der eigenen Familie ermordet zu werden. Wie kommt er dazu? Kennt er die Daten des BKA, weiß er überhaupt, daß die Polizei »Ehrenmorde« als eigenen Straftatbestand erfaßt? Wahrscheinlich nicht, denn sonst würde er nicht anklagend ausrufen: »Auf den Staat als Helfer jedenfalls warten die Bedrohten bisher vergeblich.« Zwei Jahre bevor er dies sagte, hatte in Nordrhein-Westfalen, dem Bundesland, in dem Giordano lebt, Integrationsminister Armin Laschet gemeinsam mit Selbstorganisationen von Migranten die Kampagne »Ihre Freiheit – seine Ehre« gestartet. Warum ignoriert Giordano das? Und weshalb suggeriert er, die Muslime in Deutschland empfänden vor Vätern und Brüdern, die ihre Töchter und Schwestern abschlachten, weniger Abscheu als Christen? Hätte Giordano recht, die Straßen der türkisch-deutschen Community wären mit toten Frauen gepflastert.

Bei seinem Feldzug gegen den Islam operiert er am liebsten mit Verdacht, Spekulation und Schrecken. Die Muster seines Denkens ähneln fatal denen der Fundamentalisten, die er bekämpft. Auf Kritiker, die sein Bild vom Kosmos korrigieren wollen, reagiert er wie einst die katholische Kirche auf Galileo. Er fühlt sich dabei allerdings selbst als Galileo, und so prallt jede Kritik, egal wie sachlich sie vorgetragen wird, an ihm ab. Offenbar kann niemand – ob Stefan Aust, Oriana Fallaci, Papst Benedikt, Alice Schwarzer, Daniel Pipes, Henryk M. Broder oder Ralph Giordano – zum Kulturkämpfer werden, ohne sich aus der Realität zu verabschieden: »Natürlich gibt es in Deutschland Ausländer- und Fremdenfeindlichkeit, Antisemitismus und Rassenhaß, wer wüßte das besser als ich? Nur hat meine Kritik am Islam und an von ihm mitgeprägten Zuständen in den Parallelgesellschaften der türkisch dominierten muslimischen Minderheit in Deutschland nicht das mindeste damit zu tun.« Doch bereits die Annahme von »mitgeprägten Zuständen«, »Parallelgesellschaften« oder »türkischer Dominanz« demonstriert chauvinistische Halluzination.

Giordano glaubt, der Haß, den er zeitlebens ertragen mußte, mache ihn dagegen gefeit, rassistisch zu schwadronieren. Doch gegen Rassismus hilft allein Selbstkritik, gegen den Haß nur ein kühler Kopf. Es bilde sich niemand ein, als Opfer von Rassismus darüber erhaben zu sein, Einbildung mit Tatsachen zu verwechseln, beim Blick auf den anderen in Klischees zu denken und vor lauter Angst im Fremden nicht mehr den Menschen, sondern eine Bedrohung zu sehen. »Immer dunkler fällt über das gerade begonnene 21. Jahrhundert ein Schatten«, glaubt Giordano. Leider meint er damit nicht den entgrenzten Kapitalismus, der von Krise zu Krise taumelt und in seiner Verwertungswut alles entwertet – die Arbeit, die Menschen, das Leben an sich. Giordano schaudert nicht vor den Verteilungskriegen um Land und Rohstoffe, die längst begonnen haben. Er denkt nicht an die Kaltblütigkeit, mit der die steinreiche EU vor ihren Küsten die Armen Afrikas in Massen ersaufen läßt. Er zittert vor einem »Schatten«, buchstäblich: »Es ist die Bedrohung der kulturellen und geistesgeschichtlichen Wurzeln unseres Kontinents durch den Sieg des islamisch-fundamentalistischen Gottesstaats über die Welt.«[172] Welch ein Unsinn dieser Satz ist, wieviel Weltfremdheit und Wahn darin stecken, sähe Giordano vermutlich nicht mal dann ein, wenn man ihn vor die Leichen afrikanischer Muslime führte, die von der Küstenwache aus dem Mittelmeer gefischt wurden. Sogar bei diesem Anblick würde er noch von Welteroberung und »geistesgeschichtlichen Wurzeln« schwafeln. Die Unbedingtheit seines Eifers, die Unfähigkeit,

Widerspruch zu ertragen, läßt Giordano Dinge sagen, für die er sich in jüngeren Tagen zutiefst geschämt hätte. Für die er sich aber, das ist die Tragödie des Alters, nie entschuldigen wird. Mit 86 Jahren fällt man nicht mehr um; und wenn doch, dann zum allerletzten Mal.

Giordanos steinerne Ignoranz wurde erstmals deutlich, als er im Mai 2007 mit Bekir Alboga, dem Beauftragten der DİTİB für interreligiösen Dialog, in der Fernsehsendung »Streit im Turm« zusammentraf. Alboga, 1963 in der Türkei geboren, lebt seit 1980 in Deutschland. Er studierte Arabistik, Publizistik und Kommunikationswissenschaften und war schon während seines Studiums als Imam tätig. Er ist gewiß kein kritischer, doch ebenso sicher kein fanatischer Muslim. Beim öffentlichen Streit mit Giordano hat er sich nicht ein einziges Mal dazu hinreißen lassen, auf die Tiraden seines Gesprächspartners zornig zu reagieren. Und das war keine geringe Leistung, so schwerhörig, wie der alte Mann sich bei jedem Argument stellte, das aus seiner Polemik die Luft herausließ. Giordano wollte mit Alboga gar nicht reden, sondern die Talk-Show als Plattform für eine Philippika nutzen: »Ich sage dem Oberbürgermeister und den Stadträten [...]: Stoppt den Bau dieser Moschee. Es ist ein falsches Signal.« Seit 25 Jahren werde über Integration gesprochen, aber getan habe sich nichts. Statt dessen sei »so viel innerhalb der Parallelgesellschaft geschehen [...], das nicht mit dem Grundgesetz in Übereinstimmung zu bringen ist«.

Was Giordano denn meine, wenn er von »Parallelgesellschaft« spreche, wollte Alboga wissen. »Hier leben Muslime«, erwiderte Giordano, »die kein Deutsch können, vor allem Frauen.« Eine ebenso chauvinistische wie unhaltbare Definition, und Verfassungsrang besitzt die deutsche Sprache nicht, auch wenn rechte Politiker das fordern. Also erklärte Alboga geduldig, was tatsächlich vorliegen müsse, um von einer »Parallelgesellschaft« sprechen zu können. Sie »würde bedeuten, daß wir in Deutschland zwei [...] Grundgesetze hätten. Aber wohin gehen die Menschen, wenn sie Probleme haben? Sie gehen zu einem deutschen Gericht, deutschen Versicherungen, deutschen Schulen, deutschen Universitäten.«[173] Giordano fiel dazu keine Replik ein. Er hat vermutlich nie darüber nachgedacht, was der Begriff »Parallelgesellschaft« impliziert, sondern einfach ein Schlagwort übernommen, das seit einigen Jahren vor allem von konservativen und rechten Meinungsmachern benutzt wird.

Dabei hat es ein Wissenschaftler erfunden, der nicht im Verdacht steht, ein Konservativer oder gar Rechter zu sein. In den 90er Jahren warnte der Soziologe Wilhelm Heitmeyer vor Radikalisierungstendenzen deutsch-türkischer Jugendlicher. Einerseits gefordert, sich in die deutsche »Mehrheitsgesellschaft« zu integrieren, andererseits bemüht, der »eigenen ethnischen Gruppe« zu genügen, entferne sie jede Diskriminierung, die sie erleben, weiter von der Gesellschaft der Mehrheit. Heitmeyers empirische Studien hatten ergeben, daß hinter »einem überwiegend positiven Selbstbild [...] Angst vor Ausgrenzungen, vor unsicheren Lebensläufen sowie verletzte Identität durch emotionale und soziale Ablehnung eine Rolle« spielten. Diese »Desintegration« sei die Hauptursache dafür, dass immer mehr von ihnen sich für die islamistische Ideologie begeistern: »Je größer die Desintegration von türkischen Jugendlichen ist«, schrieb Heitmeyer, »desto eher glauben sie an eine Überlegenheit des Islam, akzeptieren religiös begründete Gewalt und suchen die Nähe zu entsprechenden Organisationen.«[174]

Die »Parallelgesellschaft«, die von einem immer größeren Teil dieser Jugendlichen gebildet werde – Heitmeyer selbst benutzte sein Kunstwort nur in Anführungszeichen –, hat also nichts mit der Sprache, sondern ausschließlich mit der Hinwendung zu den Heils- und Heimatversprechen radikalislamischer Organisationen zu tun. Sie ist auch keineswegs aus der Kultur der Eltern erwachsen, sondern aus Begeisterung für eine Ideologie, die Identität und Selbstbewußtsein stiftet. Vor der Radikalisierung steht aber in jedem Fall die Ausgrenzung und Diskriminierung. Heitmeyers neuer Begriff ging an der Sache vorbei, denn unter »Parallelgesellschaft« versteht der Soziologe ausschließlich islamistische Organisationen und ihre Anhänger. Die lehnen den deutschen Staat zwar ab, können ihre Ideologie aber nicht realisieren, ohne seine Gesetze zu brechen. Mögen sie sich auch abschotten vor der verteufelten westlichen Gesellschaft, sind sie doch permanent gezwungen, Kompromisse mit ihr zu schließen, wenn sie nicht im Gefängnis landen wollen. Vom Gottesstaat können Islamisten hierzulande nur träumen, und die allermeisten deutschen Muslime sind nicht bereit, diesen Fanatikern dabei zu helfen, ein Mullah-Regime zu installieren.

Der Historiker und Migrationsforscher Klaus J. Bade pointiert die Unhaltbarkeit des Begriffs: »Parallelgesellschaften im klassischen Sinne gibt es in Deutschland gar nicht. Dafür müßten mehrere Punkte zusammenkommen: eine monokulturelle Identität, ein freiwilliger und bewußter sozialer Rückzug auch in Siedlung und Lebensalltag, eine weitgehende wirtschaftliche Abgrenzung, eine Doppelung der Institutionen des Staates. Bei uns sind die Einwandererviertel meist ethnisch gemischt, der Rückzug ist sozial bedingt, eine Doppelung von Institutionen fehlt.« Und Bade benennt ebenso genau, bei welchen Leuten die Alarmrufe über muslimische »Parallelgesellschaften« am populärsten sind: »Die Parallelgesellschaften gibt es in den Köpfen derer, die Angst davor haben: Ich habe Angst und glaube, daß der andere daran schuld ist.« Dieses so »simple wie gefährliche Gerede über Parallelgesellschaften« führe letztlich zu einer Verschärfung der Situation, es sei »nicht Teil der Lösung, sondern Teil des Problems«.[175]

Davor warnt auch der Kulturwissenschaftler Wolfgang Kaschuba. Der Begriff »Parallelgesellschaft« produziere »selbst eine kulturelle Differenz, die er vorgeblich diagnostiziert«. Kaschuba bestreitet nicht, daß viele muslimische Migranten der Ideologie erliegen, die von Islamisten verbreitet wird: Sie »entwickeln religiös-fundamentalistische Einstellungen, lehnen Christentum und Zivilgesellschaft radikal ab, werben im Extremfall sogar für Scharia oder Dschihad«. Doch von einer Massenbewegung könne keine Rede sein. Die »dümmste Reaktion« sei, »mehr als zweieinhalb Millionen Muslime in Deutschland deshalb unter den Generalverdacht des Fundamentalismus zu stellen«.[176] Dazu geben die amtlichen Zahlen in der Tat keinen Anlaß: »Ende 2007 gab es dreißig (2006: achtundzwanzig) bundesweit aktive islamistische Organisationen«, meldet der Verfassungsschutz. »Das islamistische Personenpotential in Deutschland stieg mit 33 170 Mitgliedern/Anhängern (2006: 32 150) ebenfalls leicht an.«[177]

Giordano, so viel ist sicher, hat weder Heitmeyer noch Bade oder Kaschuba jemals gelesen, und Statistiken beeindrucken ihn schon gar nicht. Als Angsthaber und Angstmacher vertraut er ausschließlich dem, was er mit eigenen Augen gesehen hat. Doch er nimmt bloß wahr, was seine Phobie und sein Ressentiment bestätigt. Im Streit mit Bekir Alboga klagte er, er habe auf »dem Wege hierher […] einen Anblick ertragen« müssen, der seine »Ästhetik beschädigt« habe, »eine von oben bis unten verhüllte Frau, ein menschlicher Pinguin«. Zu Recht ermahnte ihn Alboga, die Menschenwürde zu respektieren: »Auch diese Frau ist ein Mensch, egal, wie sie aussieht.« Der beschädigte Ästhet nahm nichts zurück und spielte die Karte des Eingeborenen aus, statt seine fragwürdige Metapher zu erklären: »Ich will auf deutschen Straßen keiner Burkaverhüllten begegnen.«[178]

Der Pinguinvergleich fand in den Kreisen der Islamhasser begeisterte Resonanz; unter Rassisten erfreuen sich solche Gleichsetzungen von Menschen mit Tieren seit Jahrhunderten hoher Beliebtheit – der Schwarze wird ihnen zum Affen, der Jude zur Ratte. Wie also konnte Ralph Giordano, nach allem, was er erlebt und was er veröffentlicht hat, auf solch eine Formulierung kommen? Woher dieser Abscheu, wenn nicht aus einer Angst, die ihn so verwirrt hat, daß er zwischen Menschen und Muslimen unterscheidet? Seine Wortwahl hatte nicht allein Bekir Alboga entsetzt, und weil Pro Köln jetzt jubelte, in Giordano einen Kronzeugen gefunden zu haben, der nicht nur dasselbe forderte, sondern auch so redete wie sie, versuchte er in einem Interview mit dem Deutschlandfunk, sich zu rechtfertigen: »Selbstverständlich richtet sich diese Wortbildung, dieser Ausdruck gegen die, die diese Frau in einen menschlichen Pinguin verwandelt haben, indem sie sie von Kopf bis Fuß unter schwarzem Tuch begraben. [...] Da gab es gar keine Mißverständnisse.« Die gab es sehr wohl, denn beim Disput mit Alboga hatte er nur geklagt, die Burka-Frau sei eine ästhetische Zumutung – über die sittlichen Zumutungen, die diese Frau erdulden muß, hatte er kein Wort verloren. Und weil ihm offenbar nicht klar ist, daß er wie ein Nazi klingt, wenn er politische Kritik mit einem Anblick begründet, der »meine Ästhetik stört«, keifte er die Deutschlandfunk-Interviewerin an: »Wer das sagt« – daß Giordano sich an die Seite der Rechtsextremisten von Pro Köln gestellt habe – »und einen Überlebenden des Holocaust auf diese Weise beschuldigt, der richtet sich selbst.«[179]

Selbst gerichtet hatte sich Giordano, dem es einfach nicht zu denken geben wollte (und bis heute nicht will), daß an seiner antiislamischen Rhetorik etwas sehr, sehr faul sein muß, wenn sie von verkappten Nazis und offenen Fremdenhassern geteilt wird. Bereits am 29. Mai 2007, keine zwei Wochen nach dem Pinguinvergleich, bot die Marketing-Abteilung von *Politically Incorrect* ein Motiv-T-Shirt an, das aus Giordanos Spruch Mode machen wollte. Die gleichermaßen großspurigen wie feigen User der Website fanden die

Idee zwar gut, wollten jedoch lieber unerkannt weiterhetzen. »Das T-Shirt ist super«, kommentierte ein »Prinz Eugen«, »aber wo in Germanistan kann ich es noch tragen, ohne innerhalb von einer halben Stunde ein Messer zwischen die Rippen zu bekommen?!«[180] Mit solch einem Prinzen als Gegner hätten die Osmanen Wien ohne einen Schuß erobert. Aber die enorme Hasenfüßigkeit der PI-Rassisten darf nicht darüber hinwegtäuschen, daß sie mit ihren Vertreibungs- und Vernichtungsphantasien sofort Ernst machen, wenn sie in Massen vereint sind und sich ihren Haßobjekten mindestens zehn zu eins überlegen wissen. Das war in Hoyerswerda zu beobachten, in Rostock-Lichtenhagen und zuletzt im August 2007 bei der Hetzjagd auf Inder in Mügeln.

Der Mann, der eine Muslima zum Pinguin erklärt hatte, bekam zum Glück kein Messer zwischen die Rippen. Doch er hatte erheblich mehr Grund als die PI-Maulhelden, sich davor zu fürchten. Einige Tage nach der Äußerung berichtete er von Todesdrohungen radikaler Muslime. Obwohl er dergleichen »vielhundertfach« von rechten Fanatikern erfahren hatte, betonte er jetzt, »daß der Haß-Duktus dieser Morddrohungen selbst einen terrorgewohnten Mann wie mich schockiert hat«[181]. Es spricht für seine Courage, daß er sich nicht einschüchtern ließ. Aber Mut allein erhebt einen Irrtum nicht zur Weisheit, Unbestechlichkeit und Sturheit sind nicht dasselbe. »Wahr« sei, verkündete Giordano im Wortwechsel mit Bekir Alboga, »daß die Integration der muslimischen Minderheit in Deutschland gescheitert ist.« Diese Behauptung kann Giordano bis heute nicht beweisen. Seine Beispiele für desintegrierte Muslime betreffen ausschließlich die Fundamentalisten, Dschihadisten und »Ehrenmörder«, von denen die hiesigen Medien viel lieber berichten als von irgendeinem türkischen Bäcker, der seine Töchter aufs Gymnasium schickt und sich abends einen Raki genehmigt.

Alboga, soeben zum Desintegrierten erklärt, erwiderte erstaunlich gelassen: »Die Muslime sind kein Fremdkörper in diesem Staat. Es leben rund 3,3 Millionen Muslime in Deutschland, eine Million von ihnen hat die deutsche Staatsangehörigkeit. Wir haben Fußballspieler, Künster, Schauspieler, Schriftsteller muslimischen Glaubens, die in diese Gesellschaft bestens integriert sind.« Und das, obwohl Islamfeinde wie Giordano von ihnen fortwährend den Nachweis der Integration verlangen und sich in die Meinung verrannt haben, eine

Moschee sei sichtbarer Beweis dafür, die Muslime hätten sich abseits der »Mehrheitsgesellschaft« eingerichtet: »Ein solches Großprojekt wird hier mitten in Köln errichtet als Religionsausdruck einer fremden Kultur, und die Bevölkerung wird überhaupt nicht gefragt, ob sie damit einverstanden ist.« Die Uninformiertheit Giordanos hat etwas Bestürzendes. Nur einen Tag vor seinem Auftritt in »Streit im Turm« war das dubiose Bürgerbegehren gegen den Moscheebau in Köln-Ehrenfeld gescheitert. Die 996 000 Bürger der Stadt waren also sehr wohl gefragt worden, doch nur ein Bruchteil von ihnen hatte gegen das Projekt Vorbehalte.

Bestürzend ist auch Giordanos offene Abwehr der »fremden Kultur«. Wer so denkt, der hat nicht begriffen, daß zur Integration stets gehört, das Fremde nicht abschaffen, sondern in die bestehende Gesellschaft einfügen zu wollen. Zumal die angeblich so fremde Kultur schon seit vielen Jahrhunderten Spuren in der europäischen Kultur, etwa in der Baukunst, hinterläßt. Daran erinnerte auch der Architekt Salomon Korn, Vizepräsident des Zentralrats der Juden in Deutschland: »Wie viele kennen und empfinden heute noch beim Anblick von Zwiebeldächern oder Welschen Hauben auf Sakral- und Profangebäuden deren Herkunft aus dem Orient?« Und weil Korn sich, anders als Giordano, ohne Vorbehalte mit dem Thema beschäftigt hat, erinnert er an einen Vorgang aus der zweiten Hälfte des 19. Jahrhunderts. Damals wurden in Deutschland mehrere Synagogen im neoislamischen Baustil errichtet. Kontroversen »über die Errichtung orientalisch anmutender jüdischer Gotteshäuser [blieben] nicht aus«, schreibt Korn. »Die Argumente, die vorgebracht wurden, beschränkten sich keineswegs auf kunstkritische Einwände und erinnern damit an aktuelle Debatten über den Bau von Moscheen in Deutschland und Österreich.«[182]

Solche sachdienlichen Hinweise sind an einen Kulturkämpfer leider verschwendet. Als Bekir Alboga appellierte, es müsse »selbstverständlich sein, daß es Kirchen, Synagogen und auch Moscheen gibt«, bölkte Giordano zurück: »Sie setzen christlich-jüdisches Traditionsgut gleich mit muslismischem. So geht es nicht.« Was tatsächlich nicht geht, ist solcher Chauvinismus. Daß Giordano nach der Fernsehdiskussion mit Alboga zum Kronzeugen der Muslimhasser avancierte, ist keineswegs einem Mißverständnis geschuldet. Seine Ressentiments gegen den Islam unterscheiden sich von ihnen um keinen Deut. Obgleich Ralph Giordano sich zornig dagegen verwahrt, von ihnen umarmt zu werden – als »lokale Variante des zeitgenössischen Nationalsozialismus« bezeichnete er bereits im Disput mit Alboga Pro Köln –, hat er es ihnen nicht eben schwer gemacht, ihn beifällig zu zitieren.

Die Kundschaft von *Politically Incorrect* erkannte ebenfalls, was sie an einem unfreiwilligen Verbündeten wie ihm hat. Seine Aussagen über Pro Köln seien zwar »Bullshit«, schrieb »PetraWalters« in die Kommentarspalte, doch »[allem] anderen im Interview von ihm Gesagten kann voll zugestimmt werden«[183]. Ebenso pragmatisch gibt sich »Biberbirne«: »Was für ein Spinner. Bezüglich der Moschee sind seine Statements ansonsten okay.«[184] »Dagobertus« merkt positiv an, Giordanos Äußerungen seien geeignet, »der Sache Auftrieb zu geben, denn ihn als Nazi zu verleumden dürfte schwer werden«[185]. User »D.N.Reb« ist Giordanos Bannfluch ohnehin egal: »Und wenn Pro Köln die moderne nationalsozialistische Variante wäre, wäre mir das schnurz, solange sie gegen die Errichtung des Islam in Deutschland kämpfen.«[186] Parallel zu den Giordano-Kommentaren eröffneten PI-User im selben Gästebuch eine Debatte über die deutsche Schuld am Ersten Weltkrieg.

Nachdem der Aufmarsch untersagt worden war, den Pro Köln im Rahmen eines »Antiislamisierungs-Kongresses« am 20. September 2008 geplant hatte, sah Sympathisant Henryk M. Broder den Rechtsstaat am Boden. Ralph Giordano hingegen hatte diesen »Kongreß« mit Muslimhassern aus halb Europa schon im Vorfeld verdammt: Beim »Kampf gegen den Terrorismus im Namen Allahs und gegen eine schleichende Islamisierung ist der Euro-Faschismus kein Bundesgenosse, sondern der eingeborene Feind der historisch und politisch berechtigten Islamkritik«[187]. Diese Erklärung ließ er über seinen Verlag den Betreibern von *Politically Incorrect* zukommen, wohl wissend, daß es an der Zeit war, sich auch von dieser Klientel zu distanzieren. Die User reagierten verwirrt und pikiert. Einigen fiel plötzlich ein, Giordano sei stets ein »Antideutscher« gewesen, ein Stalinist und Blender: Sich »selber wichtig zu machen, darum geht es dem ›Holocaust-Überlebenden‹ Giordano«, schrieb ein »CH4200«[188] in die Kommentarspalte. Mag Ralph Giordano auch gegen die Wand gelaufen sein, als er zum Islamfeind wurde – Nazis und Antisemiten, die von Überlebenden des Holocaust nur in Anführungszeichen sprechen, wittert er noch immer mit großer Präzision. Doch bei aller Enttäuschung über sein Verdikt gegen sie und den »Euro-Faschismus« sahen viele PI-User die Angelegenheit weiterhin pragmatisch: »Auch ich halte Herrn Giordanos Meinung zu Pro Köln für falsch«, teilte »Zvi Greengold« mit und zollte trotzdem »Dank und Respekt an Giordano für seine klaren Worte zur islamischen Bedrohung und politischen Korrektheit«[189].

Ralph Giordano mag die rassistischen Islamhasser beschimpfen und zum Teufel wünschen, bis aus Tag und Abend der Morgen wird – vom Hals schaffen kann er sie sich nimmermehr. Einer wie er ist viel zu wertvoll, als daß sie ihn abschreiben mögen. Und so findet bis heute jede antiislamische Empörung Giordanos zielsicher ihren Weg in die Blogroll von *Politically Incorrect*. Dann sondern die dümmeren User wieder dunkelbraunen Senf ab und wollen von diesem »Hetzer und Spalter«[190] nimmermehr etwas lesen, während die heller Braunen die Hoffnung nicht aufgeben, Giordano möge sich endlich besinnen und mit ihnen paktieren, schließlich gehe es ja gegen denselben Feind: »Das gäbe der islamkritischen Bewegung in Deutschland ein Gesicht und einen ungeheuren Schub!«[191] Der PI-Stratege irrt: Giordanos Tiraden haben dem Feindbild Moslem längst eine gesellschaftliche Akzeptanz verschafft, die über das Anklicken von *Politically Incorrect* weit hinausreicht. Und zwar ausschließlich wegen seines Rufs und seiner Biographie, nicht wegen der Stichhaltigkeit seiner Argumente. Giordanos halbinformierte Parolen sind nichts als platte Agitation.

Im Streit mit Bekir Alboga blamierte er sich ein ums andere Mal mit haltlosem Geschwätz. Giordano erzählt, wie eine junge Frau ermordet wurde, »um die Ehre der Familie zu retten. Was passiert hier in einer Parallelgesellschaft, in der so etwas möglich ist und nicht vereinzelt ist?« Alboga hakt nach: »Sie sagen ›nicht vereinzelt‹. Wie oft ist das passiert?« Giordano hat keine Ahnung und dröhnt: »Ich gehe auf diese Frage nicht ein. Der eine Fall genügt.« Das stimmt. Doch es ist ebenso dumm wie unverschämt und demagogisch, davon zu fabulieren, solche Verbrechen seien keine Einzelfälle unter Muslimen, wenn man nicht den blassesten Dunst davon hat, wie oft diese grauenhaften Taten begangen werden, und wenn Giordano aus der Tiefe seiner Verblendung heraus Alboga und allen Muslimen unterstellt: »Das, was Sie ›Ehrenmorde‹ nennen, kommt […] aus der

Tiefe Ihrer Kultur.« Auf die Frage des Moderators, wo denn Muslime ihre Religion ausüben sollen, wenn sie keine Moscheen bauen dürfen, erwidert Giordano: »Es gibt in Köln fünfzig oder sechzig Moscheen.« Alboga korrigiert: »Nein. Es gibt keine einzige Moschee. Das sind Gebetsräume in Kellern alter Fabrikhäuser.« Giordano ficht der Einwand nicht an: »Auch wenn es so ist: Das rechtfertigt nicht den Bau einer zentralen Großmoschee.« Diese Arroganz und Starrköpfigkeit ist selbst durch Giordanos hohes Alter nicht zu erklären. Hier redet kein seniler, sondern ein besessener Mann.

Die Angst und der Abscheu, die ihn umtreiben, lassen nicht zu, im gläubigen Muslim zugleich einen aufgeklärten Menschen zu erkennen. Alboga berichtet: »In der Türkei dürfen die Kirchen ihre Glocken seit Jahrhunderten öffentlich läuten.« Giordano faucht ihn an: »Sie färben schön. Sie antworten wie jemand aus einem Kulturkreis, dem die kritische Methode völlig unbekannt ist.« Sollte Giordano sein Gepöbel und Viertelwissen für »die kritische Methode« halten, kennt Alboga sie tatsächlich nicht. Als Giordano ihn anbellt, ob »es überhaupt irgend etwas« gebe, das der DİTİB-Sprecher an der islamischen Welt kritisiere, kontert der: »Natürlich. Wir müssen […] für die Demokratisierung sorgen. Wir müssen den Menschen den Islam richtig beibringen. So ist die Unterdrückung der Frau gegen den Islam, genau wie Zwangsheirat und Sippenmorde.« Aber schon wieder kann er es dem Verbohrten nicht recht machen: »Und das gibt es hier nicht in den Parallelgesellschaften?« Giordano will keinen Dialog, sondern Konflikt, und es scheint, als sehne er sich danach, seine Angst und Wut über die ganze Welt auszuschütten: »Ich prophezeie, wenn diese Großmoschee gebaut wird, gibt es Unfrieden und Unruhe.« Alboga erschrickt nun doch einmal vor seinem Gegenüber: »Das sind gefährliche Aussagen.«[192] Die Giordano bis heute nicht zurückgenommen hat.

Er hat sie sogar verschärft. Im Kölner Bauprojekt sieht er mittlerweile den Beleg für eine großflächige Verschwörung des militanten Islam gegen die westliche Welt. »187 sakrale Megabauten, die Deutschland in eine Plantage von Großmoscheen verwandeln«[193] würden, spuken durch seine Alpträume. Die nachweislich moderate, bestens integrierte DİTİB verleumdet er als »staatlich türkische Organisation und ein Instrument türkischer Außenpolitik«[194]. Sie ist jedoch eine deutsche Organisation, 1984 in Köln nach deutschem

Vereinsrecht gegründet. Richtig ist, daß sie der Leitung, Kontrolle und Aufsicht des Diyanet İşleri Başkanlığı untersteht, des staatlichen Präsidiums für Religiöse Angelegenheiten der Türkei. Diese Behörde dient allerdings nicht der »schleichenden Islamisierung«, vor der Giordano sich gruselt, sondern dem genauen Gegenteil: Sie wurde 1924 gegründet, um die strikte Trennung von Religion und Politik in der türkischen Republik zu kontrollieren, also den Laizismus zu gewährleisten. In der Auslegung des Korans – die das Diyanet auch den Imamen vorschreibt, die in DİTİB-Moscheen predigen – bemüht es sich um gemäßigte, bisweilen liberale Positionen. Im März 2005 setzte es zwei Frauen als Vize-Mufti ein, das heißt, als Entscheiderinnen über Fragen islamischen Rechts, eine von ihnen in der Hauptstadt Istanbul.

Giordano könnte dies alles wissen, wenn er nur wollte, doch zu viel Wissen würde seiner »kritischen Methode« schaden. Lieber geifert er, »Giga-Moscheen« wie die in Köln-Ehrenfeld seien Beweise für einen »Machtanspruch, es ist eine Kriegserklärung, es ist eine Landnahme auf fremdem Territorium«[195]. Er hat offenkundig den Verstand verloren. Aber seine irrwitzigen Verdächtigungen hatten Erfolg. Als die CDU-Fraktion im Kölner Stadtparlament den eigenen Oberbürgermeister im Stich ließ und gegen die Baugenehmigung für die Moschee in Ehrenfeld stimmte, begründeten die Abgeordneten ihre Ablehnung unter anderem mit schweren Vorbehalten gegen die türkischen Verbindungen der DİTİB.

Mit deren Dialogbeauftragtem Bekir Alboga möchte Ralph Giordano nie wieder reden. Was nicht verwundert, denn Alboga hatte ihn beim »Streit im Turm« so alt und borniert aussehen lassen, wie Giordano leider ist. Nachdem Alboga ihn zu einem abermaligen öffentlichen Gespräch eingeladen hatte, sagte Giordano in einem offenen Brief mit dieser Begründung ab: »[Bei] einem Gespräch zwischen Ihnen und mir [könnte] nichts anderes herauskommen als der Austausch gegenseitig bekannter, aber unvereinbarer Meinungen.« Vermutlich ist der Antiislamist Giordano stolz darauf, eine unvereinbare Meinung zu haben. Allerdings hatte er recht damit, daß der Muslim Alboga kaum mit ihm übereinstimmen kann, wenn solche Sätze fallen: »Ich frage mich, wie jemand, dem der Koran, diese Stiftungsurkunde einer archaischen Hirtenkultur, heilig ist, auf dem Boden des Grundgesetzes stehen kann … Das eine schließt das andere aus, und

Lippenbekenntnisse werden auch durch ihre Wiederholung nicht anders.« Die beiden anderen Stiftungsurkunden archaischer Hirtenkulturen, das Alte und das Neue Testament, hätte Giordano besser auch erwähnen sollen, wollte er nicht zum fundamentalistischen Glaubenskrieger ernannt werden.

Aber solche Kritik ficht ihn nicht an, sie stammt bekanntlich von Xenophilen. Giordano verlangt von den Muslimen, keine mehr zu sein, bevor er ihnen über den Weg traut. Sie sollen ihrem Glauben abschwören, ihren Gott in die Wüste jagen, zu den Steinzeithirten, wohin er gehört, und Giordanos Raserei gutheißen, also wie er auf jede fremde Hand spucken, die ihnen entgegengestreckt wird – dann, erst dann stünden sie »auf dem Boden des Grundgesetzes«. Daß die Christen von ihren verhaßten jüdischen Nachbarn genau solche Unterwerfungsgesten eingefordert haben, jahrtausendelang, kommt Giordano nicht in den Sinn. Und wie auch, er ist ja völlig von Sinnen. Sein offener Brief an Alboga endet mit einem Satz, der in der langen Geschichte der Scheinheiligkeit einen besonderen Platz verdient: »Die Stunde der Deeskalation ist gekommen – für beide Seiten.«[196] Über seinen Islamhaß ist Giordano zum Experten für Lippenbekenntnisse geworden.

Er will den Dialog nicht, er mißtraut allen, die seine Wahnvorstellungen nicht teilen, und er hält es nicht aus, wenn ihm aus dem Leben muslimischer Migranten in Deutschland Dinge mitgeteilt werden, die nicht in seine Gummizelle passen. Lale Akgün, SPD-Bundestagsabgeordnete aus Köln, veröffentlichte 2008 das Buch *Tante Semra im Leberkäseland*. Darin erzählt sie ebenso anrührend wie selbstironisch von der Übersiedelung ihrer Familie in den 60er Jahren aus der Türkei nach Deutschland. Keine große Literatur, doch den Anspruch, eine Dichterin zu sein, erhebt die Autorin auch nicht. *Tante Semra* beschreibt die Erfahrungen von Migranten mit der Fremde, die Irritationen, die daraus entstehen, in dieser Fremde selbst als Fremde beargwöhnt zu werden, und wie die Bräuche und Moden der »Mehrheitsgesellschaft« die Einwanderer verändern, bis sie sich deutscher als die Deutschen benehmen.

Ralph Giordano hat für die *Welt* das Buch rezensiert und dabei eine Befangen- und Vernageltheit demonstriert, die einerseits zum Weinen ist, denn dies war einmal ein großer Mann, andererseits zum Kotzen, weil hier ein von seinem Wahn Zerfressener wütet:

»Heute weiß jeder, dass hinter der Thematik des Buches [...] eines der schwierigsten Probleme der deutschen Innenpolitik steht – die Frage nach der Integrationsfähigkeit oder -unfähigkeit der türkisch dominierten muslimischen Minderheit in Deutschland [...]. Danach sucht man jedoch in Akgüns Buch vergeblich – keine Spur von den hochschlagenden Wellen, die seit Jahren durch die Medien geistern, kein Jota über die Zustände in den Parallelgesellschaften, nichts von der überproportionierten Jugendkriminalität, von Zwangsehen, Importbräuten und ›Ehrenmorden‹, Kontrolle der Brüder über die Tugendhaftigkeit ihrer Schwester, die Bestrafung der ›Sünderin‹. Auch nicht der Hauch einer Andeutung.« Mal davon abgesehen, daß einer, der Wellen gleichzeitig hochschlagen, geistern und Spuren ziehen sieht, der »überproportioniert« schreibt, wenn er »überproportional« meint, dringend in einen Deutschkurs gehört, um nicht nach eigenen Maßgaben als Angehöriger einer Parallelgesellschaft ausgegrenzt zu werden – davon also abgesehen, ist Giordanos Kritik ein Gezeter und eine Gemeinheit, für die kein Nazi sich schämen würde. Giordano glaubt und verzeiht Akgün nicht, daß sie und ihre Familie sich integriert haben, und deshalb unterstellt er ihr, zu lügen: »[Was hätte] aus dem Thema werden können, wenn die hochintelligente Lale Akgün es geschafft hätte, über den Schatten ihrer multikulturellen Political Correctness zu springen.«[197]

Akgün, eine Frau von höherer Intelligenz, als sich der Chauvinist und Muslimfresser Giordano vorzustellen vermag, tat ihm nicht den Gefallen, die Wellen weitergeistern zu lassen. In einer Antwort auf den Verriß wehrte sie den Vorwurf, die »Ehrenmorde« und die Zwangsheiraten in ihrer Verwandtschaft verschwiegen zu haben, kurz und elegant ab: »Nun, lieber Herr Giordano, vielleicht liegt das daran, daß weder das eine noch das andere in meiner Familie vorkam?«[198] Er hätte, wenn er bloß einen kleinen Rest Correctness in seinem Hirn noch zuließe, spätestens jetzt für seine niederträchtigen Anwürfe bei Akgün um Entschuldigung bitten müssen. Er tat es nicht, weil Fanatiker sich niemals entschuldigen. Sie fühlen sich immer im Recht. Und außerdem braucht er die Akgün als Verbündete für sein wahnhaftes Geschrei gar nicht. Es gibt ja einige Frauen, die aus muslimischen Familien stammen und seine Verachtung für Muslime, »Multikultis« und Xenophile teilen. Ob Lale Akgün »mit Muslimas wie Necla Kelek, Seyran Ateş und

Mina Ahadi eigentlich auf dem gleichen Planeten lebt oder ob sie jemals auch nur einen Blick in deren Bücher geworfen hat«, will Ralph Giordano von Akgün wissen[199]. Wahrscheinlich hat sie mehr als nur den einen Blick geworfen und dabei festgestellt, daß sie einen Planeten nicht bewohnen möchte, auf dem Giordano und Kelek das Sagen haben.

Der Autorin, auf die Giordano sich am liebsten beruft, ist sein Chauvinismus vermutlich nicht entgangen. Gestört hat er sie nie. Sie ist zugleich Zeugin und Assistentin der Anklage.

Necla Kelek

Jede zweite Türkin in Deutschland hat seit ihrem sechzehnten Lebensjahr mindestens einmal körperliche oder sexuelle Gewalt erlitten. 38 Prozent aller türkischstämmigen Frauen berichten, physische Gewalt durch Beziehungspartner erlebt zu haben oder zu erleben. Diese erschütternden Zahlen nennt die Studie *Lebenssituation, Sicherheit und Gesundheit von Frauen in Deutschland* aus dem Jahr 2004. Im Auftrag des Bundesministeriums für Familie, Frauen, Senioren und Jugend hatten ein Projektteam der Universität Bielefeld und das infas-Institut mehr als 10 000 Frauen aus allen Gesellschaftsschichten, Bevölkerungsgruppen und Bundesländern befragt. »Sichtbar«, schreiben die Studienleiter, »wurde [...], daß die türkischen Migrantinnen nicht nur häufiger von körperlicher Gewalt betroffen waren, sondern auch schwerere Formen und Ausprägungen von körperlicher Gewalt erlitten haben. So waren bezogen auf die erlebten Gewalthandlungen die Anteile der Betroffenen, die verprügelt, gewürgt, mit einer Waffe bedroht oder denen eine Ermordung angedroht wurde, bei den türkischen Migrantinnen jeweils fast doppelt so hoch wie bei den von körperlicher Gewalt betroffenen Frauen der Hauptuntersuchung.«[200]

Die Befunde sind nicht zu leugnen: Türkischstämmige Männer neigen leichter als deutsche zu Brutalität gegen Frauen. Warum das so ist, versuchten die Bielefelder Wissenschaftler in einer »Sekundärauswertung« des Befragungsmaterials herauszufinden, die 2008 veröffentlicht wurde. Wie sie selber betonen, genügen die Daten nicht immer, um verbindliche Aussagen zu treffen – zumal die Annahme, der Islam sei dafür verantwortlich, daß Männer türkischer Herkunft häufiger prügeln und quälen als andere, sich nicht bestätigen läßt. Die Autoren vermuten, »eine starke religiöse Einbindung« gehe »mit traditionelleren Geschlechterrollenvorstellungen« einher und könne »Gewalt gegenüber Frauen in Paarbeziehungen begünstigen«. Dies sei aber »anhand der Daten und der fehlenden Informationen zum Grad [...] der religiösen Einbindung der Befragten und ihrer Partner nicht hinreichend nachvollziehbar«.

Die Forscher entnehmen dem Material ein Bündel möglicher Erklärungen. Familien türkischer Migranten sind besonders häufig von Arbeitslosigkeit und finanziellen Problemen betroffen. Mehr Frauen türkischer als deutscher Herkunft hängen ökonomisch von ihren Partnern ab, weil es ihnen an »beruflichen und Bildungsressourcen« fehlt. Das erschwert die Flucht vor dem prügelnden Mann ebenso wie die oft mangelhafte Kenntnis der deutschen Sprache. Hinzu kommt, daß deutsch-türkische Frauen in ihren Elternhäusern häufiger als andere Befragte Zeuginnen von Gewalt wurden. »Insofern«, folgern die Wissenschaftler, »kann die erhöhte Gewaltbetroffenheit türkischer Migrantinnen einerseits als Folge sozialer Probleme, andererseits als Folge von traditionelleren Geschlechter- und Abhängigkeitsverhältnissen in Paarbeziehungen, vor allem aber als Konsequenz der intergenerationellen Vermittlung von Gewalt in Paarbeziehungen betrachtet werden. Sie dürfte auch nur mit Bezugnahme auf diese drei eng miteinander verzahnten Problemkontexte zu verändern sein.«[201] Mit dem Abschwören vom Islam allein ist es also nicht getan.

Das ergibt sich schon aus den Zahlen der Hauptstudie. Es ist kein exklusiver Charakterzug von türkischstämmigen Männern, gegen Frauen Gewalt auszuüben. Von allen Frauen, die in Deutschland leben, berichten

- 58 Prozent, Opfer sexueller Belästigung geworden zu sein (Frauen türkischer Herkunft: 52 Prozent),
- 42 Prozent erlebten psychische Gewalt (44 Prozent),
- 32 Prozent erlitten körperliche Gewalt (40 Prozent),
- 12 Prozent wurden Opfer sexueller Gewalt (9 Prozent), und
- 25 Prozent der Frauen, die in Langzeitbeziehungen leben oder gelebt haben, geben an, von ihrem Partner geprügelt oder sexuell mißhandelt worden zu sein (38 Prozent).[202]

Die augenfälligste Differenz besteht zwischen Paaren mit türkischem Hintergrund und denen deutscher Herkunft. Weit mehr türkisch- als deutschstämmige Männer schlagen und mißbrauchen ihre Lebensgefährtinnen. Das läßt sich nicht kleinreden. Aber es läßt sich auch nicht ohne weiteres mit der Religion der Täter erklären. Das Problem liegt tiefer. Gerade den geschlagenen und gedemütigten Frauen muß es wie Hohn klingen, wenn sie hören, ihre Männer schlügen und demütigten sie aus Gottgefälligkeit. Die entsetzliche Rückständigkeit im Verhalten der Ehemänner und die Abhängigkeit der Frauen von den Paschas läßt sich nicht ändern, indem Moscheebauten und Kopftücher zu einem Politikum gemacht werden.

Die Gewalttätigen und die Opfer müssen lernen, ihre Geschlechterrollen und -beziehungen neu zu interpretieren. Es tue deshalb dringend not, empfehlen die Bielefelder Wissenschaftler, den allgemeinen Bildungsstand türkischer Einwanderer zu erhöhen. Ohne »bessere soziale Integration […] von Migrantinnen und Migranten auf allen gesellschaftlichen Ebenen« werden die gewalttätigen Männer und ihre ohnmächtigen Opfer sich aus dem Zirkel familiärer Gewalt nie befreien können. Diese Integration ist jedoch keine Hausaufgabe für die Migranten allein. Denn sie hat »weniger an Defiziten der Betroffenen, sondern mehr an deren Ressourcen und einer aktiven und positiven Förderung« anzusetzen.[203] Es muß mißhandelten Migrantenfrauen dabei geholfen werden, sich aus ihrer Familienhölle zu befreien. Die Prügler sollten begreifen, daß sie nur gewinnen, wenn sie Gewalt gegen Frauen verpönen.

Die Unterstellung, muslimische Einwanderer in Deutschland wollten gar nicht anders als anders sein, weil sie ja im Glauben an eine archaische Hirtenreligion verharren, hilft ihnen sicherlich nicht dabei, in der liberalen Gesellschaft anzukommen. Schon gar nicht den Frauen, die unter häuslicher Gewalt leiden. Ständig zu betonen, die kulturelle Differenz sei unüberbrückbar, wird schwerlich helfen, sie zu überwinden. Wer nicht müde wird, die muslimischen Migranten pauschal als religiös Verstockte zu beschimpfen, der drückt viele von ihnen noch tiefer in den Sumpf aus Nötigung, Hilf- und Sprachlosigkeit. Kulturchauvinismus schadet vor allem den Opfern. Angebracht ist er ohnehin nicht, denn Prügel, Mißbrauch, Vergewaltigung und Beziehungsmorde sind auch unter Nichtmuslimen in Deutschland schrecklicher Alltag. Die Soziologin Necla Kelek, gebürtige Türkin und seit mehr als 40 Jahren in Deutschland zu Hause, beliefert die Kulturchauvinisten seit 2005 mit Munition. In ihrem Buch *Die fremde Braut* – eine eigentümliche Mischung aus Autobiographie, Fallreportagen und Essay – klagt sie die muslimischen Migranten an, sich jeder Integration zu verweigern. Das Bekenntnis zum Islam verhindere nämlich nicht nur, es verbiete sogar, die Regeln und Werte des Westens zu akzeptieren. Unterdrückung und Abhängigkeit muslimischer Frauen haben Kelek zufolge nichts mit Bildung oder sozialem Status zu tun. Es habe sich »eine Trennungslinie zwischen Männern und Frauen herausgebildet. Der Mann steht in der Öffentlichkeit, die Frau ist Privatheit, das Haus und die ›Ehre des Mannes‹. Sie sei ohnehin, so die islamische Lehre, kein Vernunft-, sondern ein sexuelles Wesen, ihr fehle es an den biologischen Voraussetzungen für Vernunft. Wenn eine Religion oder ein Glaube lehrt, die Frau sei von Natur aus dem Mann nicht gleichwertig, steht das im Widerspruch zu Artikel 3 des Grundgesetzes. Wie kann die deutsche Gesellschaft das akzeptieren?«[204]

Was aber soll die deutsche Gesellschaft jetzt tun? Den Koran verbieten, Imame einsperren, praktizierende Muslime ausweisen? Kelek gibt darauf keine Antwort, sie braucht es auch nicht. Das erledigt schon die Haßgemeinde, der zwar alle Türken ein Greuel sind, die in ihrem Fall jedoch eine Ausnahme macht: »Das sind die intimen Kenner der Gefahren, welche auf uns lauern. Da gibt es kein Vertun.«[205] Im Fall Kelek springt der Antiislamist sogar über seinen braunen Schatten: »Sie ist für mich keine Türkin, sondern eine von uns.«[206] Und deshalb ebenso bedroht wie alle wackeren Kämpfer gegen die Islamisierung: »Ich verlange Personenschutz für diese Frau, damit sie den Sommer noch überlebt!«[207]

Kelek will die Deutschen das Gruseln lehren vor ihren türkischen Nachbarn, und dazu ist ihr jede Verallgemeinerung recht. Sie schildert sechs Fälle von arrangierten Ehen mit »Importbräuten« und zieht daraus den Schluß, »Zwangsheirat unter türkischen Migranten« sei »übliche Praxis«[208]. »Massenhaft«, schreibt Kelek, haben sich die Türken »in ihre Moscheen zurückgezogen« und verteidigen »ihre islamische Welt«. So haben sie »längst ihre eigene Parallelgesellschaft geschaffen, auch mit Hilfe der deutschen Errungenschaften von Sozialversicherung und Arbeitslosenunterstützung. Und trotzdem meint die deutsche Gesellschaft, bei den Ausländern in der Schuld zu stehen. Das kann ich nicht verstehen.«[209] Diese plumpe Anbiederung an den üblichen Fremdenhaß – über den sie zwar anmerkt, er sei »durchaus verbreitet«, doch als Hindernis für die Integration der Migranten »nicht das Hauptproblem«[210] – wird umgehend zum Appell an die Eingeborenen, sich zur schlechten Meinung zu bekennen: »Gerade die gutmeinenden Deutschen neigen dazu, in jedem hier Asyl suchenden Ausländer gleichsam den Wiedergänger eines vor dem Holocaust zu rettenden Juden zu sehen.« Statt des Sozialhilfeschmarotzers, Parallelgesellschafters und Polygamisten, der es gar nicht abwarten kann, sich eine weitere minderjährige Frau im vorderen Kurdistan anzuschaffen. »Und als Ausweis dafür, daß man aus der deutschen Schuld gelernt hat, als Fortschritt gegenüber der ›rassistischen‹ Vergangenheit gilt, daß heute in Deutschland endlich jeder Ausländer seine Kultur, seine Religion leben und jeder so sein kann, wie er möchte.«[211] Der Opportunismus dieser Zeilen ist kaum zu überbieten. Um auch dem letzten dumpfen Deutschen klarzumachen, er tue gut daran, sich die deutsche Schuld bloß nicht zu Herzen zu nehmen, setzt Kelek den Rassismus des Dritten Reichs in Anführungszeichen. War ja nicht alles schlecht damals. Zum Beispiel durften Ausländer garantiert nicht so sein, wie sie mochten. Wenn sie überhaupt sein durften.

In ihrem Plädoyer gegen die Toleranz demonstriert die Autorin, daß sie gut zugehört hat, wenn Xenophobe hetzten. Sie kennt deren revisionistische und selbstgerechte Parolen aus dem Effeff: »Die guten Deutschen und nicht wenige Christen verzeihen den Muslimen alles, nur um ihre eigene vermeintliche Schuld abzutragen. Die Argumentationskette ist schlicht. Ausländer sind arm (weil sie von uns ausgebeutet werden) und gut (weil sie nicht so sind wie wir). Also muß die deutsche Gesellschaft ihre Schuld abtragen – und ihnen helfen.«[212] Der Muslim aber versteht es bestens, das schlechte Gewissen auszubeuten, das die Deutschen ohne Not pflegen. Er hat sogar die Stirn, ihnen Geld für Selbstverständlichkeiten aus der Tasche zu ziehen: »Warum muß der Staat bezahlen, wenn jemand Deutsch lernen will? Ich halte es für eine Selbstverständlichkeit für jeden, der sich entschließt, auf längere Dauer in ein fremdes Land zu gehen, daß er sich bemüht, die Sprache dieses Landes zu erlernen, ob mit oder ohne staatliche Hilfe.«[213] Ähnliches liest man sonst nur bei Leuten, die Wolfgang Schäuble für einen Linken halten. Etwa bei Jürgen

Rieger, dem Landesvorsitzenden der NPD in Hamburg: »[Für] die Integration der Zugewanderten und ihrer Nachkommen [wurden] vom deutschen Steuerzahler bereits Unsummen aufgebracht.«[214]

Nach vier Jahrzehnten Gleichgültigkeit und Ignoranz ist endlich damit begonnen worden, eine Art von Integrationspolitik zu betreiben, und Necla Kelek fällt nichts Besseres ein, als dagegen zu polemisieren und denen Futter zu reichen, die Versäumnisse allein bei den Eingewanderten sehen: »Türken, die auch nach Jahren kein Deutsch sprechen, wollen das oft gar nicht, weil sie sich längst in ›Kaza‹, in ihrer türkischen Gemeinschaft, eingerichtet haben.« Einen Beleg dafür bleibt sie schuldig; aber das paßt zum Rest des Buches. Angeblich unterwegs, um zwangsverheirateten Frauen eine Stimme zu geben, hat Kelek vor allem im Sinn, sich als die Türkin zu empfehlen, die Türkenhassern in allen Punkten recht gibt und sie von jeglicher Verantwortung für ihre »rassistische« Vergangenheit und Gegenwart freispricht: »Die deutsche Gesellschaft ist doch nicht schuld, daß diese Menschen sich weigern, ›in dieser Gesellschaft anzukommen‹.«[215] Gäbe es eine Steigerung zum Wort »assimiliert«, sie müßte »Kelek« lauten.

Es genügt ihr nicht, die Desintegrierten zu denunzieren. Sie knöpft sich auch diejenigen vor, die sich gegen die Fremdenfurcht wenden: »Es gibt heute viele unter den Orientalisten und den Ausländerbeauftragten, bei den Grünen und den Vertretern der Kirchen, die aus lauter Angst davor, als ausländerfeindlich oder intolerant zu gelten, auch die wunderlichsten Argumente finden, ›ihre‹ Ausländer zu verstehen und um jeden Preis zu verteidigen. Sie propagieren ein Toleranzverständnis, das einer Selbstaufgabe gleichkommt. Die Freiheitsrechte haben bei ihnen im Zweifelsfalle gegenüber dem Verständnis für eine andere Kultur hintan zu stehen.«[216] Diese kühne Behauptung mit Zitaten zu belegen, unterläßt Kelek; wahrscheinlich weil sie keine gefunden hat. Sie kann ja nicht mal belegen, daß die »guten Deutschen« mit ihrem »Schuldkomplex«[217] die Migrationspolitik und die Debatte über die Migranten bestimmen. Kein Wort von ihr zur faktischen Abschaffung des Asylrechts. Keine Zeile über die vielen Einschränkungen, die xenophobe Politiker erzwungen haben, um eine wirkliche Modernisierung des Staatsangehörigkeitsrechts zu verhindern. Kein Ton über die Ausländerfeindlichkeit in der Mehrheit der Gesellschaft. Nichts über den CDU-Wahlkampfslogan »Kinder statt Inder« oder über »national befreite Zonen«. Die Angst vor den Fremden, der Abscheu vor den anderen interessieren sie nicht. Selbstverständlich liefert Kelek nicht ein Beispiel dafür, wie »gute Deutsche« mit ihren Gewissensbissen Muslime »um jeden Preis« dafür verteidigt haben, Frauen zu kaufen, aus Gründen der Ehre zu prügeln oder zu töten. Was sie hat, sind Parolen: »Es gibt eine panische Angst davor, Islamisten wegen ihrer Religion oder Herkunft zu diskriminieren, lieber nimmt man deren Verletzung von Grundrechten billigend in Kauf. Das aber verdankt sich auch einem spezifischen Identitätsproblem der Deutschen.«[218] Wie verblendet muß Ralph Giordano sein, daß er den Revisionismus Necla Keleks nicht wahrnimmt, die Unverfrorenheit ignoriert, mit der sie den viel zu wenigen »guten Deutschen« vorwirft, ein »Identitätsproblem« zu haben, für das es doch mindestens sechs Millionen gute Gründe gibt und seit den Pogromen der frühen 90er Jahre noch einige mehr.

Zweifellos braucht Giordano die Kelek, um seine Kampagne gegen den Islam sowie gegen die »Multikulti-Illusionisten und Beschwichtigungsapostel« vom Verdacht zu befreien, sie ziele per se auf Türken und Antirassisten. Wenn eine gebürtige Türkin seine Ansichten teilt, dann kann doch schwerlich Rassismus oder Reaktionäres im Spiel sein, dann darf der alte Mann Sätze in die Welt schleudern, die ihn selbst noch wenige Jahre zuvor schockiert hätten. Die »deutschen Umarmer«, schreibt er in einer hymnischen Rezension zu Keleks Buch *Bittersüße Heimat*, »deren verfehlte Immigrationspolitik über Jahrzehnte hin verantwortlich war für eine unkontrollierte Unterschichten-Invasion«, bekämen »nun die multikulturelle Quittung dafür ausgestellt«[219]. Es wird, scheint es, nicht mehr lange dauern, bis Giordano die »Multikulti-Illusionisten« für die verbrannten Kinder von Mölln und Solingen verantwortlich macht. Er muß bloß abwarten, bis Necla Kelek eine entsprechende Behauptung vorlegt. Jürgen Gottschlich, der das Buch für die *taz* besprochen hat, ist der Autorin nicht so leicht auf den Leim gegangen: »Ihr ›Zum Glück bin ich Deutsche‹ läßt sie penetrant heraushängen. Man kann kaum glauben, daß das nur aus naiver Überzeugung geschieht.« Gottschlich vermutet, sie habe den Erfolg des Buches auch dadurch steigern wollen, daß sie »dem deutschen Michel eben sagt, was dieser gern hört«[220]. Und der Ralph sowieso.

Wie grotesk Keleks These von den Deutschen ist, die sich einfach nicht trauen, den Muslimen zu mißtrauen, zeigte sich, als der damalige Bundesinnenminister Otto Schily *Die fremde Braut* für den *Spiegel* als »wichtigen Beitrag« lobte, um »die Integrationsdebatte noch intensiver zu führen als bisher«. Zwar meldete er Zweifel an, ob Keleks Gleichsetzung von Zwangs- und arrangierten Ehen, denen beide Partner zugestimmt haben, vom Gesetzgeber übernommen werden könne. Doch weder ihre Polemik gegen die dummen »guten Deutschen« noch ihr äußerst dürftiges Indizienmaterial störten ihn. Er schien geradezu dankbar dafür, daß sie den Blick »auf Parallelstrukturen« geöffnet habe, die auch ihm, dem Innenminister, »Anlaß zu großer Sorge geben«[221]. Schilys beifällige Kritik war für Necla Kelek Gold wert. Sie »avancierte«, schreibt die Soziologin Elisabeth Beck-Gernsheim, »zur vielgefragten Person für Interviews, Lesungen, Diskussionsforen, für Talk-Shows und Tagungen, zur authentischen Gewährsfrau rund um das Rahmenthema ›Die Unterdrückung der türkischen Frau‹. Ihr Buch erreichte in kürzester Zeit die Bestseller-Liste des *Spiegel*.«[222] Offensichtlich hatten Publikum wie Medien ihren »Schuldkomplex« und die sanfte Tour mit den Migranten gründlich satt. Allein daß Kelek 2005 der Geschwister-Scholl-Preis verliehen wurde, scheint nicht ins Bild zu passen. Aber vielleicht hatten die Juroren einfach die Nase voll davon, immer wieder Autoren auszuzeichnen, die an die deutsche Schuld erinnerten – man muß doch irgendwann die ollen Kamellen stecken lassen und in die Zukunft sehen! Kelek, bis dahin eine ziemlich unbekannte Sozialwissenschaftlerin ohne Perspektive im Forschungsbetrieb und ohne publizistischen Erfolg, hatte eine Marktlücke ausgespäht und, die Ehre sei ihr erwiesen, füllte sie mit Bravour.

Sie enthülle »eines der bestgehüteten Tabus: die extrem hohe Anzahl gekaufter Bräute mitten in Deutschland«[223], freute sich Alice Schwarzer, gleichfalls eine große Tabubrecherin und Muslimenthüllerin, über *Die fremde Braut*. Doch genau das, die »extrem hohe Anzahl« von Zwangsheiraten, kann Kelek nicht belegen. Die sechs Fallreportagen in ihrem Buch beweisen nicht einmal, daß arrangierte Ehen dasselbe sind wie erzwungene. »Zwar wird vom Verlag und in späteren Berichten über das Buch vermerkt, […] ihre Aussagen seien wissenschaftlich fundiert. Aber im Buch fehlen solide und nachprüfbare Daten«, bemängelt Beck-Gernsheim. »[Worauf] Kelek ihre harten Aussagen und Urteile stützt, bleibt völlig offen. Das

Buch basiert auf persönlichen Beobachtungen, die Autorin schildert einige Gespräche mit türkischen Frauen – und aus dem Mosaik solcher Eindrücke schließt sie auf das, was in mehr oder minder ähnlicher Form überall in ›den‹ türkischen Gemeinden und türkischen Familien in Deutschland geschieht. Das ist wissenschaftlich fragwürdig und damit fahrlässig – kommt aber bei Medien und Öffentlichkeit gut an.«[224]

Wie fragwürdig Kelek arbeitet, erhellt sich an einer der sehr seltenen Stellen in *Die fremde Braut*, die mit statistischem Material aufwarten. »Im September 2003 hat das Bundesministerium für Familie in einer Studie zur Lebenssituation von Frauen in Deutschland auch 150 türkische Frauen befragt. Jede zweite Frau gab an, daß ihr Ehepartner von den Eltern ausgesucht wurde, jede vierte kannte den Partner vor der Ehe nicht, und zwölf von den 150 Frauen fühlten sich zur Ehe gezwungen. Drei von vier Frauen waren mit der Wahl ihrer Eltern einverstanden.«[225] Befragt wurden allerdings nicht 150, sondern 143 Frauen türkischer Herkunft. Kelek rundet die Zahl vermutlich auf, weil sie sonst noch weniger repräsentativ wirken würde. Aus dem gleichen Grund unterschlägt sie die Vorbehalte der Studienverfasser: »[Hier] deuten sich Formen von psychischer Gewalt gegenüber türkischen Migrantinnen an, die einer weiteren wissenschaftlichen Klärung und gegebenenfalls einer spezifischen Unterstützung bedürfen.«[226] Die Daten sind also mit Vorsicht zu behandeln.

Die Soziologin Kelek hat seit ihrer Promotion, wie es scheint, alles vergessen, was sie einst über die Pflicht zur wissenschaftlichen Sorgfalt lernte. Zwar gibt sie an anderer Stelle zu, keine gesicherten Erkenntnisse zu besitzen, doch sie versteckt dieses Armutszeugnis, das ihr ganzes Buch entwertet, in einem Mahnruf an »die politischen Verantwortlichen«: Sie sollen »verläßliches empirisches Material über das Ausmaß dieses Problems […] erarbeiten, um es damit endlich auf die Tagesordnung zu setzen«[227]. Obwohl sie also selber zugibt, daß ihr Belege fehlen, schmeißt Kelek mit Horrorzahlen um sich: »Es geht in jedem Jahr nicht um Hunderte, sondern um Tausende junger Menschen.«[228] Bei Ralph Giordano, der sich noch weniger um die Zuverlässigkeit von Daten schert, wird daraus eine »Inflation von Zwangsehen«[229]. Kelek, so viel ist sicher, hat ein Niveau in die Debatte eingezogen, das erheblich tiefer liegt als die Fundamente der

Kölner Zentralmoschee. Das warfen ihr auch der Journalist Mark Terkessidis und die Pädagogik-Professorin Yasemin Karakaşoğlu vor. In einer Petition mit dem Titel »Gerechtigkeit für die Muslime«, die von 60 Migrationsforschern unterzeichnet wurde, schrieben sie Anfang 2006: »Daß Politik mit Hilfe der Medien zur Verbreitung solch unseriöser Literatur beiträgt, um eigene integrationspolitische Fehler [...] zu verschleiern – diese Entwicklung beobachten wir mit Besorgnis.« Und mit großer Verwunderung konstatieren sie die plötzliche Wandlung der Migrationsforscherin Kelek zur Integrationskritikerin. »Necla Kelek [...] hat vor etwa drei Jahren[230] ihre Dissertation zum Thema Islam und Alltag vorgelegt, in der sie zu ganz anderen Ergebnissen kommt als in *Die fremde Braut*. Sie stellte damals fest, daß der Islam für die jungen Leute türkischer Herkunft vor allem ein Mittel der sozialen Identifikation sei [...].« In den Vorstellungen dieser Jugendlichen »zeige sich eine Modernisierung des Islam – eine Anpassung an die hiesigen Lebensumstände und eine Subjektivierung des Hergebrachten«[231].

Terkessidis und Karakaşoğlu referieren richtig. Man erkennt die Autorin Kelek von heute in der Promotionskandidatin von 2001 nicht wieder. Damals war es ihr beispielsweise besonders wichtig, »kulturalistische Sichtweisen zu vermeiden: In modernen Gesellschaften ist die Idee der Kultur des Konsenses nicht aufrechtzuerhalten. Es scheint, daß die Kultur des Dissenses ertragen und erlernt werden muß [...].«[232] Fünf Jahre später, in *Die fremde Braut*, ist Kulturalismus, der wertende – das heißt, auch abwertende – Blick auf kulturelle Eigenarten, für sie Gebot: »Das Argument, die Migranten kämen aus einer anderen kulturellen Tradition, zu der eben arrangierte Ehen gehörten, die man zu respektieren habe, akzeptiere ich nicht. [...] Warum sollten wir eine rückständige Tradition akzeptieren, die gegen das Selbstbestimmungsrecht der Menschen gerichtet ist?«[233] Kelek habe »die eigenen [...] Erkenntnisse verbogen, um am Buchmarkt einen Erfolg zu landen«, argwöhnen Terkessidis und Karakaşoğlu. Sie setze sich »dabei selbst als authentischen und vorgeblich wissenschaftlich legitimierten Ansprechpartner [...] in Szene«[234].

Harte Beschuldigungen. Kelek wehrte sich dagegen, indem sie kein Wort über ihren radikalen Sinneswandel verlor. Statt dessen beschimpfte sie die Petenten, »gerade diese Migrationsforscher«

seien »seit 30 Jahren für das Scheitern der Integrationspolitik verantwortlich«, und sowieso hätten sie bloß »Angst um ihre Forschungsmittel«[235]. Weil diese Antwort arg nach Ablenkungsmanöver klang, sprang der Soziologe Hartmut Krauss – vormals Marxist, seit 2001 als Antiislamist unterwegs – ihr bei. Er trommelte 53 Unterzeichner, unter ihnen Ralph Giordano, für einen »Warnruf« zusammen, in dem Keleks dubioser ideologischer Schwenk nachgerade als Heldinnentat interpretiert wurde: »Seit ihrer Dissertation« habe sie sich »offensichtlich von bestimmten ideologischen Scheuklappen und dominanten Diskursauflagen befreit«[236]. Das ist ein interessantes Verständnis von den Zuständen an soziologischen Fakultäten – und zugleich eine Bankrotterklärung für die Objektivität von Keleks wissenschaftlicher Arbeit. Hätte Krauss nämlich recht, wäre Keleks Promotionsschrift ein Dokument ideologischer Verblendung und des blanken Opportunismus. Sie täte also gut daran, sich für ihre Blindheit von 2001 öffentlich zu geißeln oder zumindest die Promotionsurkunde an die Universität Hamburg zurückzuschicken.

Auch die FAZ-Redakteurin Regina Mönch störte sich nicht an Keleks eigenartiger Kehrtwende; in einer scharfen Replik auf die Petition widmet sie sich lieber der Diffamierung der Petenten. Über Yasemin Karakaşoğlu etwa weiß sie zu berichten, die sei Professorin für interkulturelle Bildung in Bremen, einer »Stadt, deren Name regelmäßig fällt, wenn über besonders besorgniserregende Fehlentwicklungen der Migration zu berichten ist«[237]. Warum der Lehrauftrag Karakaşoğlus die Migrationsprobleme in Bremen verursacht, verrät Mönch nicht, obschon sie es nahelegt. Sie hofft vermutlich, daß hinter der Zeitung mit ihrem Pamphlet ausnahmsweise kein kluger Kopf steckt, der sich über solch plumpe Gemeinheiten wundern könnte.

Für einen hübschen Schlußpunkt in der Kontroverse um Keleks Bekehrung zur Islamfeindschaft sorgte der Soziologe Werner Schiffauer. Auf ihn hatte Kelek sich berufen, um dem Einwand der Petenten zu entgegnen, sie pumpe »eigene Erlebnisse und Einzelfälle zu einem gesellschaftlichen Problem«[238] auf. Nichts anderes habe Schiffauer in seiner Studie *Die Bauern von Subay* getan, und die sei ein »Standardwerk Migrationsforschung«[239]. Da wußte Necla Kelek noch nicht, daß Schiffauer ernsthaft überlegt hatte, die Petition zu unterschreiben, es dann jedoch unterließ, weil man nicht Kelek attackieren sollte, »sondern die deutsche Öffentlichkeit, die nur auf so jemanden wie Kelek gewartet hat, der all das bestätigt, was sie schon immer über Muslime gedacht haben«[240].

Und genau deshalb konnte ihr die Petition von Terkessidis und Karakaşoğlu nicht schaden – sie war als Kronzeugin gegen die Muslime in Deutschland einfach zu wertvoll. Im Wintersemester 2006/2007 wurde ihr die »Mercator-Professur« der Universität Duisburg-Essen angetragen, um zwei öffentliche Vorlesungen über den Islam und seine Bedrohlichkeit zu halten. »Zentrales Kriterium für die Vergabe der Mercator-Professur« sei »Weltoffenheit und Weitblick für die wichtigen Zeitfragen«[241], heißt es auf der Homepage der Universität. Einen gewissen Blick für Zeitfragen kann man Necla Kelek in der Tat nicht absprechen. Nicht nur die Öffentlichkeit, auch die Politik hatte eine Migrationsforscherin von ihrem Schlage herbeigesehnt.

Die Karriere, die sie mit *Die fremde Braut* und starker Nachhilfe von Otto Schily startete, ist fulminant und noch lange nicht zu Ende. 2006 erhielt sie für *Die verlorenen Söhne* den Corine-Sachbuchpreis, der unter Schirmherrschaft des Bayerischen Ministerpräsidenten vergeben wird. 2008 nahm sie den Frauenpreis des Netzwerks Europäische Bewegung in Deutschland entgegen, einer vom Auswärtigen Amt geförderten Organisation. 2009 überreichte ihr die Landeszahnärztekammer Rheinland-Pfalz den Hildegard-von-Bingen-Preis für Publizistik sowie 10 000 Euro – im Jahr zuvor hatte Henryk M. Broder sich darüber freuen dürfen. Der Deutsche Evangelische Kirchentag lud sie 2005 zur Mitarbeit in der Projektgruppe ein. Die Hamburger Justizbehörde berief Necla Kelek als Beraterin für die Behandlung türkisch-muslimischer Gefangener. Im Auftrag der baden-württembergischen Landesregierung wirkte sie an dem höchst umstrittenen »Muslim-Test« und einer Gesetzesinitiative mit, Zwangsheiraten unter Strafe zu stellen. Sie ist ständiges Mitglied der vom Bundesinnenministerium 2006 gegründeten Deutschen Islam Konferenz. Mögen auch ihr Eintreten für eine repressive Migrationspolitik, ihr mantraartig wiederholter Satz »Die Integration der Mehrheit der in Deutschland lebenden Türken ist gescheitert«[242], ihre Alarmrufe vor jeder Spielart muslimischen Glaubens keiner einzigen geprügelten, vergewaltigten, zwangsverheirateten oder ermordeten Muslima genützt haben – ihr, der Migrantin Kelek, haben das ebenso späte wie überraschende Bekenntnis zur Islamfeindschaft und die Schmähung der »guten Deutschen« enorm auf die Sprünge geholfen. Doch mit welchen Folgen für andere Migranten? Heribert Prantl, der bei der Scholl-Preisverleihung eine ziemlich zwiespältige Laudatio auf Kelek hielt, erinnerte die Preisträgerin und ihre Fans daran, daß Populismus eine der wichtigsten Ursachen für mißratene Integration ist: »Die Krux der deutschen Ausländerpolitik besteht darin, daß sie bis zum heutigen Tage nicht für die ausländischen Einwanderer gemacht wird, sondern für die Deutschen, für die deutschen Wählerinnen und Wähler.«[243] Necla Kelek ließ sich von dieser Mahnung nicht beirren. Konvertiten sind selten belehrbar, zumal wenn die Geschäfte gut laufen.

Dabei ist nicht das, was sie sagt, neu, sondern der erregte und reaktionäre Ton, den sie anschlägt. Sie hat, worauf Daniel Bax in der *taz* aufmerksam machte, ein »Tabu« gebrochen, das nie eines war: »Der Topos von der unterdrückten türkischen Frau zieht sich seit fast 30 Jahren wie ein roter Faden durch deutsche und türkische Filme, von Yilmaz Güneys *Yol* über *40 Quadratmeter Deutschland* bis zu *Gegen die Wand* von Fatih Akin. Ebenso lange schon stapeln sich tragische Erfahrungsberichte türkischer Frauen in deutschen Bücherläden, und der *Spiegel* hat mit solchen Geschichten immer wieder gern Schlagzeilen gemacht.« Bax fühlt sich im Fall Kelek an die hysterische Debatte um »Kinderschändung« in den 90er Jahren erinnert. »Damals behaupteten Selbsthilfegruppen wie ›Wildwasser‹, jede vierte Frau sei als Kind mißbraucht worden – eine Zahl, die dem eigenen Anliegen besondere Dringlichkeit verlieh und Fördergelder versprach, aber später offiziell zurückgenommen werden mußte. Heute behauptet Necla Kelek, jede zweite türkische Frau in Deutschland sei unter Zwang verheiratet worden.«[244]

Aber wann wird sie ihre beweisfreie Spekulation zurücknehmen müssen? Wie lange wird ihre Polemik noch mit Wissenschaft verwechselt werden können? In einem Punkt läßt sich Kelek uneingeschränkt zustimmen: Es wird höchste Zeit für »verläßliches empirisches Material«, für eine neue, wirklich repräsentative Studie über die Gründe für Gewalt gegen muslimische Frauen, über Zwangs- und arrangierte Ehen. Solange die nicht existiert, kann Kelek mit ihrer pauschalen Verdammung der desintegrierten, islamhörigen Türken fortfahren und kühn die Zahlen stapeln, doch eine Lösung, die mißhandelten und »importierten« Bräuten wirklich helfen würde, aus ihrem Elend zu entkommen, bleibt in weiter Ferne. Bevor hier keine Klarheit herrscht, ist Necla Kelek, die es sogar ablehnt, Einwanderern den Sprachunterricht staatlich zu finanzieren, die erste Adresse, an die »islamkritische« Journalisten und Politiker sich wenden, wenn sie die Meinung einer deutschen Türkin hören wollen über die »Unterschichten-Invasion« aus Anatolien, den Bau von »Giga-Moscheen« und das angeblich auf ganzer Linie gescheiterte, Steuergelder vergeudende »Multikulti-Illusionisten«-Experiment. Auf Platz zwei in dieser Adreßliste folgt eine Frau, deren Motive und Integrität über jeden Zweifel erhaben sind. Bis auf einen.

Seyran Ateş

Die Ankläger der Muslime geraten in ein Dilemma, wenn sie sich auf diese Zeugin berufen. Geboren in der Türkei, seit ihrem sechsten Lebensjahr in Deutschland zu Hause, hat sie den heftigen Widerstand ihrer Eltern überwinden müssen, um aus der Rolle auszubrechen, die ihr zugedacht war – stilles Weibchen, brave Dienerin. Auch deshalb findet sie sehr deutliche Worte gegen die Unterdrückung von Mädchen und Frauen in Einwandererfamilien. »Multikulti« verdammt sie als fatalen Irrtum. Das Kopftuch verpönt sie als »ultimatives Zeichen zur Geschlechtertrennung«[245], und sie sorgt sich vor dem »schleichenden Einzug der Scharia in das deutsche Rechtssystem«[246]. Vehement fordert sie eigene Strafrechtsparagraphen gegen »Ehrenmord« und Zwangsheirat.

Aber sie weigert sich, das patriarchalische Gefüge in vielen muslimischen Familien einzig mit dem Islam zu erklären. Gegen Moscheebauten hat sie, sofern sie sich auf den Sakralraum beschränken, nichts einzuwenden. Sie räumt ein, daß bislang zur Islamisierung der deutschen Gerichte »keinerlei Untersuchungen« vorliegen und sie selbst noch Fälle sammle, »um zu zeigen, daß der muslimische Hintergrund eines Angeklagten oder sonstiger Verfahrensbeteiligter die juristische Entscheidungsfindung wesentlich beeinflußt«[247]. Sie plädiert für den EU-Beitritt der Türkei, obwohl sie den wachsenden Einfluß der Fundamentalisten dort mit Sorge beobachtet. Nicht die Assimilation der Migranten, sondern die Verschmelzung der Kulturen, die »Transkulturalität« erscheint ihr als Königsweg zur Integration: Niemand solle seine Herkunft aus einer »fremden« Kultur verleugnen, eine Anpassung an die Regeln der neuen Heimat sei jedoch unumgänglich, wenn es zu interkulturellen Konflikten kommt.

Die eingeschworenen Islamhasser haben die Berliner Anwältin und Autorin Seyran Ateş nie für sich vereinnahmen können, weil sie den rassistischen Generalverdacht gegen »die« Muslime partout nicht teilen will. Daß sie »eine von uns« sei, muß sie sich nicht nachsagen lassen, denn die Differenziertheit ihrer Kritik überfordert den gewöhnlichen »Musel«-Hasser mehr als die eigene Sprache, mit der er doch schon genug Schwierigkeiten hat: »Wenn sie jetzt noch öffentlich gegen die weitere Zuwanderung ihrer eigenen Landsleute sich aussprechen täte, dann wäre sie ganz und gar nicht mehr sicher«, tut »Veritas« im Gästebuch von *Politically Incorrect* radebrechen[248], und »Carl Artmann« schickt, nachdem er einen Satz von Frau Ateş flüchtig gemustert hat, seinen Ausländerhaß auf den Bindestrich: »Mir gehen diese identitätsverwirrten Ein-bißchen-deutsch-wenn-nötig- (für Alimentierungszwecke), aber eigentlich ›Kulturell‹-doch-voll-Türken (was für eine Kultur? Christenabschlachten und beschissene Hüpftänze?) auf den Senkel.«[249] PI-Gründer Herre denkt genauso, formuliert seinen Chauvinismus aber ein wenig vornehmer: Nach Ateş' Konzept der Transkulturalität »dürften wir uns zum Islam nicht mehr klar abgrenzen, am Ende steht der Verlust unserer deutschen Identität, und unsere Vorfahren hätten umsonst gegen den Islam gekämpft. Die Religionen werden zu einem Einheitsbrei gepanscht, die Kulturen auch.«[250] Es wäre sinnlos, Herre und seinesgleichen erklären zu wollen, wie ihre geliebte »deutsche Identität« aus zahllosen »fremden« Kulturfragmenten zusammengestoppelt worden ist, von denen nicht wenige aus dem Orient stammen. Die Lernfähigkeit dieser Leute ist noch beschränkter als ihre Ideologie.

Ganz verzichten können die Inkorrekten auf die Kronzeugin Seyran Ateş nicht. Ihre Biographie verleiht dem, was sie sagt, eine Überzeugungskraft, die Broder, Giordano und Kelek selbst durch ungeheures Getöse nicht erlangen. Sie müsse »nicht laut reden«, schrieb Constanze von Bullion im *Tagesspiegel*, »um ein dröhnendes Echo zurückzukriegen«[251]. Ateş mag nicht immer recht haben, doch sie hat sich das Recht, bei ihrer Polemik auch mal die Falschen zu treffen, sehr schmerzhaft erworben. In den 8oer Jahren arbeitete sie neben ihrem Jurastudium in einer Beratungsstelle für Migrantinnen. Dieser »Treff- und Informationsort für türkische Frauen« (TIO) war den Patriarchen der Muslim-Community ein Dorn im Auge. Sie munkelten, dort würden Ehefrauen gegen ihre Männer, Mädchen gegen ihre Familien aufgewiegelt. Am 25. September 1984 drang ein Mann in den TIO ein, fragte nach einer »Leyla«, die dort niemand kannte, und schoß unvermittelt auf Seyran Ateş und eine Klientin. Die Frau, die sich ein Behördenschreiben übersetzen lassen wollte, starb. Ateş überlebte den Anschlag nur knapp und mußte sechs Jahre lang therapiert werden. An den Folgen der Schußverletzung leidet sie bis heute. Der mutmaßliche Täter konnte zwar ermittelt und von Ateş sowie sechs weiteren Zeuginnen identifiziert werden. Wegen Schlampereien und Ermittlungsfehlern sprach das Gericht – in dubio pro reo – ihn jedoch frei.

Seit 1997 praktiziert Ateş als Anwältin in Berlin. Sie hat sich auf Familienrecht spezialisiert und vertritt vor allem Mandantinnen aus dem muslimischen Milieu. »Etwa jeder zweite Scheidungswunsch«, berichtet Alexandra Rigos, »den Ateş und ihre Partnerinnen vor Gericht vertreten, hat eine Vorgeschichte von Zwang, psychischem Druck und nicht selten physischer Gewalt: ›Wir haben oft parallel zum Scheidungsverfahren einen Strafprozeß wegen Körperverletzung und sexueller Nötigung laufen.‹«[252] Seyran Ateş weiß, von welchem Grauen sie spricht, wenn sie erzwungene Ehen und die Gewalttätigkeit deutsch-türkischer Männer anprangert. Und sie hat – ganz anders als die obsessiven Angsthaber und Angstmacher – Grund zur Furcht. Am 7. Juni 2006 wurden sie, eine Klientin und deren Freundin nach einem Gerichtstermin vom Ehemann der Mandantin tätlich angegriffen. Obwohl die Frauen um Hilfe riefen, schritt niemand ein. Nach der Attacke gab Ateş ihre Zulassung als Anwältin zurück. Sie begründete diese Entscheidung auch mit einer Kampagne, die von der türkischen Tageszeitung *Hürriyet* und großen Migrantenverbänden gegen sie entfesselt worden sei: »Für mich ist es beleidigend, wenn sich jetzt, nachdem ich meine Kanzlei geschlossen habe, die Türkische Gemeinde oder der Türkische Bund in Berlin-Brandenburg zu meinem Fall äußern. Denn das sind diejenigen, die die Hetze gegen mich mitgeschürt haben, weil sie immer wieder behauptet haben, ich würde dramatisieren und übertreiben.«[253] Nach einem Jahr Pause ist Ateş seit September 2007 wieder als Anwältin tätig. Allerdings übernimmt sie keine Fälle mit »vorhersehbarer Bedrohungssituation« mehr, ihre »Mandantinnen werde sie im verborgenen betreuen, eine offizielle Anschrift werde es nicht geben«[254].

Neben ihrer Intelligenz schützt auch die Erfahrung, selbst ein Feindbild zu sein, sie davor, am Feindbild der Islamhasser mitzubauen. Sie hat am eigenen Leib erfahren, was Ressentiments, Menschenverachtung und Verfolgungswahn anrichten. »Ja, wir erleben eine Islamisierungswelle der Muslime in Deutschland«, sagte sie etwa *stern.de*. Doch bevor die Muslimfresser sich freuen konnten, fügte sie hinzu: »[Aber] nein, die vermeintlichen Lösungsansätze von Pro Köln sind denkbar falsch und gefährlich. Als säkulare Muslimin will ich den Islam in Deutschland nicht abschaffen, sondern integrieren.«[255] Ausdrücklich unterscheidet sie zwischen Muslimen, die ihren Glauben mit sich und ihrem Gott ausmachen, und denen, die aus dem Koran die Rechtfertigung für Gewalt gegen Frauen und den Kampf gegen die westliche Ordnung ableiten. Ihr ist es suspekt, jeden türkischen Migranten in Deutschland kurzerhand zum Muslim zu erklären, wo es doch gar keine verläßlichen Studien über deren Religiosität gibt. Leidenschaftlich forderte sie in der *Zeit*, die große Koalition möge endlich eines ihrer Regierungsversprechen einlösen und ein Gesetz gegen Zwangsehen erlassen. Vom Islam ist in diesem Aufsatz kein einziges Mal die Rede. Sie schreibt, Zwangsheirat sei »eine Menschenrechtsverletzung, die Mädchen und Frauen im Namen von Tradition und Kultur angetan wird«. Ob ihr Verdacht zutrifft, das Gesetz bleibe in der Schublade, weil »beratungsresistente Multikulti-Ideologen« sich davor fürchteten, der Wahrheit ins Gesicht zu sehen, kann man anzweifeln. Für Islamhasser ist ihre Polemik jedenfalls nur bedingt brauchbar. Denen gilt nämlich jedes Zugeständnis der »Multikulti-Fraktion« an die Migranten als Beleg fürs Einknicken des Westens vorm Islam. Ateş jedoch unterstellt den »Gutmenschen« nicht Feigheit, sondern Ignoranz: Sie wollten »ihre eigene heile Welt nicht in Unordnung bringen«[256].

Indem sie darauf beharrt, den Islam und die dunklen Seiten der Einwandererkultur nicht in einen Topf zu rühren, die Ideologie der Islamisten nicht als zwangsläufige Folge der Koranlektüre, sondern als politischen Extremismus mit religiöser Verbrämung zu betrach-

ten, sabotiert sie das wichtigste, alle anderen Ressentiments miteinander verbindende Element im paranoid-hermetischen Mikrokos-
mos der Muslimfeinde. Und das nehmen sie ihr krumm: »Frau Ateş
ist SPD-Mitglied [seit 2007 nicht mehr; K. S.] und hat noch nie
Islamkritik geübt. [...] Als Rechtanwältin arbeitet sie vornehmlich
für Mädchen und Frauen aus Migrantenfamilien, wobei sie immer
nur die Symptome behandelt, aber nie die Wurzel des Übels, den
Islam«[257], mokiert sich PI-Leserin »Jutta«, der das Leid von Migrantenfrauen offenbar noch egaler ist als den »Multikultis«, auf die Ateş
schimpft. Die »MuselmanInnen«, pöbelt gleich daneben »Freewhee-
lin«, »[sollen] sich verpissen – und Frau Ateş kann dann ja ihren
Kampf in der Türkei oder Saudi-Arabien fortführen«[258]. Die humani-
stische Halbbildung, leider nicht den Humanisten, läßt »Boanerges«
heraushängen: »[Sie] ist genauso hilfreich für Deutschland wie jenes
hölzerne Pferd einst für des Priamos Burg Ilion.«[259] Sie werde »nicht
die letzte Ikone sein, die bröckelt«, quäkt ein »Eisvogel«[260]. Und
so weiter, immer so weiter, nur weil Ateş es gewagt hatte, auf eine
Anfrage von *Politically Incorrect*-Gründer Stefan Herre zu erwidern,
sie halte Moscheebauten für »notwendig und gut«[261].

Die Rassisten, die sich als »Islamkritiker« verkleiden, lassen die
Maske besonders schnell fallen, wenn jemand, den sie zur Ikone
erhoben haben, nicht so tanzen will, wie sie pfeifen. Ateş' gerechte
Empörung über die Brutalität der Patriarchen und das Elend der
Frauen teilen sie nur, um ihrem Haß den Anschein von Rationalität
zu verleihen. Die Pein der »Muselmaninnen« schert die Muslimfeinde den Dreck, für den sie jene halten. Die zwanghafte Denk-
weise und Realitätsverleugnung der Angsthaber bringt PI-Besucher
»Vossy« auf den Punkt, zu dem ihm und seinesgleichen das Universum zusammengeschrumpft ist: »Es ging Frau Ateş bislang auch nie
um die Menschen (selbst wenn sie sich für Frauen und Mädchen
als Anwältin einsetzt), sondern in erster Linie um den Islam.«[262] In
diesem »selbst wenn«, dieser ungeheuerlichen Verachtung für ihren
Mut und ihr Engagement, steckt der Grund, warum Seyran Ateş
gelegentlich überdenken sollte, ob nicht doch die echten Rassisten
ein größeres Integrationsproblem sind als die »Multikultis« und
»Gutmenschen«.

In ihrem Buch *Der Multikulti-Irrtum* warnt sie davor, »Minderheiten kulturrelativistisch mit Samthandschuhen anzufassen, aus

der allgegenwärtigen Angst heraus, ihnen zu nahe zu treten. Das ist ebenso rassistisch wie das entgegengesetzte Verhalten, nämlich Minderheiten als barbarisch wahrzunehmen und so zu tun, als existierten all die Häßlichkeiten zwischenmenschlichen Handelns nur bei ihnen.«[263] Doch seit wann faßt der Rassist eine Minderheit mit Samthandschuhen an? Und wo bzw. wann übertriebene Rücksichtnahme die deutsche Ausländerpolitik der letzten 60 Jahre bestimmt hat, sollte Ateş gleichfalls mal erläutern. Allgegenwärtig ist in Deutschland nicht die Angst, den Migranten zu nahe zu treten, sondern die Furcht, sie könnten den Deutschen zu nahe kommen. Neben dem offenen Ausländerhaß herrscht vor allem eine gewaltige Gleichgültigkeit gegen die Not und für den Alltag der Eingewanderten. Sie werden sicherlich nicht als »Kümmeltürken«, »Kanaken« und neuerdings »Musel« geschmäht, weil die Eingeborenen von den kuriosen Gebräuchen und dem drolligen Akzent der türkischen Migranten so verzückt sind. Die Neigung, bei einem Verbrechen unter Zugewanderten zu sagen: »Diese Kameltreiber sind halt so«, bzw. »Brutale Straftaten [gehören] […] zur kulturell-religiösen Grundausstattung jedes Musel-Machos«[264] –, diese Neigung ist weithin verbreiteter als die Gesinnung, die hinter der Mahnung steht: »Wir müssen berücksichtigen, in welcher kulturellen Tradition der Täter erzogen wurde.« An solche Rücksicht muß man Deutsche bedauerlicherweise immer wieder erinnern, denn sie wollen einfach nicht wahrhaben, daß Migranten keine »Gäste« sind, die sich dem »Gastrecht« zu fügen haben – wie zum Beispiel Gerhard Schröder im Wahlkampf 1997 tönte –, sondern Menschen, die versuchen, mit Deutschen klarzukommen; und das ist kein Vergnügen.

Ebenso wie Necla Kelek übertreibt Ateş den Einfluß der »Multikultis« gewaltig. Aber warum? Hat sie das Glück gehabt, nie einem echten Rassisten zu begegnen? Wohl kaum. Oder spielt sie die reale Diskriminierung, den unverblümten Ausländerhaß herunter, um eine offene Rechnung zu begleichen? Lange Zeit fühlte Ateş sich im linken Milieu zu Hause. Sie hat aber, nach eigener Auskunft, gerade von den Leuten, denen sie sich politisch verbunden fühlte, die meiste Kritik einstecken, sich gar als Rassistin beschimpfen lassen müssen für ihren Einsatz gegen prügelnde türkische Männer, gegen Zwangsehen und »Ehrenmorde«. Das hat, wie es scheint, Spuren hinterlassen, die tiefer gehen als das offen fremdenfeindliche Gerede rechter Politiker, und eine Enttäuschung, die irgendwann in glasharte Verbitterung umgeschlagen ist. Eine Bitternis, die Seyran Ateş gar nicht mehr fühlen läßt, wie ihre todernsten, nicht einen Deut sarkastischen Schimpfreden gegen die linken »Gutmenschen« den Schluß nahelegen, es sei wohl besser, im Umgang mit Migranten ein rechter Schlechtmensch zu sein. Die Muslimhasser, die sich, trotz aller Einwände, auch bei Ateş bedienen, wenn sie für ihr Gehetz eine unverdächtige Gewährsfrau brauchen, ziehen diesen Schluß mit Begeisterung. Und leider unternimmt sie zuwenig, um sich die bekennenden Rassisten, die stets auch die Linken hassen, vom Leib zu halten. Und so schenkt sie ihnen Vorlagen, die sie ohne Dank, aber mit Vergnügen einbehalten.

Ateş sagt: »›Linke Multikultifanatiker sind mitverantwortlich, daß sich hier Parallelgesellschaften gebildet haben.‹ Von derlei Menschen fühlten sich die Zuwanderer nicht unterstützt, sondern im Stich gelassen. ›Der Multikultifanatiker wird ausgelacht, er macht sich zum Affen.‹«[265] Sie sagt auch: »Minderheitschutz darf nicht mit Artenschutz gleichgestellt werden. Aber die Multikultis fördern die Entwicklung von Parallelwelten, und das ist eine Gefahr für unsere Gesellschaft. Wenn ich Minderheiten dabei zusehe, wie sie sich alleine entwickeln, dann betreibe ich einen Kulturchauvinismus.«[266] Sie sagt leider nichts über die Folgen der Ausgrenzung, die Migranten durch die Schlechtmenschen erleben. Sie schweigt über die Ablehnung des Anderen, die in Deutschland nachweislich viel verbreiteter ist als der Wunsch, den Fremden zu umarmen. Ateş hat, es ist nicht zu überhören, eine Rechnung offen mit denen, die sie mal für ihre politischen Verbündeten hielt und die sie im Stich gelassen haben, und das trübt ihre Analyse beträchtlich. »Mit solchen Sätzen kann man sich Freunde machen in Deutschland«, schreibt Constanze von Bullion. »Aber es sind nicht unbedingt die Freunde, die Seyran Ateş braucht.«[267]

Unbedingt nicht. Für ihre wütenden Äußerungen über »die« Linken verzeihen ihr die Fremdenhasser von *Politically Incorrect* einiges: »Ach ja«, seufzt »Eraser«, »auch wenn ich selbst nicht viel von Seyran Ateş halte, so wird sie als eine von sehr wenigen Personen in Deutschland der Bezeichnung ›Deutsche mit Migrationshintergrund‹ wirklich gerecht. So jemand hat die Staatsbürgerschaft wirklich verdient.«[268] Und sie legen auf die Polemik von so jemandem gern noch eins drauf: »Ich halte Gut-/Besser-/Best-/Gottmenschen per se für abgehobene Dummbeutel, die in einer Parallelwelt leben«, teilt »Toranaga« mit. »Sie schaden dem Gemeinwesen.«[269] Sowie dem gemeinen Wesen, das in den PI-Paranoiden wohnt und das sie zur Staatsräson erheben wollen. Ein »Addi Gallant« hat jedenfalls sein Teil aus Ateş' Bezichtigungen gelernt: »Diese ganzen linken Spinner gehören verboten.«[270]

Zuletzt geht es Ateş wie allen Kronzeugen der Islamhasser: Sie werden vorgeschoben, ausgestellt und bejubelt, ob es ihnen nun schmeckt oder nicht. Verwahren sie sich gegen die falschen Freunde, geben die entweder zu, die Idioten bloß benutzt, doch niemals gemocht zu haben, oder sie erweitern, mit der Schlauheit von Gangsterbossen, ihren Verfolgungswahn wohlwollend auf den Idioten. Denn er bzw. sie könnte ja demnächst wieder nützlich werden. Broder, Giordano, Kelek und Ateş sind, mehr oder minder freiwillig, vor einen Karren gespannt worden, der sie gnadenlos überrollen wird, sollten sie einmal innehalten mit ihren Bannflüchen auf den Islam, »der das Problem ist«, oder auf die Linke, die »Parallelgesellschaften bildet«. Angeschoben haben sie diesen Karren nicht, aber, seit er läuft, sein Tempo deutlich beschleunigt. Von den Einpeitschern und Schindern, von den Schmierern und Wegschreiern, die hoch auf dem braunen Wagen sitzen, handelt das nächste Kapitel.

Die Inkorrekten

Rassismus ohne Rasse

Die Angst vor dem Anderen hat keinen konkreten Anlaß, deshalb sucht sie unentwegt nach Rechtfertigung, Bestätigung und Erregung. Sie findet kein Ende, weil sie keines finden will, weil ihr niemals genügt, was die Wirklichkeit an Greueln zu bieten hat, weil sie danach giert, auf den einen Schrecken gleich den nächsten zu setzen. Sie lebt aus sich selbst nur für sich selbst, unersättlich, allumfassend. Die Realität kann der Maßlosigkeit dieser Angst nicht standhalten, also erschafft der Angsthaber sich eine eigene Wirklichkeit, in die nichts Eingang finden darf als das, was seine Angst befeuert. Er braucht die Horrormeldung so sehr wie der Masochist die Demütigung und Qual, und darum kann kein Gerücht über den Fremden so unwahrscheinlich, keine Übertreibung so böswillig, keine Lüge so durchsichtig sein, daß sie vom Angstgestörten nicht ernst genommen würde. Was ihm an Selbstkritik fehlt, kompensiert er durch rasendes Mißtrauen gegen alle Fakten und Mitteilungen, die seinen Klischees widersprechen. Kein Unfug, der ihm zu grob wäre; doch wenn jemand kommt und an seine Vernunft appelliert, wird er spitzfindig und klaubt in den Buchstaben, bis kein Wort mehr bedeutet, was es einmal meinte.

Weil der Angsthaber die Angst selbst nicht überwinden will, kann er sich kein anderes Mittel gegen sie vorstellen, als das Objekt auszumerzen, das ihm Grauen bereitet. Seine Alpträume drehen sich unentwegt um Drohung und Verfolgung, Pein und Vernichtung, und darum will er alles bedrohen und verfolgen, peinigen und vernichten, was ihm die Furcht einflößt, ohne die er nicht leben kann. Im Fremden sieht der Angstgestörte sein eigenes Spiegelbild, und für diesen Anblick soll ihm der Fremde büßen bis ins letzte Glied. Damit aber ein Strafgericht abgehalten werden kann, braucht der Angsthaber Verbündete, die dabei helfen, zu richten und zu strafen. Das zwingt ihn, seine Schwäche einzugestehen, und auch dafür haßt er den Fremden. Gezwungen, Angst und Wahn zu bekennen, nennt er alle, die ihm nicht beipflichten, Feiglinge und Verrückte, beschimpft sie als Kollaborateure, die vorm Zwang der fremden Macht kapituliert haben. Der Angstgestörte mißtraut allem und jedem, weil er nicht mal sich selbst traut, und daher bliebe er am liebsten allein mit seinem Grauen, Abscheu und Selbstmitleid. Er darf aber nicht allein bleiben, wenn er allein bleiben und nie mehr von anderen behelligt werden will. Dieses Paradoxon vermag der Angsthaber nicht aufzulösen, und darum sehnt er sich nach einem, der ihm die Last des Denkens abnimmt, nach dem starken Mann, der er selbst gern wäre, einem Angstgestörten, der sich vor gar nichts fürchtet, einem Alleinherrscher, der aus lauter Einzelgängern eine Front schmiedet, in welcher es nicht auf das Vertrauen zum Nebenmann, sondern nur auf das gemeinsame Grauen ankommt und den einigen Wunsch, nun endlich den Fremden das Fürchten zu lehren.

Diskussionen mit dem Angsthaber führen zu nichts, weil er alle für verrückt hält, die anders denken als er. Er läßt nicht mit sich reden, sondern lauert auf Gelegenheiten, es denen heimzuzahlen, die versuchen, ihn von seiner Störung zu befreien. Dem Angsthaber graut vor der Welt, und deshalb ist die Welt ihm feind. Sein Feindbild steht schon fix und fertig da, bevor er weiß, auf wen er seine fixen Ideen projizieren, wen er fertigmachen soll. Es sind der Andere und die Veränderung, die der Angsthaber austilgen will, und zu diesem Zweck ließe er alles zugrunde gehen. Denn am Ende reizt ihn vor allem der Schrecken.

In seinen bahnbrechenden *Studien zum autoritären Charakter* hat Theodor W. Adorno vor gut 60 Jahren beschrieben, was Menschen dazu treibt, die Furcht in eine Ideologie zu verwandeln: »In unserer gegenwärtigen Gesellschaft, im Zeitalter des totalen Krieges und der allumfassenden gesellschaftlichen Organisation wird sich selbst der Naivste des Drucks der politisch-ökonomischen Sphäre bewußt. [...] Das Individuum sieht sich vor Probleme gestellt, die es nicht begreift, und muß gewisse Techniken entwickeln, die, so krud und trügerisch sie auch sein mögen, ihm den Weg durch das Dunkel finden helfen.« Dabei bediene sich, so Adorno, der ratlose Mensch einer »paradoxen Lösung«: »Das Individuum tendiert dazu, zwei Tricks anzuwenden, die einander widersprechen: Stereotypie und Personalisierung, also

Wiederholungen infantiler Muster. [...] Das Kind, das sich vor dem schwarzen Mann fürchtet, ist gleichzeitig versucht, jeden Fremden ›Onkel‹ zu nennen.« Der Erwachsene, der diese Muster wiederholt, ordnet eine »sonst chaotische Wirklichkeit« in einen kleinen Katalog von Stereotypen, der ihm helfen muß, diese Welt zu begreifen und sich ihr nicht vollends unterlegen zu fühlen. Weil »Fremdheit und Kälte der politischen Realität« jedoch auch dann nicht vergehen, wenn sie in Stereotypen zerlegt werden, neigt das Individuum, das in »Tickets« denkt, dazu, »objektive gesellschaftliche und ökonomische Prozesse, politische Programme, innere und äußere Spannungen mittels Personen zu bezeichnen«. So erhalten die starren Klischees von Freund und Feind Gesichter und Namen. Doch die Auflösung der Generalisierung in den Einzelfall darf der »Ticket«-Denker nicht vollenden, ginge damit doch das Vorurteil selbst zuschanden. »Stereotypie und Personalisierung«, erkannte Adorno, »sind zwei divergierende Teile einer eigentlich ›nichterlebten‹ Welt, Teile, die nicht nur miteinander unvereinbar sind, sondern denen auch nichts hinzugefügt werden darf, was das Bild der Wirklichkeit rekonstruieren würde.«[271]

Dieser Grundwiderspruch prägt die Ideologie der Angsthaber. Sie fürchten, was sie nicht kennen, und sind doch fest überzeugt, nicht nur alles zu kennen, sondern auch alles durchschaut zu haben. Eine Realität fürchtend, in der, wie Adorno es formuliert, »die Menschen gleichsam bloße Anhängsel sind« an die Verdinglichungs- und Verwertungsmaschinerie der »verwalteten Welt«, flüchten sie in eine Gegenwirklichkeit, die ihnen auch nur Schrecken zu bieten hat. Doch dieses Grauen glauben sie besiegen zu können, weil sie Begriffe und Namen dafür besitzen. Ihnen ist nicht bewußt, daß sie die falsche Realität selbst erschaffen haben. Die wahnhafte Logik ihrer Alpträume triumphiert über den letzten Rest Zweifel, der sich in ihnen regt. Deshalb bekümmert es sie auch nicht, daß die Maschinerie, die am Anfang ihrer Angst steht, unangetastet bliebe, sollten ihre blutigen Halluzinationen von Austreibung und Auslöschung des Anderen jemals real werden. Sie müßten eine neue »Wirklichkeit« erfinden, das Feindbild neu definieren, damit sie sich weiterhin vormachen können, der Angst, die sie beherrscht, Herr zu sein. So weit können die Angstgestörten jedoch nicht denken, weil ihnen das abstrakte, angst- und vorurteilsfreie Denken noch unheimlicher ist als der Fremde, dem sie an ihrer Misere die Schuld geben. Ihre existentielle Ohnmacht verbergen sie hinter einer Großsprecherei und verbalen Brutalität, die sich leider nicht einfach als Symptome eines zwar deformierten, doch vor allem furchtsamen Charakters abtun lassen. In ihren bösen Worten finden sie allein deshalb Befriedigung, weil die Flüche und Beleidigungen die bösere Tat vorwegnehmen. Die Angsthaber können den Tag nicht erwarten, an dem sie ungestraft so handeln dürfen, wie sie heute schon hetzen.

Der Rassist ist nicht in der Lage, seine Angst vor der Wirklichkeit zu objektivieren, deshalb konstruiert er ein Objekt, das seiner Angst eine scheinbar rationale Begründung verleiht. Die Verwandlung dieser Angst in blanken Haß ist unvermeidlich, weil die Angst ja nur als Vorwand dient, hassen zu können. Im Abscheu vor dem Fremden findet der Angsthaber die Illusion von Macht und Herrlichkeit, die er dringend braucht, um seine Schwäche und Hilflosigkeit in der Welt, wie sie ist, vergessen zu können. Der Historiker Christian Geulen schreibt in seinem ebenso knappen wie erhellenden Buch *Geschichte des Rassismus*: »Die Hypostasierung des Eigenen durch Diffamierung und Ausgrenzung des Anderen, Fremden; die übertreibende Umwandlung kollektiver Differenz in Hierarchien des ›Überlegenen‹ und ›Minderwertigen‹; kollektive Anfeindung bis zum Vertreibungs- oder gar Vernichtungswillen – das sind die wesentlichen Strategien, die der Rassismus Gemeinschaften in Krisenzeiten gefährdeter Selbstbehauptung anbietet, wenn die hergebrachten Regeln von Zugehörigkeit und Nicht-Zugehörigkeit real oder scheinbar delegitimiert sind.«[272] Der Rassist baut sich ein Feindbild, um sich selbst erhöhen und zugleich diejenigen bedrohen zu können, denen er unterstellt, eine Bedrohung zu sein für Volk, Staat, Abendland. Der Fremdenhaß, betont Geulen, »ist weder an die gegebene Wirklichkeit noch an Erfahrung gebunden. Der Rassismus kreiert weniger ein Bild der Welt, wie sie von Natur aus *ist*, sondern vor allem, wie sie von Natur aus sein *sollte*.«[273] Dieser Phantasie steht der Fremde im Weg, egal wie assimiliert er sich verhält, denn sie ist einzig zu dem Zweck entstanden, den anderen erst diffamieren, dann austilgen zu können. Die rassistische Theorie will immer auf die Praxis hinaus. Es gibt kein »Spiel« mit rassistischen Vorurteilen. Dem Fremdenhasser ist jedes Wort todernst.

Die deutschen Islamfeinde behaupten, sie könnten keine Rassisten sein, weil sie einer Religion den Kampf angesagt haben und nicht einer »Rasse« – und schließlich gebe es Muslime, die als Deutsche geboren wurden. Dieser Einwand taugt nichts. »Nicht die Rassendifferenzen«, erläutert Geulen, »sondern vor allem das rassistische Verhalten und die rassistische Praxis selbst werden in vielen Formen des Rassismus zum natürlichen Faktor erklärt. Daraus erklärt sich auch, daß manche Rassismen ohne einen expliziten Rassenbegriff auskommen, daß statt dessen von Nation, Klasse oder Kultur die Rede ist und dennoch die Geschichte des Phänomens Rassismus fortgeschrieben wird.«[274] Das allfällige angst- und haßerfüllte Gerede über »die« Muslime erfüllt jedes Kriterium, um von Rassismus zu sprechen. Zumal »Rasse« bereits im 19. Jahrhundert, als die Angst vor dem Fremden sich zur Ideologie entwickelte, weiter nichts als eine Erfindung war, eine Konstruktion, die benötigt wurde, um rassistisch reden und handeln zu können. Geulen verweist darauf, daß »gerade in den rechtsradikalen und fremdenfeindlichen Milieus von heute der Rassenbegriff selbst zunehmend vermieden [...], statt dessen aber um so mehr Wert auf die vom Rassismus geforderten Formen der Praxis gelegt wird«. Der moderne Rassist spricht nicht mehr vom »Blut«, dessen Reinheit zu schützen sei, sondern von der Kultur, der Nation, der westlichen Welt, denen Gefahr drohe. Was sich durch die Jahrhunderte bis heute nie geändert hat, ist das »praxisbezogene Arsenal rassistischer Motive«, wie Geulen sie aufzählt: »Schutz vor Überfremdung, Reinhaltung, Selektion, Verteidigung, Exklusion, Wiederherstellung, Ausschluß, Bekämpfung, Erneuerung, Erzeugung und Säuberung«. Jedes dieser Motive findet sich auf den Seiten von *Politically Incorrect* oder im Programm von Pro Köln wieder – und viele davon leider auch bei Broder, Giordano und Kelek oder in den Titelgeschichten des *Spiegel*.

Der Irrtum, Rassist könne nur sein, wer von minder- oder höherwertigen »Rassen« schwätzt und hetzt, ist selbst unter sonst aufgeklärten Menschen weit verbreitet. Die Islamhasser bedienen sich dieser ungenügenden Definition des Rassismus, um den Vorwurf, sie seien Rassisten, empört von sich zu weisen, und sie kommen viel zu oft damit durch. Dem Rassisten ist, wenn er an seinem Feindbild baut, jeder der Nächste, es muß nur ein anderer sein. Und anders sind alle, von denen der Rassist sich abgrenzt, um sich selbst für einen besseren, wertvolleren Menschen halten zu können. So fallen unter die Definition des Anderen, schreibt Geulen, »wie im modernen Rassismus schon immer, auch kulturelle und soziale Gruppen [...]: Obdachlose oder Homosexuelle, Juden oder Muslime.«[275]

Die Verführungskraft, die der Rassismus auf die Angsthaber ausübt, besteht auch darin, daß er sich stets dem Common sense anzupassen weiß. Seit die Einsicht sich durchgesetzt hat, daß zwischen dunklen und blassen Menschen, zwischen Semiten und Asiaten keine relevanten genetischen Unterschiede existieren, unterlassen die meisten rassistischen Theoretiker es, die Schäbigkeit des Fremden aus seinem Erbgut zu erklären. Sie ziehen es vor, kulturelle Differenzen so zu beschreiben, als seien differente Kulturen grundsätzlich inkompatibel. Sie unterstellen die Aggressivität der »fremden« Kultur, um eine Gefährdung der eigenen – deutschen, christlichen, westlichen – Identität heraufbeschwören zu können. »In dieser Sichtweise«, so Christian Geulen, »lassen [sich] dann aktuelle Probleme der Integration [...] als angeblich schlagender Nachweis einer nicht mehr verhandelbaren Unvereinbarkeit zwischen den Kulturen deuten.«[276]

Die Millionen nach Deutschland eingewanderten Menschen und ihre Nachkommen haben viel geändert an und in diesem Land, und der zeitgemäße Rassismus setzt alles daran, das diffuse Unbehagen, das jede tiefgreifende Veränderung auslöst, als eine »natürliche« Reaktion zu bestärken. Der Erfolg, den Islamhasser mit ihrer Propaganda in allen politischen Lagern und jeder Schicht der Bevölkerung erzielen, verdankt sich insbesondere dieser Taktik. »Integration ist immer ein wechselseitiger Prozeß, der laufend Verhandlungen und Anpassungen erfordert«, stellt Geulen fest. »Der derzeitige Trend aber, von den sozialen, ökonomischen und politischen Bedingungen einer sinnvollen Integration abzusehen und die Diskussion auf die fundamentalere Ebene von Kulturen und Lebensweisen zu verschieben, erscheint vor allem deshalb problematisch, weil der dabei ins Spiel kommende Kulturbegriff sich dem anzunähern beginnt, was sich früher einmal im Rassenbegriff ausdrückte.«[277] Bei ehemals Linken wie Broder, Giordano, Aust oder Schwarzer, die es als Mission betrachten, vor dem Islam und seinen Anhängern als größter Bedrohung der Welt seit, mindestens, Adolf Hitler und den Nazis zu warnen, bei den Journalisten, Politikern und Bürgern, die »Muslim« hören und »Selbstmordattentäter« denken, die ein Kopftuch sehen und »Zwangsheirat« oder »Ehrenmord« murmeln, die von einem Moscheebau lesen und »Parallelgesellschaft« assoziieren: Bei all diesen Angsthabern ist die Grenze zur rassistischen »Ticket«-Gesinnung bereits überschritten. Sie merken es aber nicht, denn sie sind überzeugt, gegen Rassismus gefeit zu sein. Schließlich sind sie die ersten, die einem, der auf »Bimbos« und »Schlitzaugen« eindrischt, in den Arm fallen oder wenigstens eine Lichterkette entgegenstrecken. Doch genau dieses Unvermögen, in der eigenen Angst und den eigenen Klischees den gleichen Rassismus zu spüren, der beim »Negerklatscher« gewaltsam ausbricht, verhilft dem Antiislamismus zu der gesellschaftlichen Duldung, die er niemals hätte, wenn er statt von »den Muslimen« von »den Kümmeltürken« spräche.

Als der Antisemitismus gegen Ende des 19. Jahrhunderts zur intellektuellen Mode wurde, operierten seine Chefideologen mit ähnlichen Argumenten wie die Vorbeter des Antiislamismus heute, und sie überzeugten mit ihren Denunziationen sogar viele von denen, die als Kinder von Juden zur Welt gekommen waren. Weil die »gebildeten« Antisemiten mehr über die Sitten der Juden als über deren »Stamm« fluchten, verfielen selbst brillante Köpfe wie Otto Weininger, Egon Friedell und Karl Kraus der kulturalistischen Kampfrhetorik und merkten nicht, daß der Antisemit sie weiterhin als Juden verachtete. Wenn in unseren Tagen Intellektuelle wie Necla Kelek, Serap Çileli oder Mina Ahadi sich einreihen in den Chor der Islampolemiker, beweist dies gleichfalls nichts gegen den Rassismus, aus dem die Muslimfeindschaft kommt – sondern es demonstriert nur, welche Wirksamkeit der Rassismus entfaltet, sobald er von Kultur und Religion statt von Volk und Blut faselt. Ihren rassistischen Vorbehalt gegen alle Kronzeugen aus dem Lager des Feindes verhehlen die Rassisten nicht einmal, wenn sie die Kronzeugen willkommen heißen – sie jubeln dann über die Muslima, die Mut macht, die Türkin, die sich nicht scheut, die Migrantin, die bestätigt. So sind im Jubel Verachtung und Kulturalismus bereits enthalten. Die anderen bleiben die anderen, was immer sie sagen und tun mögen; und am Tag der Abrechnung, auf den die Antiislamisten inständig hoffen, werden weder Kelek noch Çileli und Ahadi verschont werden. Egon Friedell, der über die Juden Dinge geschrieben hatte, die sich wie eine Rede auf dem Reichsparteitag lesen, war einer der ersten, die nach dem »Anschluß« Österreichs ans Deutsche Reich von der SA besucht wurden. Er wußte, was ihm blühte, und entzog sich der Verbringung ins Konzentrationslager durch Suizid.

Aber so was kann es heute natürlich nicht mehr geben! Die Zeiten haben sich geändert, die Macht der Rassisten ist zerschlagen, ihre böse Rede verschallt in der Vielzahl von Stimmen, die aus Fernsehen, Rundfunk, Internet und Presse tönen ...! Das behaupten diejenigen, die sich einen Rassisten nur mit Springerstiefeln und NPD-Mitgliedskarte vorstellen können. Daß sämtliche Medien Deutschlands sich auf einen »Ehrenmord«-Fall stürzen, als ginge es ums Ganze der Einwanderung, daß der Bau einer Moschee erörtert wird, als wäre der Fortbestand des Christentums in Gefahr, daß ernsthaft von der schleichenden Einführung der Scharia menetekelt wird, weil eine überforderte Familienrichterin sich zwischen Recht und Religion verhedderte: Dies alles deutet sicherlich nicht auf eine Marginalisierung des Rassismus hin, sondern auf den erschreckenden Erfolg, den er mit seiner Transformation zur »Islamkritik« erzielt hat. Die unablässige Propaganda gegen »Multikulti-Illusionisten« und »Gutmenschen« zwingt mittlerweile alle in die Defensive, die den Rassismus in der Islamfeindschaft wittern und sich dem chauvinistischen Schlagetot-Diskurs verweigern. Sie und nicht die Rassisten müssen sich rechtfertigen, müssen sich entschuldigen, weil sie nicht von vornherein jeden muslimischen Migranten für einen Schmarotzer, Dummkopf, Messerfuchtler, Drogenhändler, Schläger, Suizidbomber, Intellektuellenmörder, Frauenversklaver oder Rachemörder halten.

»Erst tauchen die der Rassentheorie zugrundeliegenden Ideen auf und mit ihnen die feindseligen Einstellungen, sei es gegen Schwarz oder Weiß«, schreibt der amerikanische Historiker George L. Mosse. »Niemand wird als ›Bimbo‹ oder als ›Schacherer‹ oder auch als ›anständiger Engländer‹ oder ›arischer Deutscher‹ geboren. Ein weiterer Beweis, daß der Mythos Wirklichkeit geworden ist, ist [...] die Intensität des gegenwärtigen Rassismus, auch wenn er sich nur im Gebrauch von Wörtern und Bildern zeigt, die jene ursprünglich vom Rassismus geschaffene Welt verewigen helfen.«[278] Diese Wörter und Bilder entwickeln eine Wirkungsmacht sogar bei den Diskriminierten, und viele fügen sich in die schlechte Rolle, die ihnen zugedacht wird. Wer wie ein »Nigger« behandelt wird, der wird sich irgendwann wie ein »Nigger« benehmen. Wer dem Klischee nicht entkommt, ganz gleich, wie sehr er sich bemüht, der resigniert eines Tages und beginnt mit bitterer Begeisterung, es auszufüllen. Leider – die Zahl muslimischer Migranten nimmt zu, die sich für die Ideologie islamischer Fundamentalisten begeistern oder sich in die Isolation ihrer »Kulturclubs« zurückziehen, die jeden Kontakt mit Deutschen vermeiden und ihre Töchter zwingen, Kopftücher zu tragen. Diese verstörende Entwicklung hat eine Ursache aber auch darin, daß Antiislamisten den Muslimen generell unterstellen, den Dschihad nach Europa tragen und sich vor der »Aufnahmegesellschaft« in einer parallelen Welt verschanzen zu wollen.

Die aggressive Ablehnung bewirkt genau das, was sie bekämpfen will. Der freimütige Gebrauch des Wortes »Ghetto« für Stadtquartiere, die mehrheitlich von Migranten und ihren Nachkommen bewohnt werden, bestürzt schon wegen des antisemitischen Echos, das in ihm anklingt. Erschreckender jedoch ist die Neudeutung des Begriffs. Bezeichnete er früher Viertel, in denen Menschen zu hausen hatten, ob es ihnen gefiel oder nicht, per Dekret und polizeilicher Gewalt dort eingepfercht, so meint er heute Straßenzüge und Häuserblocks, die planmäßig von Einwanderern »erobert« würden, in denen sie ausschließlich ihresgleichen duldeten, um sich abzuschotten von den Alteingesessenen. Die »Ghettoisierung« wird nicht etwa beklagt als Resultat ökonomischer Deklassierung, der Ausgrenzung und täglichen Diskrimierung, welche die muslimische Minderheit erfährt. Im Gegenteil: Man hält sie den abgedrängten »Gästen« als Beweis für ihre »Integrationsunfähigkeit« vor. Bei den Kindern der Migranten wird die Stigmatisierung zum bedenklichen Element der Identitätsbildung. Sie nennen sich »Ghetto-Kids« und verehren Musiker, die als »Ghetto-Gangsta« auftrumpfen und solche Zeilen rappen: »Mir fließt das Ghetto durch die Pulsadern.«[279]

Der Boden ist bereitet, das Feindbild steht fest, und die öffentliche Debatte bestimmen schon lange nicht mehr die, welche es niederreißen möchten, sondern die, welche es errichtet haben. Was in Deutschland bislang fehlt, ist ein charismatischer Anführer wie in den Niederlanden Geert Wilders oder ein skrupelloser Oligarch wie Silvio Berlusconi in Italien. Gleichfalls mangelt es noch an einer Partei, die den Antiislamismus mit einem »aufgeklärten« Nationalismus zusammenbringt, eine politische Organisation, die ehemalige NPD- und DVU-Kader zumindest in den Schlüsselpositionen nicht duldet und sich eindeutig zur EU und der Nato bekennt. Dann wäre vieles wieder möglich, was die Deutschen sich selber gar nicht zutrauen, wogegen sie immun zu sein glauben, weil sie doch so offen zu ihrer

Vergangenheit stehen. »Wir haben aus Auschwitz gelernt« ist seit der Wiedervereinigung der eine Leitsatz, mit dem alle besinnlichen Feiertagsreden beginnen, um immer mit dem anderen Leitsatz zu enden, der die gelungene Beseitigung des schlechten Gewissens verkündet: »Nie wieder wird das Böse in Deutschland auferstehen, denn wir sind wachsame Demokraten geworden.« Weniger beunruhigt als gelangweilt blicken die »geläuterten« Deutschen auf die NPD und sind damit zufrieden, daß die Nazipartei in den Parlamenten machtlos bleibt.

Weit gebannter starrt man inzwischen auf die muslimische Community, wo sich angeblich mehr und mehr »Islamfaschisten« sammeln, die einer quasi nationalsozialistischen Ideologie huldigen. Düster sind die Aussichten fürs deutsche Volk. Der Fundamentalismus, warnen die Propheten des Antiislamismus, setzt sich zum Ziel, die gottgewollt überlegenen Mitglieder der »Umma«, das heißt der islamischen Gemeinschaft, zum Herrenvolk über die »Dhimmi«, die schutzbefohlenen Ungläubigen, zu erheben – ganz wie die Nazis sich einst zu Meistern über die Juden erklärten. Den »Dhimmi« soll zwar gestattet sein, ihren verächtlichen Aberglauben weiterhin zu pflegen, doch zugleich wird ihnen auferlegt werden, diese »Freiheit« mit Zwangsabgaben und einer Anpassung an das sexual- und sinnenfeindliche, antidemokratische Regiment der Schariawächter zu erkaufen. Pogrome, ja sogar Versklavung und Völkermord drohen widerspenstigen Nichtmuslimen – die fanatischen Islamhasser erinnern bei jeder Gelegenheit an die Vernichtung der türkischen Armenier während des Ersten Weltkriegs. Ziemlich geschickt lenken sie, indem sie den neuen Faschismus im Namen des Propheten anprangern, von der eigenen Vorliebe für nazistische Denkschablonen ab.

An der Selbstverständlichkeit, mit der ein Großteil muslimischer Migranten sein faules, von »Hartz IV« und Kindergeld alimentiertes Parasitenleben führe und sein Gottesrecht in Schule und Rechtsalltag implantiere, werde das »Dhimmitum« der »gutmenschlichen« Kriecher und »Multikulti-Kollaborateure« bereits evident. Jeder Moscheebau sei ein weiterer Triumph der islamfaschistischen Bewegung. Diesen Blödsinn machen die Antiislamisten einander in ihren Internetforen weis; doch nicht nur sie hetzen so. Ähnlich polemisieren die Kronzeugen, die durch Talk-Shows, Zeitungsredaktionen und Bestsellerlisten gereicht werden. »Das finale Wort«, ängstigt

Necla Kelek in *Die fremde Braut* ihr Publikum, habe »der Imam von Izmir 1999 gesprochen: ›Dank eurer Gesetze werden wir euch beherrschen.‹«[280]

Aktuelle Umfragen dokumentieren, daß die paranoide Idée fixe von der schleichenden Islamisierung laufend mehr Zuspruch erhält, quer durch alle sozialen Schichten und politischen Lager. Laut der Studie *Ein Blick in die Mitte*, die 2008 von der Friedrich-Ebert-Stiftung vorgelegt wurde, stimmten 21,7 Prozent der Befragten »überwiegend« sowie 15,2 Prozent »voll und ganz« dieser Aussage zu: »Die Ausländer kommen nur hierher, um unseren Sozialstaat auszunutzen.« Das Statement, die Bundesrepublik sei »durch die vielen Ausländer in einem gefährlichen Maße überfremdet«, wurde von 23,4 Prozent der Interviewten »überwiegend«, von 15,7 Prozent »voll und ganz«[281] unterstützt. Bei Gruppendiskussionen hörten die Studienleiter von Menschen, die sich selbst für Demokraten und Liberale hielten, erschreckend häufig solche Chauvinismen: »Da sin so richtige äh Ghettos wo die dann wohnen un die meinen überall ham se Rechte und äh sie dürften sich eben alles erlauben. [...] Und die gehen ja dann immer gleich mit Messer un alles auf die Leute zu«[282]. Derartige Vorurteile: »Wogegen die andern die Griechen, die gekommen sind, die Italiener, die gekommen sind, um hier Arbeitskräfte zu sein in Deutschland, die wollten sich integrieren, sie wollten irgendwann so sein wie die Deutschen, wogegen die andern zwar in Deutschland leben wollen aber sich bewusst abgrenzen wollen durch ihre eigene Kultur«[283]. Diskriminierungen wie diese: »[Also] ich kenn Ausländer, die kommen hierher weil se ich sag's jetzt mal in Anführungszeichen schmarotzen und [...] weil sie auch Verbrecher drüben im Land waren [...] das sind die Wirtschaftsasylanten«[284].

»Bei der kulturalistischen Argumentation«, analysieren die Autoren der Studie, »werden Migrant/innen, denen eine kulturelle Nähe zur Mehrheitsbevölkerung zugeschrieben wird, von denen unterschieden, die (vermeintlich) nicht zur herrschenden gesellschaftlichen Norm passen: Schotten oder US-Amerikaner werden positiv, Türken zumeist kritisch bewertet. Viele Teilnehmende, die im Fragebogen niedrige oder ›teils/teils‹-Werte [bei der Zustimmung zu rassistischen Parolen; K. S.] erreichten, schlossen sich solchen kulturalistischen Argumentationen an oder brachten sie mit hervor. Markantester Auslöser für eine kulturalistische Argumentation

scheint derzeit der islamische Glaube zu sein.«[285] Das Gift der Antiislamisten ist tief eingedrungen in die Gedanken der Deutschen:
Einer Untersuchung des Washingtoner Pew Research Center zufolge
»ist in Deutschland jeder Zweite negativ gegenüber Muslimen ein-
gestellt«[286]. Im Rahmen des Langzeitprojekts »Gruppenbezogene
Menschenfeindlichkeit«, das Wilhelm Heitmeyer, der »Erfinder«
der »Parallelgesellschaft«, 2002 begründete, wird alljährlich auch
nach der Islamfurcht der Deutschen gefragt. 2008 erklärten von
1763 Interviewten 24 Prozent ihre weitgehende bzw. völlige Übereinstimmung mit dem Satz: »Muslimen sollte die Zuwanderung nach
Deutschland untersagt werden.« Zu der Aussage, durch »die vielen
Muslime hier« fühlten sie sich »manchmal wie ein Fremder im eigenen Land«, bekannten sich »eher« bzw. »voll und ganz« 34,9 Prozent
der Befragten.[287]

Die kulturalistische Parole gehört zur ideologischen Grundausstattung bereits von Teenagern. Für den Forschungsbericht
Jugendliche in Deutschland als Opfer und Täter von Gewalt, den
das Kriminologische Forschungsinstitut Niedersachsen (KFN) und
das Bundesinnenministerium im März 2009 vorstellten, wurden
44 610 Neuntkläßler interviewt. Mit der Aussage »Die in Deutschland lebenden Ausländer sind keine Bereicherung für die Kultur in
Deutschland« gingen 45,4 Prozent der Schüler überwiegend bis völlig konform.[288] Das beklemmende gesellschaftliche Problem, das sich
in diesen Zahlen manifestiert, wird jedoch von der offiziellen Politik
heruntergespielt oder nur halbherzig angefaßt. Im August 2008 warf
der CERD-Ausschuß[289] der Vereinten Nationen den Verantwortlichen in »Deutschland mangelndes Engagement im Kampf gegen
Rassismus«[290] vor. Der Boden ist bestellt, das Unkraut wuchert, und
die Gärtner sehen einfach zu.

Der Kulturkampf, der gegen den Islam ausgefochten wird, hat hierzulande längst den Status der Normalität erlangt. Der böse Blick auf
die muslimische Community, der anklagende Gestus der Mehrheits-
gesellschafter, wenn sie von Integrationsproblemen »der« Muslime
sprechen, der immer schlechter verhohlene Wunsch, die gefürchteten Migranten mit drakonischen Sondergesetzen zu kujonieren
oder gleich aus dem Land zu jagen – diese klar rassistische Praxis
hat den Charakter eines Massenphänomens angenommen. Daß die
»Pro«-Parteien noch nicht die Sammlungsbewegungen darstellen,

zu denen sie sich vollmundig ausrufen, widerspricht keineswegs der Vermutung, erhebliche Teile der »autochthonen« Deutschen wären bereit, einer Partei zu folgen, die den Antiislamismus professioneller, im Ton moderater und vor allem mit weniger personeller Nähe zur NPD vertritt, als die selbsternannten »Bürgerbewegungen« es zur Zeit tun.

Doch die Islamfeinde sind lernfähig: »Da die rechtspopulistische Vereinigung weiß«, so Hans-Peter Killguss, Jürgen Peters und Alexander Häusler über Pro Köln, »daß sie sich nicht dauerhaft als politische Kraft mit Einfluß auf das parlamentarische Geschehen Kölns etablieren kann, ohne sich vom Stigma des Rechtsextremismus zu befreien, bemüht sie sich vehement um verbale Distanz zur extremen Rechten.«[291] Ihr politisches Ziel bleibt autoritär, von dem Willen geprägt, die Verhältnisse für muslimische Migranten unerträglich zu gestalten, ganz im Sinne des Nazi-Staatsdenkers Carl Schmitt: »Souverän ist, wer über den Ausnahmezustand entscheidet.«[292] Und darum propagieren die Islamfeinde pausenlos, der Ausnahmezustand sei in den »Ghettos« der Muslime, in den Schulen mit hohem Migrantenanteil, auf den Straßen, in den Parks, Bussen und S-Bahnen längst Realität. Weil das »Ticket«-Denken aus existentieller Angst vor einer Welt herrührt, die immer abstrakter und gleichgültiger mit den Menschen verfährt, werden die sozialen Verwerfungen und ökonomischen Verheerungen im Gefolge der Weltwirtschaftskrise dem antiislamischen Ressentiment weiter Auftrieb geben. Man muß davon ausgehen, daß die Angsthaber zahlreicher werden, der Glaube an schlichte Rezepte von Repression und Entrechtung der Migranten weiter um sich greifen und auch die Neigung zunehmen wird, die Ohnmacht vor einem schier unbegreiflichen System auszugleichen durch Machtdemonstrationen gegen die muslimische Minorität.

»In der Finanzkrise sind die Menschenrechte in Gefahr. Ich fürchte, daß Rassismus und Ablehnung von Minderheiten zunehmen.«[293] Das sagte Morten Kjaerum, Chef der EU-Grundrechteagentur, im Dezember 2008. Vier Monate später veröffentlichte der *Stern* eine Titelstory über die »tragisch gescheiterte Integration«. Darin dürfen Migranten ausschließlich als Gestrandete, Arbeitsscheue, Egoisten, Gebärmaschinen, Dummköpfe und Parasiten auftreten. Natürlich wird Necla Kelek zitiert, und selbstverständlich müssen rhetorische Fragen gestellt werden: »Warum haben fast 80 Prozent der Berliner Intensivtäter einen Migrationshintergrund?« Über den sozialen und ökonomischen Hintergrund von Kriminalität wird in Zeiten der sozialen und ökonomischen Krise sowieso nicht mehr geredet. Darüber, daß es sich bei den »Intensivtätern« in Berlin ausschließlich um Minderjährige handelt, daß die erschreckenden »80 Prozent« einer absoluten Zahl von 500 Jugendlichen entsprechen – 500 von fast 90000 Teenagern »mit Migrationshintergrund«![294] –, darüber erfährt der Leser aus der *Stern*-Reportage freilich auch nichts. Es geht allein darum, dem dumpfen Zorn des Publikums eine Stimme zu schenken. Und die bebt in den Schlußsätzen dieses famosen Stücks Diffamierungsprosa geradezu: »Es ist schwer, nicht wütend zu werden. Es ist unmöglich.«[295]

Der Boden ist bestellt, die Saat geht schon auf, und wenn Politik und Medien die allgemeine Akzeptanz islamfeindlicher Slogans und Dogmen nicht schleunigst als enorme Gefährdung des inneren Friedens der Republik erkennen und brandmarken, dann wird demnächst auch geerntet werden. »Wir« haben vielleicht »aus Auschwitz gelernt«. Doch die Lehren aus Hoyerswerda, Lichtenhagen, Mölln und Solingen scheinen diesseits der Sonntagsreden wenig zu bewirken. Gerade einmal 19 Millionen Euro ist es dem Bundesfamilienministerium 2008 wert gewesen, mit dem Programm »Vielfalt tut gut – Jugend für Vielfalt, Toleranz und Demokratie« Beratungsstellen, Aktionspläne und Initiativen in ganz Deutschland zu unterstützen, die Jugendliche davor bewahren sollen, in Subkultur und Organisationen der extremen Rechten abzugleiten.[296] Da verwundert es kaum, wenn das KFN die Zahl der »einheimischen deutschen« Neuntkläßler, die Mitglieder in rechtsradikalen Gruppen sind, auf 23000 schätzt.[297] Eine nahezu informationsfreie Werbe- und PR-Kampagne zur Einführung des »Elterngeldes« ließ sich dasselbe Ministerium im Jahr 2007 mehr als drei Millionen Euro kosten.[298]

Wie irrelevant bürgerlichen Politikern der Kampf gegen rechts erscheint, führte am 8. Mai 2009 die regierende CDU-Fraktion im Landesparlament von Thüringen eindrucksvoll vor. Ein von den Oppositionsparteien SPD und Die Linke vorgeschlagenes »Landesprogramm gegen Rechtsextremismus« wurde nicht nur abgelehnt. Die CDU-Abgeordneten verweigerten »auch jegliche Diskussion über die vorgeschlagenen Maßnahmen in den Fachausschüssen«[299].

»Wahlkampfgetöse« warf etwa der CDU-Parlamentarier Michael Panse[300] der Opposition vor, weil die unter anderem zu fordern gewagt hatte, »frühzeitige Toleranzförderung und pädagogische Ansätze, die sich einer Menschenrechtserziehung verpflichtet fühlen«, systematisch und dauerhaft »im Bildungssystem insgesamt und in jeder einzelnen Bildungsinstitution« zu verankern.[301] Wie dringend die Thüringer Nachhilfe in Toleranz und Menschenrechten benötigen, zeigt der »Thüringen-Monitor 2008«, den das Institut für Politikwissenschaft an der Universität Jena erstellt hat. Danach bekannten 16 Prozent der Befragten sich zu rechtsextremen Einstellungen, 36 Prozent outeten sich als Ausländerfeinde, 49 Prozent stimmten überwiegend oder vollauf dem Statement zu, die Bundesrepublik sei »durch die vielen Ausländer in einem gefährlichen Maße überfremdet«.[302]

Wenn aber jeder zweite Thüringer sich vor »Überfremdung« fürchtet und jeder vierte Deutsche prinzipiell die Zuwanderung von Muslimen ablehnt, dann müssen sich die Antiislamisten wenig Mühe geben, um Abnehmer für ihre Haßparolen zu finden. Angesichts der abstrusen, absurden, hermetisch verriegelten Ideologie, die sie vertreten, kann ihnen das auch nur recht sein. Der Islamhaß, aus Angst geboren, aus »Ticket«-Denken gespeist, dieser Rassismus ohne Rasse wird in seiner Dummheit bloß von seiner Irrationalität überboten. Doch alle, die ihn teilen, brüsten sich, die letzten Vernünftigen im Lande zu sein. Sie stilisieren sich zu einem Häuflein von Aufklärern, das es todesmutig wagt, den »Verrat« der »Gutmenschen« und »Multikultis« an Abend- bzw. Deutschland zu enthüllen und die »unerwünschte Wahrheit« über den Muslim neben uns auszusprechen. Nein, falsch. Nicht neben – unter uns.

Antisemitismus ohne Juden

Rassisten glauben jedes Greuelmärchen, am liebsten die eigenen. Sie sind pathologische Fälle, die sich von der Wirklichkeit ebenso weit entfernt haben wie von der Menschheit. Unfähig zu Mitleid und Selbstkritik, beschimpfen sie jeden als verzagt, der sich nur einen Funken Menschlichkeit bewahrt hat. Beherrscht von ihrer Angst vor allen anderen, besessen vom Haß auf jeden Fremden, spielen sie sich auf als Bezwinger jeglicher Affekte, als unbestechliche Verstandesmenschen, kühl im Urteil, klar in der Entscheidung, kontrolliert im Handeln. Die Welt erscheint ihnen als ein Ort, wo nichts gilt als das Gesetz des Stärkeren und das Gebot der Härte. Deshalb haben sie beschlossen, sich niemals schwach oder weich zu zeigen. Jedenfalls nicht öffentlich – und privat allenfalls beim Umgang mit Haustieren, die auf Kommando Platz nehmen. Ihre emotionale Verkrüppelung erklären die Rassisten zum kategorischen Imperativ, ihre Brutalität zur Norm. Was ihnen verblieben ist an Gefühl, widmen sie lauter Abstraktionen. Nicht der Vater, sondern das Vaterland wird geliebt, nicht die Mutter, sondern der Mutterschoß, nicht die Familie, sondern das gemeinsame »Blut«, nicht der Freund, sondern die Kameradschaft, nicht das Leben, sondern der »universelle Überlebenskampf«. Weil sie an einen Gott, der sich jeder einzelnen seiner Kreaturen erbarmt, nicht glauben mögen – denn welch ein Weichling wäre solch ein Schöpfer! –, preisen sie den Gott, der Eisen wachsen ließ und alles weitere seinem auserwählten Volk übertragen hat. Dieses Volk aber soll daran erkannt werden, daß es eisern sein Recht wahrt, neben sich nichts gelten läßt als Leere, unter sich nichts als Abschaum.

Ein archetypischer Rassist geiferte im Jahr 1925 über seinen Todfeind: »Er ist und bleibt der ewige Parasit, ein Schmarotzer, der wie ein schädlicher Bazillus sich immer mehr ausbreitet, sowie nur ein günstiger Nährboden dazu einlädt. Die Wirkung seines Daseins aber gleicht ebenfalls der von Schmarotzern: Wo er auftritt, stirbt das Wirtsvolk nach kürzerer oder längerer Zeit ab.«[303] 84 Jahre später heißt es in einem »Aufruf zum Handeln« bei *Politically Incorrect*, der nicht im Gästebuch, sondern im offiziellen Blog veröffentlicht wurde: »Bis ins Jahr 2025 wird [...] etwa ein Drittel der Bevölkerung Europas muslimisch sein. Dies vor allem, weil sehr viel mehr Leute aus islamischen Staaten einwandern, als europäische Kinder geboren werden. In allen westlichen Industriestaaten ist die Geburtenrate mit 1,3 Kindern pro Familie bereits so gering, dass die christlich-abendländische Kultur nicht mehr vor dem Untergang bewahrt werden kann. [...] Eigentlich ist es zum Handeln bereits fünf nach zwölf. Dennoch sollten wir unsere Heimat nicht widerstandslos aufgeben.«[304]

Man dürfe den Antisemitimus nicht mit der Paranoia der Islamhasser vergleichen, befehlen gewisse Autoren, die das Angstmachen vorm Islam als Mission und Geschäft entdeckt haben. Aber die

Ähnlichkeiten muß man nicht konstruieren, sie liegen offen zutage. Der angehende Völkermörder Adolf Hitler diktierte seinem Adlatus Rudolf Heß unter anderem dies: »Unser derzeitiges Bürgertum ist für jede erhabene Aufgabe der Menschheit bereits wertlos geworden, einfach, weil es qualitätslos, zu schlecht ist; und es ist zu schlecht, weniger aus – meinetwegen – gewollter Schlechtigkeit heraus, als vielmehr infolge der unglaublichen Indolenz [geistige Trägheit; K.S.] und allem, was aus ihr entspringt.«[305] Über das populärste Muslimhasser-Weblog Deutschlands verschickte im Februar 2009 eine Ariana Malviden einen offenen Brief an den Bundespräsidenten, in dem es unter anderem heißt: »Political correctness hat Deutschland schweren Schaden zugefügt, denn Politik wurde auf den Kopf gestellt. Korrektheitswahn führte dazu, dass sich das christliche Land vor einer fremden Religion verbeugte und in die Identitätskrise geriet. Statt Anpassung an das Einwanderungsland zu fordern, wurde den Muslimen eine Flut von Sonderrechten gewährt, die bis ins Groteske reichen, vom Verschwinden der Hunde auf den Straßen bis zu besonderen Rechten für junge Türken in Berliner Schwimmbädern, die türkische Frauen in voller Kleidung benutzen dürfen.«[306] Neu ist immerhin die Behauptung, die Feinde unseres Volks schadeten sogar der deutschen Hundehaltungskultur. Die Wortwahl hat sich geändert, der Irrsinn, aus dem solche Texte entstehen, nicht.

Hitler im Rausch von Angst und Haß: »Die Herrschaft des Juden im Staate erscheint schon so gesichert, daß er sich jetzt nicht nur wieder als Jude bezeichnen darf, sondern auch seine völkischen und politischen letzten Gedankengänge rücksichtslos zugibt. Ein Teil seiner Rasse bekennt sich schon ganz offen als fremdes Volk, nicht ohne dabei auch wieder zu lügen.«[307] Blogger »Byzanz« in einem redaktionellen Beitrag für PI: »Der interessierte Besucher [des Integrationsfests »Bayram 09« in München; K. S.] kann sich des Eindruckes nicht erwehren, daß das langfristige Ziel solcher Entwicklungen die Integration der deutschen Kultur in die türkische sein soll, nicht umgekehrt. Vor allem, wenn man die islamische Eroberungs-Ideologie bestens kennt. [...] Wenn die deutsche toleranzverliebte Mehrheitskultur widerstandslos eine solch schleichende Islamisierung gestattet, dann können wir die Uhren danach stellen, wann uns der Geburtendschihad die realen Auswirkungen dieses kulturell-religiösen Übernahmeversuchs vor Augen führt.«[308]

Als das Zentrum für Antisemitisforschung an der Technischen Universität Berlin (ZfA) im Dezember 2008 eine Konferenz zum Thema »Feindbild Muslim – Feindbild Jude« veranstaltete, empörte sich der Journalist Matthias Küntzel, hier werde unzulässig gleichgesetzt, was nicht im Ansatz ähnlich sei. Er bot für sein Verdikt fünf Gründe auf. Erstens beschränke sich der Antisemitismus nicht auf die Elemente des Rassismus, wie er, Küntzel, ihn definiert. Das »wichtigste Merkmal«, das »den Antisemitismus von allen anderen Denkformen unterscheidet, kommt im Rassismus nicht vor. Ich meine damit die Verschwörungstheorie.«[309] Doch der Antiislamismus kennt den Verschwörungswahn sehr wohl; Küntzels Einwand, es gebe schließlich keine »Protokolle der Weisen von Mekka«, ist nicht viel mehr als ein geschmackloser Kalauer. Wenn Ralph Giordano behauptet, jeder Moscheebau der DİTİB sei eine »Landnahme auf fremdem Territorium«, wenn der *Spiegel* von der Unterwanderung des Rechtsstaats durch »Kopftuch-Fetischisten« munkelt und wenn die Macher von *Politically Incorrect* in ihren »Leitlinien« unterstellen, der Islam habe »nach seinen Worten und Werken kein anderes Ziel, als jede andere Gesellschaftsform abzuschaffen«[310]: Dann hat das mehr als bloß Züge einer Konspirationstheorie.

Allerdings existiert ein gravierender Unterschied zwischen dieser Theorie und dem Verschwörungswahn der Antisemiten. In einer Verteidigung des ZfA vor den Anwürfen von Küntzel gibt Micha Brumlik zu bedenken: »Während [...] antisemitische Verschwörungsphantasien noch nie etwas anderes als Ausgeburten kranker, mit Ressentiment geladener Hirne waren, existieren Verschwörungen im Bereich einiger Gruppen des radikalen Islamismus tatsächlich.« Doch dieser wahre Kern in der Konspirationstheorie der Islamhasser macht das Ganze nicht wahr. Denn von den realen Verschwörern, die etwa bei al-Qaida oder Hamas die Zerstörung des Westens planen, leiten die Antiislamisten ab, alle Muslime hätten sich verschworen, das Abendland zu vernichten. Die Gefährlichkeit und Überzeugungsmacht des Antiislamismus besteht genau darin, daß seine Anhänger nicht nur lügen und halluzinieren. Es *gibt* Zwangsehen, Frauenverachtung, Schwulenhaß, »Ehrenmorde«, es *sind* unter den Muslimen Verfassungsfeinde, Konspirateure, Antidemokraten und schrecklich viele Antisemiten. Die Lügen und Halluzinationen, die aus der berechtigten Furcht vor den Islamisten eine Ideologie machen, setzen ein, wenn »die« Muslime pauschal diffamiert werden. Die Frage nach dem Einfluß des Islamismus zu stellen, schreibt Brumlik, sei »weder islamophob noch rassistisch, sie mit einem undifferenzierten, bejahenden Generalverdacht zu beantworten sehr wohl.«[311] Küntzel ist der undifferenzierten Bejahung nicht abgeneigt.

Als weiterer Grund für die Unvergleichbarkeit von Antisemitismus und Antiislamismus führt er nämlich an, »die Vorbehalte gegen Muslime« basierten auf realen Ereignissen, »was man beim Antisemitismus gerade nicht behaupten« könne. Diese Verharmlosung rassistischer Denkmuster als »Vorbehalte« entspricht seiner prononciert schlechten Meinung von »den« Muslimen und »dem« Islam: »Es ist nicht eine ›kleine Minderheit wütender und extremer Islamisten‹ [...], die einem Ahmadinedschad und einem Nasrallah die Treue schwört, sondern es handelt sich um eine Massenerscheinung in der arabischen Welt.« So wird aus dem Iran, wo Ahmadinedschad antisemitische Hetzreden hält, und dem Libanon, wo Nasrallah zur Vernichtung Israels aufruft, kurzerhand »die arabische Welt«, und daß dem Präsidenten und dem Hisbollah-Führer die Massen zujubeln, deutet Küntzel, obschon promovierter Politologe, nicht etwa aus den politischen Verhältnissen in Libanon und Iran, sondern als religiös inspirierte, panislamische Erscheinung: »Der Islam wird durch Islamisten [...] nicht ›mißbraucht‹, sondern auf spezifische Weise interpretiert.«

In seinem nächsten Argument gegen den Vergleich von Juden- und Muslimhaß wirft Küntzel dem ZfA vor, damit »die gegenwärtig vordringlichste Aufgabe [...] zu hintertreiben: die Erforschung, Anprangerung und Bekämpfung des Antisemitismus, der sich aus islamischen und europäischen Quellen speist«. Denn das ZfA nehme die muslimischen Antisemiten vor jeder Kritik in Schutz, indem es den Antiislamismus der Kritiker thematisiert. Ein Gedankengang von nachgerade surrealer Logik; zumal da bei der Konferenz des ZfA mit Juliane Wetzel eine Wissenschaftliche Angestellte des Instituts über die »Judenfeindschaft unter Muslimen in Europa« referierte. Küntzel unterschlägt dies ebenso wie eine Konferenz des ZfA im Jahr 2005, bei der ausschließlich über den Antisemitismus im Namen des Islam gesprochen wurde. Blind vor Angst und Wut, die ihn seit dem 11. September 2001 umtreiben – vorher waren ihm die Dschihadisten nicht aufgefallen –, spricht Matthias Küntzel nicht vom islamistischen Judenhaß, der unbestritten existiert. Seine Formel lautet: »Der islamische Antisemitismus«[312] – ganz so, als wären Islam und die Verfolgung der Juden unzertrennliche Geschwister. Micha Brumlik bescheinigt Küntzel deshalb, »sich ebenso fundamentalistisch [...] wie die radikalen Islamisten« zu verhalten: »Sie nehmen ohne weitere historische oder soziologische Kontextualisierungen die von Muslimen für heilig gehaltenen Schriften als wörtliche, auch noch heute ungebrochen gültige Handlungsanweisungen.« Brumlik weist darauf hin, welche fatalen Vorläufer Küntzels Methode hat: »Dieses Verfahren haben übrigens nicht wenige Antisemiten immer wieder mit Genuß auf heute kaum noch verständliche, blutrünstige Passagen der Hebräischen Bibel angewendet.«[313]

Der nächste Grund, den Küntzel vorlegt, um den Vergleich von Antisemitismus und Antiislamismus zu skandalisieren, überschreitet die Grenze zur Tollheit: Mit der Gleichsetzung werde »der Holocaust trivialisiert«[314]. Küntzel bezieht sich dabei auf eine Äußerung von Wolfgang Benz, dem Leiter des ZfA, die ungekürzt so lautet: »Die Verabredung einer Mehrheit gegen das Kollektiv der Minderheit, das ausgegrenzt wird (einst und immer noch ›die Juden‹, jetzt zusätzlich ›die Muslime‹), ist gefährlich, wie das Paradigma der Judenfeindschaft durch seine Umsetzung im Völkermord lehrt.«[315] Benz warnt also vor den potentiellen Folgen des Antiislamismus. Küntzel, der bei der Polemik unsaubere Mittel nicht scheut, verdreht Benz' Satz zu einer Behauptung unausweichlicher Folgen: Hier werde »die Gefahr eines neuen Völkermords, diesmal an den Muslimen, an die Wand« gemalt – und damit zugleich die Vernichtung der Juden Europas »in der Tat trivialisiert«. Es gehört eine außergewöhnliche Portion Ahnungslosigkeit und Frechheit dazu, den Historiker Wolfgang Benz – der mit Büchern wie *Der Holocaust* oder *Ausgrenzung, Vertreibung, Völkermord* Standardwerke zum Thema verfaßt hat – als Verharmloser der Shoa zu beleidigen. Aber Küntzel kann noch dreister.

Im fünften Argument, warum Juden- und Muslimhaß auf gar keinen Fall verglichen werden dürfen, eröffnet er eine Rechnung, für die ein Milchmädchen sich schämen würde. Man brauche »das Ausmaß an Vorurteilen und Diskriminierungen gegenüber Muslimen nicht zu beschönigen, um dennoch zu erkennen, daß sich die Auswirkungen des ›Feindbilds Muslim‹ und des ›Feindbilds Jude‹ qualitativ unterscheiden«. Denn niemand schände muslimische Gräber, Moscheen bedürften nicht des Polizeischutzes, und »[wir] kennen keine Fälle von Muslimen, die aufgrund des Terrors ihrer Mitschüler die Schule wechseln mußten oder wegen ihrer Gebetskette verprügelt wurden«[316]. Bevor Islamfeinde wie Küntzel kapieren, wohin ihr Haß führt, wollen sie Tote sehen, stapelhoch. Bis dahin spielen sie die Effekte antiislamischen Rassismus herunter und verschweigen sie wider das bessere Wissen, das sie haben könnten, wenn sie es haben wollten. Küntzel möchte die Diskriminierung der Muslime in Beruf und Alltag »nicht beschönigen«. Aber von ihr reden mag er erst recht nicht. Die Brandanschläge, die auf Moscheen in Wolfenbüttel, Sinsheim oder Aalen verübt wurden? Geschenkt! Daß knapp drei Wochen bevor Küntzel seine Attacke auf das ZfA veröffentlichte, auf einem Hamburger Friedhof systematisch Gräber von Muslimen geschändet wurden?[317] Interessiert den systematischen Verharmloser des Antiislamismus nicht. Der 18jährige Türke, der am 17. August 2008 in Dresden halbtot geschlagen wurde, nur weil er ein Türke ist?[318] Nie gehört, halb so wild – »wir kennen« solche Fälle nicht.

Matthias Küntzels Angriff auf die Islamhaß-Kritiker als Verharmloser des Holocaust und Kollaborateure der Islamisten erweist sich Punkt für Punkt als plumpe Denunziation. Wie Küntzel unentwegt sein tiefes Ressentiment gegen die Muslime mit Aufklärung verwechselt, wird offensichtlich, wenn er von Mahmut Ahmadinedschad redet. Der hat zwar bis heute keinen Völkermord und nicht mal ein Pogrom zu verantworten, doch für Küntzel steht außer Frage, daß der Iran die nächste Shoa vorbereitet: »Noch nie hat sich der islamische Antisemitismus so aggressiv, offensiv und eliminatorisch artikuliert wie jetzt. Noch nie wurde die Beseitigung des jüdischen Staats derart regelmäßig und lautstark propagiert wie seit Ahmadinedschad.«[319] Das stimmt selbstverständlich nicht – von Ägyptens Diktator Gamal Nasser oder PLO-Führer Jassir Arafat waren Haßgesänge gegen Israel schon Jahrzehnte früher und mindestens genauso laut zu hören. Und sie haben nicht nur gesungen, sondern, angespornt von ihrem Haß auf die Juden, Kriege angezettelt und Terrorkommandos ausgesandt, um Israel zu vernichten. Der iranische Präsident hingegen läßt zwar Waffen an die Hisbollah liefern, doch er hat nicht mal den Schneid, damit zu prahlen. Küntzels »noch nie« ist pure Angstrhetorik und Demagogie – die Beschwörung eines Ausnahmezustands, den Leute wie er gern hätten, um die Muslime, die sie verabscheuen, endlich Mores lehren zu können. Küntzel »trivialisiert« den Holocaust mit einer Verve, vor der er sich selbst ekeln müßte, wäre er nicht davon besessen, die Muslime als legitime Erben der Nazis zu enttarnen.

Henryk M. Broder hat der unappetitlichen Kampagne gegen das ZfA erst richtig auf die Beine geholfen. In seinem Weblog auf *Die Achse des Guten* bot er Küntzels Polemiken großzügig Obdach und setzte auf den Unsinn von der »Holocaust-Trivialisierung« seinen eigenen Quatsch. In einem Blog-Eintrag vom 14. Dezember 2008 verkündete Broder, die Antisemitismusforschung sei »eine ohnehin obskure Disziplin«, weil »deren Vertreter sich am liebsten mit toten Antisemiten beschäftigen«. Keine Silbe dieses Satzes darf Wahrheit für sich beanspruchen, aber das ist Broder wie immer egal. Er konstruiert aus dem Nichts einen nichtigen Vorwurf ans ZfA und dessen Leiter Wolfgang Benz: »Solange Antisemitismusforscher der Frage nachgehen, WARUM Juden verfolgt werden, statt sich zu fragen, warum JUDEN verfolgt werden, liefern sie ohnehin nur Alibis für arbeitslose, deklassierte und an sich selbst leidende Antisemiten.«[320]

Natürlich hat Broder dafür keinen Beleg, woher auch: Judenhasser, die sich ausgerechnet bei Antisemitismusforschern nach Alibis für ihren Haß umsehen, dürften etwa so häufig vorkommen wie eine Broder-Polemik, die bei der Sache bleibt, statt zu pöbeln. Broders Schlauheit erschöpft sich abermals darin, schlau zu wirken, und deshalb fällt sein Einwand gegen die Antisemitismusforschung umgehend auf ihn selbst zurück. Denn solange niemand zu sagen weiß, »WARUM« die Juden verfolgt werden, wird auch niemand wissen können, warum die »JUDEN« verfolgt werden. Der Antisemit erschafft sich sein Feindbild von den Juden aus den Vorurteilen, die er gesammelt hat, um die Juden »begründet« hassen zu können. Die Ideologie des Judenhasses läßt sich also nicht darstellen, ohne die »Tickets«, auf denen der Antisemit reist, zu analysieren. Dies eine Alibi-Produktion für Judenfeinde zu nennen ist blanke Verleumdung.

Vollends widerlich wurde die Diskreditierung des ZfA, nachdem die Publizistin Gudrun Eussner, eine bekennende Islamophobe, sich auf Küntzels Seite geschlagen hatte. Mit dem heiligen Ernst der Fanatikerin stellte sie Wolfgang Benz die Frage: »Warum heißt Ihr

Institut Zentrum für Antisemitismusforschung, wenn Sie den Forschungsgegenstand entsorgen, und warum entsorgen Sie sich nicht gleich mit?«[321] Zum Glück fielen die meisten Beobachter der Affäre auf Küntzel und seine Verbündeten nicht herein. Der Eklat, auf den sie spitzten, blieb aus, weil jeder, der ihre Verblendung nicht teilt, erkennen konnte, wie hier mit fadenscheinigen Argumenten und haltlosen Unterstellungen ein Skandal inszeniert werden sollte. Die Verunglimpfung des ZfA als Thinktank von Holocaust-Verharmlosern war dermaßen hanebüchen und töricht, daß nur diejenigen ihr applaudierten, die sich als fanatische Muslimfresser zu Recht wie neue Forschungsobjekte der Diskriminierungsforscher fühlen durften. Die Rassisten im PI-Gästebuch reagierten zuverlässig wie Pawlowsche Hunde auf die Diffamierung des ZfA und seines Leiters: »Zeit, daß diese Riege fettgefressener, weißhaariger Drohnen endlich in die Wüste geschickt wird. Mit nichts als dem Hemd auf dem nackten [Arsch].«[322] Manchem erschien selbst die Zwangsdeportation als zu human für die »Drohnen« und einzig der Tod als angemessen: »Sie werden nicht überleben.«[323] Zu Claqueuren dieser Sorte kann man Küntzel nur gratulieren. Er hat sie verdient.

Die Konferenz des ZfA schreckte die Islamhasser von PI auch deshalb auf, weil sie sich lange Zeit vor gleichsam amtlicher Kritik an ihrem rassistischen Gebrüll sicher gewähnt hatten. Um bloß nicht in den Verdacht zu geraten, mit Neonazis zu sympathisieren oder selber welche zu sein, bekunden sie bei jeder Gelegenheit ihren Abscheu vor Antisemiten und Antizionisten. In den »Leitlinien« von *Politically Incorrect* heißt es: »Wir unterstützen Israel und seine Bürger darin, was uns selbstverständlich ist: auf das [sic!] Recht für ein Leben in Frieden und Freiheit.«[324] Militärische Aktionen Israels gegen die Hamas oder die Hisbollah werden nachdrücklich unterstützt, alle Zweifel an Sinn und Erfolgsaussichten solcher Aktionen als antisemitische Propaganda verdammt. Knapp zwei Wochen nachdem die israelische Armee gegen den Raketenterror der Hamas die Operation »Gegossenes Blei« gestartet hatte, forderte PI seine Leser auf, an die Soldaten der Israel Defense Forces (IDF) solidarische E-Mails zu verschicken, und viele User gehorchten gern.[325]

Doch die Glaubwürdigkeit dieser Bekenntnisse und Treueschwüre ist mäßig. Die Identifikation mit den Israelis und besonders den IDF fällt der PI-Gemeinde nur deshalb so leicht, weil die israelische

Armee tut, was der PI-Gläubige für die Ultima ratio hält: mit Waffen gegen Muslime vorgehen. Der Anblick von Kriegsbildern aus Palästina läßt die Islamhasser in Vernichtungsphantasien schwelgen, die sich besonders an Kollateralschäden entzünden. Am 3. Januar 2009, kurz nach dem Einmarsch der IDF in Gaza, plädiert ein »Bigfoot« im PI-Gästebuch ungescheut für Kriegsverbrechen: »Hoffentlich nehmen die israelischen Streitkräfte jetzt nicht mehr soviel Rücksicht auf die Terrorhelfer, ähm, meinte natürlich, arabischen Zivilisten.«[326] Auch »Rabbit« will Leichenberge sehen: »Allen Hamas-Faschisten wünsche ich, daß sie möglichst zahlreich ihren heißersehnten Märtyrertod finden.«[327] Wie er mit Kriegsgefangenen umgehen würde, erzählt »Tuuli«: »[Die] Hamas-Terroristen [sollten] Gelegenheit zum Aufräumen und zum Wiederaufbau erhalten. Mit 'ner Schaufel in der Hand und 'ner Uzi im Nacken.«[328] Der Kommentator »Pro-contra« erwägt drastischere Maßnahmen: »[Die] Hamas gehören [sic!] kastriert und eingesperrt.«[329] Ein »Islamophober« rät zur Vertreibung: »[Die] Palis müssen aus dem Gazastreifen auf Dauer gesehen zwangsumgesiedelt werden. [...] Das gibt sowieso keine Ruhe, also raus mit dem Pack!«[330] Worum es all diesen falschen Freunden Israels in Wirklichkeit geht, wenn sie vom totalen Krieg gegen die Palästinenser halluzinieren, spricht »Hochdruckreiniger« aus: »Ich träume davon, daß sich diese Offensive über ganz Europa bis nach Neukölln ausweitet.«[331]

Man muß kein Psychologe sein, um den dröhnenden Anti-Antisemitismus der PI-Rassisten als Camouflage und primitive Projektion zu durchschauen. Die Juden, die der Islamhasser angeblich »liebt«, sind ihm nur als Vorposten gegen die islamischen Welteroberer teuer. Die permanente Bedrohung Israels durch seine Nachbarländer ließe den politisch Inkorrekten völlig kalt, wären diese Nachbarn lauter Christen. Die martialischen Loyalitätserklärungen für die IDF und Netanjahu sind weiter nichts als Ausreden für das eliminatorische Gebrüll gegen die Muslime der Welt. Sobald aber Juden sich kritisch äußern über die Politik Israels, weiß der PI-Fan sofort, was er von denen zu halten hat. Die erklärte Antizionistin Evelyn Hecht-Galinski – deren wütende Polemik gegen Israel tatsächlich inakzeptabel ist – wird von den Inkorrekten nicht etwa politisch attackiert, sondern nach alten antisemitischen Maß- und Vorgaben begeifert. »Es gibt leider judenhassende Juden und die wüstesten Antisemiten unter den Juden. Immer schon.« Weiß ein »Prosemit«[332] schon immer ganz genau. Daß die »Juden nicht zusammenhalten«, sei ihm eigentlich »fremd«, teilt »Frenchman« mit[333]. »KDL« ist weniger überrascht: »Vom Zentralrat der deutschen Juden und dessen Umfeld kam schon häufig so ein gutmenschlicher Dünnschiß.« Gute Juden sitzen nämlich weit weg von Deutschland in Bunkern und Schützengräben, und genau dorthin möchte »KDL« die schlechten, das heißt, die deutschen Juden transportieren: »Solchen Leuten kann man nur wünschen, daß sie sich eine Weile in Israel, am besten in grenznahen Orten aufhalten müssen.«[334] Zum Vater Frau Hecht-Galinskis fällt »Alastor2262« ein, was den Antisemiten Deutschlands am langjährigen Vorsitzenden des Zentralrats der Juden in Deutschland stets übel aufstieß: Er habe »H. Galinski noch als unerbittlichen, finsteren und rechthaberischen Menschen erlebt [...], der uns Deutschen permanent und ohne Ansehen der Person Schuld vorwarf«[335]. Israel hat Helfer und Verbündete gewiß nötiger als irgendein Staat auf der Erde. Doch man darf annehmen, daß die Israelis lieber kampflos vor der Hamas kapitulierten, ehe sie sich von Antisemiten wie diesen PI-Hardcore-Usern unterstützen ließen.

Wie bigott und erstunken die proisraelischen, philosemitischen Treueschwüre der meisten Islamhasser sind, wird offenbar bei ihren Äußerungen zum Holocaust. Die historische Verpflichtung, gegen den Antisemitismus und für das Existenzrecht Israels einzustehen, ist den eingeschworenen PI-Fans nicht nur gleichgültig, sondern sogar suspekt. Als beispielsweise Gast-Blogger »Sascha M.« zum 70. Jahrestag der Reichspogromnacht die ständige Erinnerung an die deutsche Schuld anmahnte, lief die PI-Gemeinde vor Empörung braun an. »Ich brauche mich nicht mit Nazis, die vor 60 Jahren gehandelt haben, zu identifizieren, nur weil ich Deutscher bin«, keifte »Gutmenschophob«[336]. Ganz im Sinne des »Moralkeulen«-Erfinders Martin Walser äußerte sich »Jopema«: »Die tägliche Lektion in den Medien über die Verbrechen der Nazizeit [hat] zwischenzeitlich dazu geführt, daß [...] langsam und sicher ein ziemlich dicker Hals bei den Menschen entstanden ist, die schon auf Grund ihres Geburtsdatums mit der Nazizeit nichts, aber auch gar nichts zu tun haben.«[337] Aber auch gar nichts wollte »Testales« aus der Geschichte lernen: »Ich wüßte nicht, warum ich dem [sic!] Ereignis persönlich gedenken sollte. Ich kannte niemanden, der betroffen war.«[338]

Betroffen, wenngleich über etwas ganz anderes, gab sich »Altsachse«: »Ganze Generationen wurden durch die Gedenkstätten geschleust. Billionen Euros wurden an die Opfer gezahlt.«[339] So sind sie, die Juden: Erst lassen sie sich ermorden, und dann kassieren sie auch noch Geld dafür. »Sales« hat vermutlich auch deshalb beschlossen, aus seinem Herzen eine Mördergrube zu machen: »Nichts liegt mir so nahe am Herzen wie unsere Väter und Großväter, die im Zweiten Weltkrieg gefallen sind.«[340] Kommentator »Beowulf« mochte nicht länger schweigen über sein spezielles Problem mit den Juden: »0,25 Prozent der Bevölkerung Deutschlands ist [sic!] jüdischen Glaubens. Wenn ich aber die Medien so anschaue, egal ob Print oder TV, könnte man meinen, der Anteil [liege] eher bei 95 Prozent.«[341] Dafür hat sich Adolf Hitler nicht erschossen, würde »Beowulf« gern hinzufügen, wenn er nicht insgeheim hoffte, daß sich sein Führer irgendwo in der Antarktis versteckt hält.

In diesem Gästebuch zu einem Aufsatz über die deutsche Schuld waren die Neonazis ganz unter sich, und sie ließen alle Jauche heraus, die in ihnen gärt: »Wer sich kritisch mit den ›Tatsachen‹ auseinandersetzt«, tönte »BlackColla«, »dem werden zwangsläufig Fehler in der Darstellung auffallen. Wir brauchen kritische Betrachtungen der Vorgänge damals.«[342] Ein »Eisenkrieger« präzisierte, was sein Vorschreiber meinte: »So kommt es heute immer wieder zu Zweifeln, sowohl an der Zahl der Opfer als auch an der Tatsache, ob der Holocaust in der heute bekannten Form überhaupt stattgefunden hat.«[343] Der kulturalistisch verbrämte Rassismus von *Politically Incorrect* war bislang leider keinem Staatsanwalt ein Ermittlungsverfahren wert. Die offene Holocaust-Leugnung jedoch, welche die PI-Macher in ihren Foren zulassen, sollte Stefan Herre endlich mal eine Vorladung eintragen.

Denn er ist nicht schuldlos, wenn die Leugner sich auf seiner Seite austoben. Zu jedem Blog-Posting auf PI, auch zu dem von »Sascha M.«, stellt die Redaktion folgenden Hinweis: »Die Kommentare zu den Beiträgen geben nicht die Meinung des PI-Teams wieder. Wir behalten uns vor, sie zu kürzen oder zu löschen. [...] Kommentatoren, die gegen unsere *Policy* verstoßen, werden gesperrt oder unter Moderation gestellt.«[344] Diese »Policy« enthält, natürlich, keinen einzigen Artikel, der die Holocaust-Leugnung untersagt. Doch wer sich vorbehält, zu kürzen, zu sperren oder zu löschen, der sollte sich nicht darauf hinausreden dürfen, daß seine eigene Meinung in den Kommentaren ja gar nicht wiedergegeben werde oder die »Moderation« sich bloß an die »Policy« gehalten habe. Worauf es ankommt, ist allein dies: Die Macher von PI lassen die Verbreitung der Holocaust-Lüge zu. Und wenn gegen sie schon sonst nicht der Paragraph 130 des Strafgesetzbuchs, »Volksverhetzung«, angewandt wird – in Sachen Shoa-Leugnung müßte mittlerweile die Sensibilität der Bundesanwaltschaft etwas ausgeprägter sein.

Wie eng der Antiislamismus dem Antisemitismus verwandt ist, läßt sich an den Klischees erkennen, in denen der Islamfeind und der Judenhasser denken. Hier zu vergleichen bedeutet keineswegs, den Antisemitismus zu relativieren, sondern ist zwingend nötig, um den rasenden Erfolg des Antiislamismus begreifen zu können, die Wirksamkeit seiner demagogischen Tricks und kulturalistischen Diffamierungen sowie die Empfänglichkeit so vieler Deutscher für den Dreck, den die politisch Inkorrekten verschleudern. Denn die Mischung dieses Drecks hat sich auch in acht Jahrzehnten nicht wesentlich geändert. Welches der folgenden Zitate aus *Mein Kampf* und welches aus einem Blog-Eintrag von PI stammt, entnehmen Sie bitte den Fußnoten. »Man kommt auf den seltsamen Gedanken, ob dieses Schweigen im Land etwa an eine Weisung gebunden ist. Ist die Regierung Erfüllungsgehilfe eines Geheimbunds, der Deutschland mit einem asiatischen Volk unterwandern will?«[345] – »[Den] Schutz der persönlichen Rechte und der persönlichen Freiheit genießt der Ausländer ebenso, nicht selten sogar mehr; jedenfalls trifft dies in unserer heutigen deutschen Republik zu. Ich weiß, daß man dieses alles ungern hört; allein etwas Gedankenloseres, ja Hirnverbrannteres als unser heutiges Staatsbürgerrecht ist schwerlich vorhanden.«[346]

Hetze ohne Grenzen

Am Anfang ist die Angst vor allem anderen und kaum mehr als das Gefühl, vom Fremden bedroht zu werden. So diffus wie diese Angst, so verschwommen ihr Objekt. Der Angsthaber hat keine klar umrissene Vorstellung von dem, was er fürchtet. Fremd und bedrohlich erscheinen ihm alle, die anders sprechen und aussehen als er. Zutiefst verunsichert über seinen Platz in der Welt und die eigene Identität, macht der Angstgestörte die anderen verantwortlich für seine Unsicherheit und sein verkümmertes Selbstbewußtsein. Daraus erwächst ein grenzenloser Zorn auf die Fremden. Der Angsthaber bildet sich ein, daß sie ihm den Frieden seiner Seele, die Beschaulichkeit des Lebens geraubt haben und nicht innehalten werden, ihn zu bedrängen und um sein Glück zu betrügen, ihn auszusaugen, bis von ihm bloß eine leere Hülle bleibt, eine Kreatur, die nichts besitzt, nicht einmal sich selbst. Dafür sollen die Fremden dem Angsthaber büßen, und deshalb beginnt er damit, sich zu erhöhen, indem er sie erniedrigt. Er weiß zwar nicht, was ihn wertvoller macht als den Fremden, doch er weiß ganz genau, daß der andere von Natur aus wertlos ist. Der Angsthaber erschafft sich eine Identität aus purer Negation. Nicht seine eigenen Qualitäten, sondern die vermeintlichen Defizite des anderen definieren das neue, scheinstarke Ego des Angstgestörten. Darum kann er von seiner Angst nicht lassen. Mit ihr verlöre er auch sein simuliertes Selbstbewußtsein, und er müßte sich eingestehen, daß ihn außer Angst und Haß bislang nichts mit der Menschheit verbunden hat. Lieber ließe der Angsthaber alles und jeden zum Teufel gehen, bevor er es wagte, die Ursache seiner Angst in sich selbst statt in dem anderen zu suchen.

Niemand ist davor sicher, dieser neurotischen Angst zu verfallen. Solange die gesellschaftlichen Verhältnisse sich nicht am Menschen und seiner Not ausrichten, sondern an der Macht der wenigen über die meisten und daran, sämtliche Ressourcen zu erschöpfen, um diese Macht zu erhalten, so lange auch haben die meisten Bewohner der Erde einen berechtigten Anlaß, sich ohnmächtig und verlassen zu fühlen. Dennoch schlägt diese permanente psychische Krise nicht zwangsläufig in Fremdenhaß um. Den meisten Menschen ist wohl bewußt, daß ihre Probleme nicht durch »die« Juden, »die« Schwarzen oder »die« Muslime verursacht werden, daß der andere unter denselben existentiellen Sorgen und Zweifeln leidet wie sie. Einen gewissen Trost über die trostlosen Weltverhältnisse bieten ihnen die Regulative der Macht und des Kapitalismus. Freie Presse, unabhängige Justiz, starke Gewerkschaften und Oppositionsfraktionen, vor allem aber ein System sozialer Sicherung, das niemanden in den Abgrund stürzen läßt, den die Maschinerie des Marktes aussortiert hat, sind die besten Mittel gegen den Schwindel rassistischer Angstmacher.

Die Globalisierung, besser: der globale Triumphzug der neo-liberalen Ideologie hat jedoch diese Regulative nachhaltig beschädigt. Es galt den Neoliberalen stets als vornehmstes Ziel, den Markt von allen äußeren Einflüssen zu befreien. »Deregulierung« ist ihr Zauberwort gewesen, um den Staat zum Nachtwächter, das Sozial- zum Almosensystem, die Gewerkschaften zu Papiertigern und die freie Presse zum Spekulationsgegenstand multinationaler Konzerne einzudampfen. Eine gewichtige parlamentarische Opposition gibt es in Deutschland seit 2005, als die große Koalition aus SPD und CDU antrat, nicht mehr. Und auf die Unabhängigkeit der Justiz vom Markt bzw. von den Klassenverhältnissen, die der Markt zementiert, kann man spätestens seit den Prozessen gegen Ex-Postchef Zumwinkel und die Supermarktkassiererin »Emmely« nur bedingt bauen. Es ist Menschen, die der Angst nicht nachgeben wollen, wenig übrig geblieben, was sie über die Rücksichtslosigkeit der »politisch-öko-nomischen Sphäre« (Adorno) gegen das Individuum hinwegtrösten könnte.

Die Erosion der Kontrollinstanzen, die den Kapitalismus und die Macht der wenigen im Zaum hielten, begann in den 80er Jahren, beschleunigte sich mit dem Ende der realsozialistischen Staaten und hat seit Ende der Neunziger lawinenartige Ausmaße angenommen. Das von jeher geringe Vertrauen in die Gerechtigkeit und Mensch-lichkeit der verwalteten Welt ist dabei ebenso tief erschüttert worden wie die Gerechtigkeit und die Menschlichkeit selbst. Einen guten Grund zur existentiellen Angst hat es immer gegeben. Doch heute gibt kaum einen guten Grund, diese Angst *nicht* zu haben. Weil die meisten Menschen davor zurückscheuen, die Welt, wie sie ist, zu ändern – denn dann müßten auch sie sich verändern –, wird die Zeit wieder reif für Sündenböcke, für simple und brutale »Lösungen« auf Kosten einer Minderheit. Wenn die Zahl der Angsthaber steigt, haben die Angstmacher Konjunktur. Das ist keine neue Erkenntnis, gewiß, doch sie scheint regelmäßig dann vergessen zu werden, wenn es besonders nötig wäre, sich ihrer zu entsinnen.

Das Feindbild Moslem, wie *Politically Incorrect* oder Pro Köln, Ralph Giordano oder Geert Wilders es zeichnen, entstand nicht über Nacht. Doch die Eignung der Muslime zum universellen Feindbild wurde an einem einzigen Tag entdeckt, am 11. September 2001. Der ungeheure Schock über die Terroranschläge von al-Qaida wich schnell einem gewaltigen Zorn. Die Kriegserklärung Osama bin Ladens wurde unverzüglich mit Krieg beantwortet. Von »einer neuen ideologisch-politischen Konfrontation zwischen dem Westen und dem radikalen Islam« als Folge von »9/11« spricht der Historiker Manfred Berg[347]. Dieser Auseinandersetzung konnte niemand entrinnen. Mohammed Atta und seine Killerbande waren aus Hamburg, einer Metropole des Westens, aufgebrochen, um über zwei andere Metropolen der westlichen Welt, New York und Washington, Feuer und Tod zu bringen, im Namen eines Gottes, der für die Ungläubigen keine Gnade und kein Erbarmen kennt. Der islamische Fundamentalismus war plötzlich nicht mehr ein Problem, das niemanden scherte, da es ja bloß irgendwelche Pakistani oder Somalis betraf. Bin Ladens Terrorkommandos haben die ganze Welt im Visier, und die Hysterie über diese Erkenntnis hält bis heute an.

Der Wille zur Vernichtung jeden, sogar des eigenen Lebens, die Absage der Islamisten an den Dialog, die Menschenrechte, die Demokratie haben zu einer Barbarisierung auch im Westen geführt. Weil die radikalen Muslime die Zivilisation zutiefst verachten, glaubt man, sie ihnen verwehren zu dürfen. Mutmaßliche Terroristen wurden nicht verhört, sondern gefoltert; sie kamen nicht vor Gericht, sondern nach Abu Ghuraib und Guantánamo. Um die Freiheit zu bewahren, haben alle westlichen Staaten die Freiheit ihrer Bürger beschnitten; um den Frieden zu verteidigen, haben die USA und ihre Alliierten die Einwohner Afghanistans und des Irak in einen endlosen Bürgerkrieg gestürzt. Weil die Islamisten den Westen für bankrott erklären, nimmt der Westen sie beim Wort und wirft seine Werte auf den Müllhaufen. »Gegenüber Terroristen ›fair‹ zu sein, auf verdeckte Ermittlungen zu verzichten und im Verfahren alle Quellen offenzulegen, käme einem Verzicht auf eine Verfolgung gleich«[348], dem Terror sei rechtsstaatlich nun mal nicht beizukommen, schreibt Henryk M. Broder in *Hurra, wir kapitulieren!* Der Romancier Don DeLillo sah in den Aschehaufen des World Trade Center die »Ruinen der Zukunft«. Diese Metapher, wenige Wochen nach den Terrorattacken formuliert, hatte prophetische Qualität. Mit dem 11. September endete, so Manfred Berg, die »Hoffnung auf die weltweite Durchsetzung des universalen, liberaldemokratischen Modells, auf Weltfrieden« durch internationale Kooperation«[349].

Der islamistische Terror ist eine reale Bedrohung, zweifellos, zugleich jedoch ein irrealer Schrecken. Die Wahllosigkeit, mit der die fundamentalistischen Mörder zuschlagen, ihre Lust am Tod, und sei es der eigene, verleihen ihrem Terror etwas Alptraumhaftes, das die Massaker von New York, Madrid und London weit übersteigt. Aber Träume, auch die fürchterlichen, haben auf das wirkliche Leben nur so viel Einfluß, wie ihnen zugestanden wird. Osama bin Laden und alle, die ihm folgen, sind heute weiter davon entfernt, den Westen niederzuwerfen, als vor dem 11. September 2001. An einer Terrortaktik, die auf Selbstmord beruht, läßt sich die besinnungslose Wut der Terroristen ebenso ablesen wie ihr Eingeständnis, mit einem Sieg schon lange nicht mehr zu rechnen. Es ist angebracht, die Vernichtungslust der Islamisten zu fürchten. Doch es gibt keinen ernsthaften Grund, vor einer Islamisierung des Westens zu zittern. Viel näher liegt es, sich Sorgen zu machen, daß die westlichen Staaten bei ihrem Kampf gegen die radikalen Muslime alles aufgeben, was sie von der Theokratie unterscheidet, die Bin Laden und seine Kameraden errichten wollen. Denn die Angstmacher, die den Haß der Islamisten mit Haß auf den Islam beantworten, predigen dasselbe wie die Dschihadisten: die Abschaffung der Freiheit, des Dialogs, der Toleranz, der Menschenrechte, der Zivilisation. Um den Rechtsstaat zu retten, wollen sie auf ihn verzichten; von der Überlegenheit ihrer Moral überzeugt, ist ihnen jede unmoralische Aktion willkommen. Wären sie keine Todfeinde, hätten Islamisten und Muslimfeinde längst einen Dachverband der Haßprediger gründen müssen: Sie stehen einander erheblich näher als den Menschen, die sie mit ihrem blutrünstigen Geschrei verrückt machen wollen.

Der 11. September hat der namenlosen Angst vor der Welt und ihren Veränderungen ein Objekt verschafft. Viele, die bis dahin das Leben fürchteten, bangen nun darum. Aus Kleinmut ist Panik geworden, und die muslimfeindlichen Angstmacher finden mehr Gehör denn je. Den islamistischen Terror erwähnen sie selten, denn der beherrscht seit 2001 pausenlos Schlagzeilen und Politik. Die Propagandaleiter sind vor allem daran interessiert, das Entsetzen vor den Terroristen auf die Muslime zu lenken, die nebenan wohnen. Sie müssen sich dafür nicht sehr anstrengen. Mohammed Atta und die anderen »Schläfer« wirkten weder auf Nachbarn noch auf Kommilitonen wie Extremisten. Das Auffälligste am islamistischen Mordbuben sei seine Unauffälligkeit: Dies Argument brauchen die Islamfeinde nicht zu wiederholen, es beherrscht die sicherheitspolitische Debatte seit acht Jahren. Ihre Hetze gilt deshalb der »stillen« oder »schleichenden« Islamisierung, die einen Erfolg nach dem anderen feiere, weil die verweichlichten Westler aus falsch verstandener Toleranz nicht wagten, den Frechheiten der Fundamentalisten Einhalt zu gebieten.

Der Journalist Udo Ulfkotte zum Beispiel, einer der populärsten Angstmacher des Landes, schreibt in seinem Buch *Heiliger Krieg in Europa*: »Unseren Gegnern aus den Reihen radikaler Islamisten geben wir beständig nach – weil wir den offenen Krieg fürchten. Die Folgen sind kaum noch abzusehen. Denn die Gegner werden täglich stärker.«[350] Sie überwältigen das Abendland nicht mit dem Schwert, sondern im Kreißsaal: »Schon etwa um das Jahr 2025 herum wird jedes dritte in Europa geborene Kind muslimischen Glaubens sein.«[351] Denn der Glaube an Allah liegt in den Genen, gleichwie die Unterdrückung der Frau untrennbar ist von der Verehrung für den Propheten: »So konnten in Deutschland Millionen Muslime ein Patriarchat praktizieren, das mit westlichen Vorstellungen von der Gleichberechtigung der Frau nicht vereinbar ist.«[352] Während Seyran Ateş und Necla Kelek immerhin zugeben, über verläßliche Daten nicht zu verfügen, schert sich Ulfkotte schon gar nicht mehr um Quellen für seine Horrorzahlen.

Seine düsteren Visionen erscheinen ihm realer als jede Wirklichkeit; keine Fälschung kann so offensichtlich sein, daß Ulfkotte ihr nicht aufsäße, kein Gerücht so grotesk, daß er darin nicht sogleich einen Beweis für die Islamisierung Europas witterte: »In den Alpenregionen fordern Muslime, auf den Gipfeln neben das ›Gipfelkreuz‹ künftig jeweils auch einen ›Gipfelhalbmond‹ zu stellen. [...] In Italien wurde 2006 der erste Badestrand nur für Muslime eröffnet«[353]. Ulfkottes Verhältnis zur Wahrheit ist ziemlich flexibel, deshalb schreibt er die Nachrichten um, wie er sie braucht. Tatsächlich handelt es sich um einen Strandabschnitt, der auch für muslimische Männer gesperrt ist: Der Besitzer eines Luxushotels in Riccione hatte die sonderbare Idee zu einer Badestelle nur für Muslima, um Gäste aus Saudi-Arabien und den Vereinigten Arabischen Emiraten anzulocken.[354] Daraus einen Fall von Islamisierung zu basteln hat mit lauterem Journalismus etwa so viel zu schaffen wie das aufgeregte Nachplappern des »Gipfelhalbmond«-Märchens. In die Welt gesetzt hatte es Peter Westenthaler, der Chef der rechtspopulistischen Partei Bündnis Zukunft Österreich (BZÖ). Während einer Fernsehdiskussion im Sommer 2006 wedelte er aufgeregt mit der Kopie eines Briefes herum, den angeblich Omar Al-Rawi, SPÖ-Gemeinderat und Integrationsbeauftragter der Islamischen Glaubensgemeinschaft in Österreich, an den Alpenverein geschickt hatte. »Demnach [hätte] Al-Rawi die Gipfelkreuze auf österreichischen Bergen als ›ein Herrschaftszeichen des Christentums‹ bezeichnet.«[355] Tatsächlich hatte die Künstlergruppe »Haben wir denn keine anderen Sorgen« den Brief angefertigt. Sie wollte vorführen, wie leicht Populisten vom Schlage des BZÖ-Führers auf »Gemein- und Blödheiten« hereinfallen, wenn sie ihnen nur in die kulturalistische Agenda passen. Der Fake wurde kurz nach Westenthalers Auftritt aufgedeckt. Ulfkotte hätte das wissen können, wenn er's gewollt hätte. Aber er möchte seine Halluzinationen offenbar nicht durch Begegnungen mit der Realität gefährden, und deshalb darf in seinem Kabinett der Kuriositäten die Legende von den verbannten Sparschweinen nicht fehlen, die auch Henryk M. Broder ungeprüft publizierte.

Was Ulfkotte unter »Recherche« versteht, führt er im Kapitel »Der Kampf ums Geld« vor. Darin berichtet er von dem altgedienten Berliner Zuhälter Steffen Jacob, der sich über die Konkurrenz aus unchristlichen Ländern beschwert: »›Wenn Sie hier in Berlin nicht Arabisch oder Türkisch sprechen, dann sind Sie unter Ganoven inzwischen eine Nullnummer.‹ [...] [Jacob] stört das respektlose Verhalten vieler Muslime im Rotlichtgewerbe«, schreibt Ulfkotte voller Respekt für den Luden, der »im Rotlichtmilieu [...] Millionen verdient« habe, doch »bescheiden geblieben« sei.[356] Aber warum sollte der Islamkritiker nicht mit solchen Zeugen auftrumpfen dürfen? Horst Wessel war schließlich auch »im Rotlichtmilieu« unterwegs gewesen und brachte es dennoch zum größten Märtyrer der NSDAP. Den Zusammenhang von Prostitution und einem angeblichen »Generalplan der Muslimbruderschaft zur Islamisierung Europas aus dem Jahre 1982«[357] kann Ulfkotte zwar beim besten Willen nicht herstellen, aber sein Sammelsurium aus halben Wahrheiten und ganzen Märchen vertraut ohnehin auf Leser, die sich ihr Teil schon denken werden. Es dränge sich der Verdacht auf, bemerkte ein Rezensent der *Frankfurter Rundschau*, »hier gehe einer mit überzogenen und falschen Behauptungen zielsicher auf Dummenfang«[358].

Und Ulfkotte mochte es dafür nicht beim Schreiben windiger Sachbücher belassen. 2006 gründete er mit Gleichgesinnten den Verein »Pax Europa«. Der Name war durchaus nicht Programm; es ging den Gründern nicht um den Frieden in Europa, sondern um den Kulturkampf gegen die Muslime. Die Gestalten, die der Verein anlockte, wurden schließlich sogar Ulfkotte unheimlich. Ende November 2008 verließ er den derweil in »Bürgerbewegung Pax Europa« (BPE) umgetauften Haufen wegen des »zunehmend extremistischen Kurses«. Gleichzeitig kündigte er an, nicht noch mal eine Vereinigung für Islamhasser gründen zu wollen, »denn die Gefahr einer ›Unterwanderung durch Rechtsextremisten und Radaubrüder‹ sei ihm zu groß«[359]. Prompt nannten seine bis dahin hochloyalen Verehrer bei *Politically Incorrect* ihn »eine der schillerndsten, umstrittensten und, wie viele inzwischen finden, auch unseriösesten Figuren [...] der bürgerlichen Islamkritik in Deutschland«[360]. Ob Ulfkotte allein der Nazis wegen die Flucht aus der BPE ergriff, ist nicht sicher zu sagen. Die Exgenossen behaupten, er sei dem »Vereinsausschluß mit seinem erklärten Vereinsaustritt« nur knapp zuvorgekommen, und werfen ihrem Gründervater »Schlingerkurs und unabgestimmte Ad-hoc-Aktionen« vor.[361] So nett geht's unter Antiislamisten zu. Die Muslimparanoia förderte der vom Vereinsgewese genesene Ulfkotte trotzdem munter weiter.

Vier Wochen nach dem Austritt veröffentlichte er in seinem Weblog einen »Jahresrückblick Sonderrechte für Muslime 2008«, der unter anderem mit solchen Beispielen für die Islamisierung Europas aufwartet: »In nunmehr 37 Filialen der Deutschen Bank, die ›Bankamiz‹ (türkisch für ›unsere Bank‹) heißen, spricht man Türkisch«.[362] Daß man in den »Bankamiz«-Filialen auch Deutsch spricht, erwähnt Ulfkotte selbstverständlich nicht. Er plaudert ja gleichfalls nicht aus, wer ihm all die Dinge verrät, von denen außer ihm kein Journalist der Republik berichtet: »Im Ruhrgebiet gibt es mittlerweile Städte, in denen nach diesen Angaben [von »Mitarbeitern verschiedener Polizeipräsidien«; K. S.] etwa ein Drittel der angezeigten Bandenvergewaltigungen auf das Konto junger Muslime geht.«[363] Schade, daß diese »Mitarbeiter« nur Udo Ulfkotte, nicht jedoch ihr Landeskriminalamt informiert haben: Dessen Jahresbericht über die »Kriminalitätsentwicklung im Land Nordrhein-Westfalen 2006« weist das Delikt »Bandenvergewaltigung« – bzw. Massenvergewaltigung – nicht gesondert aus.[364] Eine Überprüfung von Ulfkottes Horrorgeschichte ist also nicht möglich, und das wird ihm schon recht sein. Denn mit Hilfe anonymer »Quellen« läßt sich bekanntlich alles beweisen und besonders übel verleumden. Darauf, daß seine Gemeinde ihm auch diese Geschichte abkaufen wird, kann sich Ulfkotte freilich verlassen: Gruselmären über Muslime, die in Horden über deutsche Frauen herfallen, gehören längst zum Kanon der islamfeindlichen Hetze – und auch diese Horrorstorys sind ein Erbe alter antisemitischer Greuelpropaganda.

Ulfkotte hätte also nicht so schockiert tun müssen über Rechtsextremisten im eigenen Verein. Der Islamhaß ist den radikalen Rechten höchst willkommen, um ihren alten Ausländerhaß mit neuem Make-up zu versehen. Markus Beisicht etwa, der Parteichef von Pro Köln, war in den 80er Jahren Bundesvorsitzender des »Rings freiheitlicher Studenten« (RFS). 1981 bescheinigte das Amtsgericht Münster dem RFS, eine rechtsextremistische Vereinigung zu sein. 1987 gründete Beisicht mit seinem Studienfreund Manfred Rouhs den Kölner Kreisverband der Republikaner. Auch Rouhs brachte Erfahrungen aus der rechtsradikalen Szene mit: Im Januar 1985 wurde er zum Landesvorsitzenden der Jungen Nationaldemokraten, der Nachwuchsorganisation der NPD, gewählt. 1989 zogen die Neurepublikaner Beisicht und Rouhs in den Kölner Stadtrat ein. 1991 traten sie zur rechtsextremen Deutschen Liga für Volk und Heimat über, die sie bis zu ihrer Abwahl aus dem Stadtrat 1994 würdig vertraten – unter anderem lobte Beisicht aus eigener Tasche Kopfgeld auf eine untergetauchte Asylbewerberin aus. 1996 zählte Beisicht zu den Gründungsmitgliedern von Pro Köln. Dorthin folgte ihm der alte Kamerad Rouhs; seit 2004 sitzen die beiden wieder im Kölner Stadtparlament. Manfred Rouhs hat sich neben seiner politischen Karriere auch dem Verlegen von Zeitschriften gewidmet, darunter das Rechtsrock-Magazin *Noie Doitsche Welle*. Der gelernte Jurist Beisicht nimmt in seinem Brotberuf als Strafverteidiger gern auch heikle Fälle an. So berichtet der Neonazi Axel Reitz, dem die Szene den schönen Beinamen »Hitler von Köln« verlieh, Beisicht habe ihn mehrmals als Strafverteidiger vertreten.[365] Nicht ganz so erfahren im Dienst am Vaterland ist Judith Wolter, die stellvertretende Vorsitzende von Pro Köln. Aber sie übt: Im November 2002 durfte Wolter beim Bundeskongreß der Jungen Nationaldemokraten ein Grußwort verlesen.

Seit 2004 wird Pro Köln vom Landesverfassungsschutz wegen des Verdachts auf rechtsextreme Bestrebungen beobachtet. Die anderen Fraktionen im Kölner Stadtrat haben versucht, die Partei der Muslimfeinde durch Nichtbeachtung zu marginalisieren, was aber gründlich danebenging. Spätestens mit der Ratsabstimmung über den Moscheebau in Köln-Ehrenfeld wurde deutlich, daß in Pro Köln eine politische Kraft erwachsen ist, die ihre Themen und, schlimmer noch, ihre Antworten den Politikern der bürgerlichen Rechten aufzwingt. Sie nehmen die extremistische Kadertruppe inzwischen so ernst, daß die CDU-Fraktion, wahrscheinlich aus Sorge um ihr Abschneiden bei der nächsten Kommunalwahl, dem eigenen Bürgermeister in den Rücken fiel. Pro Köln versuche, so Experten, »den Begriff des Rechtspopulismus affirmativ zu besetzen: Eine ›rechtspopulistische Bewegung‹ zu entfalten, die den ›Protest aus der Mitte der Gesellschaft‹ organisiert, ist laut [...] Markus Beisicht Ziel dieses rechten Netzwerkes.« Diese Taktik hat in Köln durchaus Wirkung erzielt: »Hierbei konnte die Rechtsaußen-Partei von vorherrschenden Vorurteilen und auch von kulturalisierenden Zuschreibungen aus etablierten Medien- und Politikkreisen profitieren.«[366] Die im Proteststurm Zehntausender Gegendemonstranten versunkenen, lausig frequentierten »Anti-Islamisierungskongresse« der Partei im September 2008 und Mai 2009 haben zwar nicht gerade bewiesen, daß Pro Köln das Zeug dazu besitzt, Kristallisationskern einer Massenbewegung zu werden. Doch 1925 hätte das der NSDAP auch niemand zugetraut. Die Demagogen von Pro Köln sind jedenfalls gerissen genug, gebetsmühlenartig den wichtigsten Punkt ihres Parteiprogramms zu schnarren: »Der Bau einer repräsentativen Moschee [...] würde das Gesicht und den Charakter unserer Heimatstadt verändern. Es drohen Massenaufmärsche, die Beantragung des Muezzin-Rufs [...], sich ständig wiederholende orientalische Lautsprecherdurchsagen und immense Parkplatzprobleme.«[367] Einst waren die Juden schuld an allem, und heute nehmen uns die Muslime sogar die Parkplätze weg.

Politically Incorrect, das Zentralorgan der Angstmacher im Internet, hat Pro Köln stets vehement unterstützt. Monate vor dem zweiten »Anti-Islamisierungskongreß« bemühten sich die Macher der Website bereits, ihre Leser für die hetzerische Veranstaltung zu mobilisieren; Stefan Herre packte am 9. Mai 2009 eine Unzahl

Videos und Photos von dem »Kongreß« in sein Weblog und ließ ausrichten, dies sei ein »[eindrücklicher] Appell an die freie Welt« gewesen.[368] Knapp »1000 Teilnehmer« meinte PI gesichtet zu haben, wo die Polizei gerade mal 150 gezählt hatte.[369] Denn die PI-Fans – durchweg hinter Nicknames versteckt, todesmutig an der Tastatur, feige bis in die Knochen – blieben lieber daheim und bibberten vor den »Totschlägern« der Antifa. Doch das sollte den Beobachter nicht verleiten, PI für eher einflußarm und ungefährlich zu halten. Rund 30 000 Besucher registriert die Website täglich, und wiewohl Stefan Herre gewünschte und reale Zahlen nicht sehr gut auseinanderhalten kann – in diesem Fall zählt nicht er, sondern ein Computerprogramm. Das Internet hat dafür gesorgt, daß Rassisten und Rechtsradikale sich organisieren und gegenseitig anfeuern können, ohne den Fuß vor die Tür setzen zu müssen. »Das Medium«, schreibt Patrick Gensing, »beeinflußt offenbar selbst die rechtsextreme Ideologie. Längst handelt es sich bei den modernen Nazis nicht mehr um eine durch und durch autoritär geprägte Bewegung. Die meisten Ereignisse in der Bewegung werden im Internet kontrovers diskutiert, wenn auch oft auf erbärmlichem Niveau; dennoch gibt es eine gewisse Dynamik, aus der Ideen und Strategien entstehen.«[370] Die »Anti-Islamisierungskongresse« fanden vermutlich auch deshalb fast ohne Claqueure statt, weil die avisierte Klientel solche »Kongresse« jeden Tag auf Seiten wie *Politically Incorrect* durchführt.

Denn bequemer als heute war es nie, Gift zu spritzen und Minderheiten zu diffamieren. Die deutschen Internetseiten, die ausschließlich zur Hetze gegen Muslime und »Gutmenschen« installiert wurden, sind mittlerweile Legion. Sie geben sich Namen wie »Gegenstimme«, »Dhimmideutsch«, »Deutsche Dhimmi's Hall of Shame«, »Die flache Erde«, »Jihad Watch Deutschland«, »Brittas Aktionsforum gegen die Islamisierung Europas« oder – besonders passend – »Meinungsterror«. Über Blogrolls und Linklisten sind all diese Websites, ihre Autoren und Kommentatoren bestens miteinander vernetzt. Im Zentrum der antiislamistischen Online-Aktivitäten steht *Politically Incorrect*: Die Portion Muslimdiffamierung, die heute auf PI gereicht wird, wird spätestens morgen in hundert anderen Blogs durchgekaut. Die Kumulation von Menschenverachtung und Rassismus, die dieses Netzwerk erreicht, die Wirksamkeit stets verfügbarer, auf aberhundert Websites eingelagerter Haßpropaganda sollte besser nicht unterschätzt werden. Wer auf Google eine Suchanfrage etwa nach dem Wort »Dhimmi« startet, erhält als ersten Treffer einen Link zu Wikipedia und anschließend einen Verweis nach dem anderen auf islamfeindliche Websites. Wie im Kapitel »Die Feindbildhauer« dargestellt, finden sich etliche Ressentiments gegen Muslime, die der Islamhasser im Web verbreitet, genauso in der seriösen Presse wieder. Wer hier wen inspiriert, ist nicht mehr präzise zu bestimmen.

Längst schwappt die braune Brühe über auf die Internet-Angebote renommierter Tag- und Wochenblätter. Denn keines von ihnen will auf die »interaktiven« Möglichkeiten des »Web 2.0« verzichten. Also richten sie zu den meisten Artikeln, die sie online veröffentlichen, Foren und Gästebücher ein. Die Möglichkeit, hier zu hetzen, wird von den Antiislamisten leidenschaftlich genutzt; unter dem Ansturm ihrer Haßkommentare bricht regelmäßig jede Moderation zusammen. Exemplarisch ließ sich das am 24. November 2008 auf der Website einer der wichtigsten deutschen Tageszeitungen beobachten. Grünenchef Cem Özdemir hatte vorgeschlagen, mehr Türkischunterricht an deutschen Schulen anzubieten. Die politische Konkurrenz verweigerte jegliches Echo. So unvorsichtig, zuzugeben, daß sie die Sprache der Türken für lehrunwürdig halten, wollten kein Koch und kein Westerwelle sein. Außerdem ist es opportuner, Migranten mangelhafte Sprachkenntnisse vorzuwerfen, als ernsthaft darüber nachzudenken, wie sich das Defizit beheben läßt. Daß von einem, der türkische Eltern hat, auch gar nichts anderes erwartet wird, als lächerliche Ideen zu äußern, mochte ebenfalls niemand aussprechen, der für das Bilden der öffentlichen Meinung zuständig ist. Aber es war auch gar nicht nötig, Özdemir offiziell zu verunglimpfen; in Zeiten des Internet muß der Mob nicht mehr mobilisiert werden, das erledigt er bereits selbst.

Schon das Gerücht, an einer deutschen Schule könnte eine deutsche Lehrerin einem deutschen Kind demnächst beibringen, Türkisch zu sprechen, erregte bei der Mehrheit, die leider nie schweigt, eine Wut, von der jeder islamische Haßprediger noch lernen könnte. Von ihrem Deutsch freilich nicht – so zu stammeln wäre dem stursten Integrationsverweigerer peinlich: »Für mich bleibt der Eindruck das wir momentan dazu Gehirngewaschen werden sollen dem Muslim hier ein gemütliches Heim zu schaffen«, stotterte ein »Morcar«[371], dessen Hirn eine Wäsche in der Tat dringend nötig hätte. Mit der Ironie, aus der die Faust schon herausschaut, kommentierte »Tante Frieda«: »Und dann sollten wir auch Türkisch zur vierten Amtssprache endlich machen und die Türken nicht weiter diskriminieren.«[372] Was aber nicht sein kann, wie »FragIchMichAuch« wußte: »Es kann doch wohl nicht sein, das man Menschen die seit zig Generationen in diesem Land leben, auch noch nachhelfen soll, die Sprache ihre Vorfahren besser zu lernen wenn sie nicht mal die dutsche Sprache können.«[373] Der Idiot kennt sich aus: Bei ihm hat die Nachhilfe ja ebenfalls nichts gebracht.

Alles, was hier zitiert wird, stammt aus Leserkommentaren in der Web-Ausgabe der *Süddeutschen Zeitung.* Zwar hatte die Redaktion einige Monate zuvor gelobt, die »Qualität« solcher Zuschriften stärker kontrollieren und gegebenenfalls rigide zensieren zu wollen. Was dennoch durch- und herauskommt, konnte man nun begutachten: Hetze gegen Türken verträgt sich, wie es scheint, problemlos mit der »Netiquette« einer deutschen Zeitung. Denn auch deren Mitarbeiter ahnen längst, was so ein Özdemir tatsächlich meint, wenn er – im selben *Bild*-Interview, in dem er für Türkischunterricht plädierte – sich wünscht, »daß es in Deutschland bald die erste Ministerin mit Migrationshintergrund gibt, bei der genau das keine Rolle spielt«[374]. Auf *Süddeutsche.de* erschien der Inhalt dieser Aussage ins exakte Gegenteil verdreht: »[Özdemir] äußerte zugleich die Hoffnung, daß möglichst bald ein Muslim oder eine Muslimin in Deutschland ein Ministeramt bekleidet.« Ohne zu stutzen, hatten die Redakteure abgeschrieben, was ihnen von der Nachrichtenagentur Associated Press angeliefert worden war. Deren Redaktion wiederum hatte ungeprüft eine Vorabmeldung von *Bild* übernommen, in der Özdemirs Bemerkung so geändert worden war, daß der eingefleischte Laizist und Grüne plötzlich wie ein Islamist klang.

Viele Leserkommentatoren stürzten sich dankbar auf die Fälschung, denn hier hatten sie den »Beweis«, in welchem Sinne Cem Özdemir die Farbe Grün interpretiert – von wegen Umweltschutz! »Ausserdem wollen Sie Muslime in den Spitzenämtern der Nation«, hackte ein »Cmotpet« ins Keyboard: »Gefällt Ihnen die demokratische Regierung nicht, aber ein islamischer Rechtsstaat mit seine Sharia, so bitteschön, dei Pegasus fliegt.«[375] Ein »Rubogatz« wurde so witzig, wie es einem Muslimfresser gerade eben möglich ist:

»Ich werde mich mit meiner Stimme dafür einsetzen, nachdem in der Türkei ein Christ auch Minister wird. Das bedeutet allerdings, daß ich mich bei fortgeschrittenem Lebensalter dafür nicht einsetzen brauche, denn das dürfte erst geschehen, wenn Wasser bergauf fließt.«[376] Und einer mit dem Pseudonym »Hellbellt« prophezeite, was Özdemir mit den Grünen als nächstes vorhat: »Vielleicht wird in seiner Amtszeit auch die Sonnenblume als Symbol der Partei ersetzt, halbiert, von dem Kernfleisch befreit und an den Ecken abgeflacht. [Ein] wenig Farbänderung und schon hat die Partei einen wunderschönen Halbmond zum Symbol.«[377]

Noch Ende Mai 2009 waren das gefälschte Zitat und die Haßkommentare im *Süddeutsche.de*-Archiv zu finden. Es schien der Redaktion wohl der Mühe nicht wert, die Fehlleistung zu korrigieren und das Gehetz zu entfernen. Von der Geschmeidigkeit der Integration, die dieses Land und seine Medien den Angsthabern und ihrer Propaganda gönnen, können Migranten wahrlich nur träumen. Ganz gleich in welcher Sprache.

»In der Fremde ist das Haus dunkel.«   *Sprichwort aus Liberia*

Die Geduldeten

Rechts und Ordnung

Gegen Ende des 20. Jahrhunderts stand die Bundesrepublik Deutschland kurz vor dem Eintritt in die Moderne. Die rotgrüne Regierung wollte das schlimmste Relikt beseitigen, das der völkische Wahn alter Tage im Gesetzbuch hinterlassen hatte. Mit Anbruch des neuen Jahrtausends sollte der Chauvinismus zumindest amtlich entsorgt und aus einer Nation, die im Wahn ihrer Auserwähltheit zwei Kriege gegen die Welt angezettelt hatte, endlich ein weltoffener Staat werden. Ein Politiker aus Hessen konnte das verhindern.

Das neue »Staatsangehörigkeitsgesetz«, dessen ersten Entwurf Innenminister Schily Mitte Januar 1999 vorlegte, verzichtete auf das seit dem Zweiten Kaiserreich geltende »ius sanguinis«, das »Recht des Bluts«, und folgte dem »ius soli«, dem »Recht des Bodens«. Fortan sollte jedes Kind, das in Deutschland geboren wird, sofort und unwiderruflich Bürger des Landes sein, ungeachtet seiner Abstammung. Einzige Bedingung: Mindestens ein Elterteil mußte ebenfalls in Deutschland geboren oder bis zu seinem 14. Lebensjahr eingereist sein. Gleichzeitig sah der Entwurf vor, die Einbürgerung erheblich zu erleichtern. Erwachsene Migranten sollten bereits nach 8 statt 15 Jahren Aufenthalt die Einbürgerung beantragen dürfen, ohne für den deutschen Paß ihre bisherige Staatsangehörigkeit aufgeben zu müssen. An diesem Punkt setzte die Kampagne der CDU/CSU gegen die Reform an.

Die meisten Konservativen glaubten weiterhin, Deutschland sei kein Einwanderungsland und dürfe auch keines werden. Das Staatsangehörigkeitsgesetz der rotgrünen Koalition war zwar nicht mehr als eine fällige Anpassung des Rechts an die Realität, doch die Unionspolitiker hielten hartnäckig an der Überzeugung fest, Ausländer in Deutschland, ganz gleich, wie viele Jahre sie hier schon leben, seien nur »Gäste«, und die Pflicht, Steuern und Sozialabgaben zu zahlen, verleihe noch lange keine staatsbürgerlichen Rechte. Besonders aus Reihen der CSU waren offen fremdenfeindliche Statements zu hören. Edmund Stoiber orakelte, »die verstärkte Einbürgerung von Ausländern könne zu einer größeren Bedrohung für die Sicherheit Deutschlands als der Terror der Roten Armee Fraktion in den 70er Jahren führen«[378]. Die sogenannte »doppelte Staatsangehörigkeit« – die genaugenommen eine zweifache ist, aber mit ihrer Muttersprache standen Vaterländler von jeher auf Kriegsfuß – hätte vor allem denjenigen Menschen die Entscheidung für einen Einbürgerungsantrag erleichtert, die den mit weitem Abstand größten Migrantenanteil stellen, den Türken. Viele von ihnen wollen nicht gern für einen deutschen auf ihren alten Paß verzichten. Dafür gibt es genug Gründe – finanzielle, familiäre und sentimentale. Vor der Fremdenfeindlichkeit der Deutschen einen sicheren Zufluchtsort zu wissen spielt, nach den Anschlägen von Solingen und Mölln, gewiß auch eine Rolle. Die zweifache Staatsangehörigkeit würde es ihnen enorm erleichtern, sich für die Einbürgerung zu entscheiden, und ihnen endlich das Gefühl geben, in Deutschland nicht bloß als Kulis, sondern als Menschen willkommen zu sein. Das war aber das letzte, was die rechten Deutschen ihnen signalisieren mochten.

Die Xenophoben in der Union erkannten, daß stures Beharren auf dem alten Blutrecht in Zeiten der europäischen Einigung hoffnungslos wäre. Deshalb konzentrierten sie sich darauf, die »doppelte« Staatsangehörigkeit zu bekämpfen. Wenige Tage nachdem Schily den Gesetzentwurf veröffentlicht hatte, starteten CDU und CSU bundesweit eine Unterschriftensammlung, um die Fremdenfeinde der Republik hinter sich zu scharen. Die ließen sich nicht lange bitten. Wo man denn gegen die Ausländer unterschreiben könne, war eine beliebte Frage an den Infoständen der Union. Die Unterschreiber hatten instinktiv durchschaut, worauf der ziemlich verquaste, schöngefärbte Text der Initiative tatsächlich hinauswollte. Sosehr die Verfasser sich um einen moderaten Ton bemüht hatten – der Schaum war bloß gebremst. Der Zettel, mit dem die Unionsparteien Stimmung machten und Stimmen sammelten, ist ein Dokument der Angst vor dem anderen, des Mißtrauens gegen den Fremden, das sich von Flugblättern der NPD viel weniger unterscheidet, als es auf den ersten Blick scheint. »Viele Menschen«, sagte Münchens

SPD-Oberbürgermeister Christian Ude, »wittern die Chance, einmal ›Türken raus‹ mit Absegnung des Ministerpräsidenten unterschreiben zu dürfen«.[379]

Obwohl der Text nur 90 Wörter zählt, kommt der Begriff »Integration« gleich vier Mal darin vor. Doch nicht in seiner eigentlichen Bedeutung, sondern im Sinn der Chauvinisten. Sie verstehen unter Integration durchaus nicht etwas, das die alten und neuen Bürger des Landes gemeinsam unternehmen müssen, damit es gelingt. Im Neusprech der Xenophoben meint »Integration« das Gegenteil, nämlich die restlose Anpassung der Einwanderer an das, was sie vorfinden. Wollen sie von der »Leitkultur« angenommen werden, müssen sie bereit sein, sich darin aufzulösen. Mit der Unterschriftensammlung und der sie begleitenden Propaganda ist es CDU und CSU gelungen, die alteingesessenen Deutschen von jeglicher Verantwortung für die Segregation, das heißt die Ausgrenzung der Migranten, freizusprechen. »Integration« sollte nach dem Willen der Konservativen als ein anderes Wort für Assimilation und Selbstverleugnung verstanden werden; und diese falsche Bedeutung hat sich in die Köpfe vieler Deutscher eingebrannt. Wenn Necla Kelek oder Ralph Giordano heute eifern, die »Integration« sei gescheitert, schreiben sie nur fort, was von Edmund Stoiber und seinen Gesinnungsfreunden einst ausgeheckt wurde.

Der Text, den die Angsthaber der Republik unterschreiben sollten, beginnt so: »Die Integration der dauerhaft und rechtmäßig in Deutschland lebenden ausländischen Mitbürgerinnen und Mitbürger ist für die Zukunft und den inneren Frieden unseres Landes von großer Bedeutung. Integration erfordert Toleranz für andere Lebensart und das Bemühen, in Deutschland heimisch zu werden.« Während der erste Satz noch klingt, als wäre er aus einem Flyer der Grünen abgeschrieben, steckt im Nachsatz die Katze, die aus dem Sack soll. Denn nicht die Deutschen werden angehalten, tolerant »für andere Lebensart« zu sein, sondern die Migranten – gerade so, als liefen sie durch die Schrebergärten und pinkelten auf jeden Grill mit Schweinsbratwürstchen. Nicht die Deutschen sind dafür verantwortlich, wenn Ausländer Probleme damit haben, inmitten einer Gesellschaft von Xenophoben »heimisch zu werden«, sondern die Einwanderer selbst. Nach diesem Verständnis von »Integration« hängt der »innere Friede unseres Landes« keineswegs davon ab, daß die Deutschen endlich lernen, Ausländer wie Menschen zu behandeln, sondern einzig von der Bereitwilligkeit der Migranten, sich alles bieten zu lassen und dazu noch zu lächeln.

»Wir wollen diesen hier lebenden Ausländern und ihren Kindern die Integration und den Erwerb der deutschen Staatsangehörigkeit erleichtern«, tönt der dritte Satz und meint wieder das Gegenteil, denn: »Die Einbürgerung kann erst am Ende einer gelungenen Integration stehen.« Die aber nicht gelingen wird, wenn die Fremden weiter fremdeln und beispielsweise über deutsche Eigenarten wie solche Unterschriftenaktionen die Nase rümpfen. Und, ach ja: »Eine klare Entscheidung für Deutschland und die deutsche Staatsangehörigkeit ist dazu unverzichtbar. Deshalb sind wir gegen die generelle Zulassung der doppelten Staatsangehörigkeit.«[380] Klar für Deutschland kann sich nämlich nur ein Deutscher entscheiden, der nichts anderes sein möchte als ein Deutscher aus Deutschland, auch wenn die Deutschen, etwa von der CDU/CSU, ihn ständig merken lassen, daß sie ihn als Deutschen nicht haben wollen, sondern generell für eine Bedrohung ihres inneren Friedens und der Zukunft »unseres« Deutschland halten.

Die schlecht verhohlene Ausländerfeindlichkeit der Aktion ging selbst einigen Unionspolitikern zu weit. Michel Friedman nannte sie »politisch unverantwortlich«, die Berliner Ausländerbeauftragte Barbara John warnte vor einem »Parteienkampf auf dem Rücken der Ausländer«.[381] Roland Koch hingegen, Spitzenkandidat der CDU für die anstehenden Landtagswahlen in Hessen, hatte keine Bedenken und stellte die Panikmache vor der »doppelten« Staatsangehörigkeit ins Zentrum seiner Kampagne. Die Resonanz auf die Unterschriftensammlung war überwältigend. Rund fünf Millionen Bürger trugen sich auf den Listen ein. Und Koch wurde im Februar 1999 für seinen migrantenfeindlichen Wahlkampf mit dem Amt des hessischen Ministerpräsidenten belohnt. Dadurch änderten sich auch die Machtverhältnisse im Bundesrat. Die Regierung war gezwungen, den Forderungen von CDU/CSU und der mittlerweile auch ins Boot der Xenophoben gesprungenen FDP nachzugeben, wollte sie mit ihrem Staatsangehörigkeitsgesetz nicht schmählich scheitern.

Was dabei herauskam, kommentierte Heribert Prantl so: »Der Spatz in der Hand, so verteidigten [...] die Grünen das abgemagerte Gesetz, sei besser als die Taube auf dem Dach. Das war ein bescheidenes Sprüchlein für ein Werk, das noch als Jahrhundertwerk ange-kündigt war. Die Reform ist nicht mehr als ein Reförmchen [...].«[382] Die neuen Bestimmungen zur Staatsangehörigkeit waren dem völ-kischen »ius sanguinis« weit inniger verpflichtet als dem zivilisierten »ius soli«. Menschen, die nach dem 1. Januar 2000 in Deutschland geboren wurden, aber keine deutschen Eltern haben, erhalten die Staatsangehörigkeit nur, wenn Vater oder Mutter mindestens acht Jahre hier leben und eine unbefristete Aufenthaltserlaubnis besit-zen. Migrantenkinder, die am 1. Januar 2000 das zehnte Lebensjahr noch nicht vollendet hatten, dürfen zusätzlich die deutsche Staats-angehörigkeit erwerben, müssen sich jedoch zwischen ihrem 18. und 23. Lebensjahr für einen ihrer beiden Pässe entscheiden.[383] Die Auswirkungen dieses »Optionsmodells« beschrieb Miltiadis Oulios in der *Zeit*: »Über eine Viertelmillion eingebürgerte Jugendliche werden in den nächsten 15 Jahren gleich nach ihrem 18. Geburtstag einen Brief von den Behörden erhalten. [2009] betrifft es schon über 3000 Einwandererkinder, die gerade volljährig geworden sind.« Die sogenannte »Option« ist ein Fall politisch gewünschter Desintegra-tion: »Mit dieser Regelung können Jahr für Jahr jungen Menschen die Bürgerrechte in ihrem eigenen Land entzogen werden. [...] Um in der DDR ausgebürgert zu werden, mußte man Dissident sein. In der Bundesrepublik reicht es heute, wenn die eigenen Wurzeln im ›falschen‹ Land liegen.«[384]

Auch in Paragraph 10, Absatz 1 des Staatsangehörigkeitsgesetzes wird die Diskriminierung zur Rechtsnorm. Ein erwachsener Migrant, der seit mindestens acht Jahren legal in Deutschland lebt, kann einen Antrag auf Einbürgerung nur dann stellen, wenn er »seine bisherige Staatsangehörigkeit aufgibt oder verliert«[385]. Doch gilt diese Bestim-mung nicht für jeden, der eingebürgert werden möchte. Bereits das »Ausländergesetz« aus dem Jahr 1990 erlaubte die Beibehaltung der alten Staatsangehörigkeit, wenn »der Ausländer die Staatsangehörig-keit eines anderen Mitgliedstaates der Europäischen Union besitzt und Gegenseitigkeit besteht«[386], das heißt, wenn die Mehrstaat-lichkeit dort ebenfalls akzeptiert wird. Diese Regelung wurde 2004 durch das sogenannte »Zuwanderungsgesetz« nur leicht geändert: Vom Verzicht auf die bisherige Staatsangehörigkeit wird seither beim Einbürgerungsverfahren auch dann »abgesehen, wenn der Auslän-der die Staatsangehörigkeit [...] der Schweiz besitzt«[387].

Die »Doppelpaß«-Kampagne der Union richtete sich – ohne es auszusprechen, aber das war auch nicht nötig – gegen Afrikaner, Asiaten und insbesondere gegen die stärkste Migrantengruppe, die der Türkischstämmigen. So erklärt sich auch der vehemente Widerstand von Unionspolitikern gegen den EU-Beitritt der Türkei. Sie befürchten ernsthaft, Deutschland könnte von einbürgerungswilligen Türken »überschwemmt« werden. Jede Schikane – vom Sprach- bis zum Gesinnungstest, vom Ausschluß der Hartz-IV-Empfänger bis zur Ablehnung aller vorbestraften Migranten, egal wofür und wann sie bestraft wurden –, jede Behinderung der *rechtlichen* Integration ist den Chauvinisten recht. Und einstweilen bleibt die Benachteiligung der Türken in Sachen multipler Staatsangehörigkeit das wirksamste Abschreckungsinstrument. Der Kulturkampf gegen den Islam kommt wie gerufen, um die Besserstellung der »guten« EU-Migranten vor den »schlechten« aus der Türkei als Gebot der Vernunft verkaufen zu können. Selbst gebürtige Türkinnen wie Kelek oder Çileli mahnen ja, der Islam verhindere eine »klare Entscheidung für Deutschland« und gefährde den »inneren Frieden« – und dabei leiten sie wohl kaum rassistische Motive! »Europa müsse dort seine Grenzen haben, ›wo gemeinsame Geschichte, Kultur und Wertorientierung fehlen‹«[388], verkündete im Oktober 2007 Markus Pieper, CDU-Abgeordneter im EU-Parlament. Er hätte mit demselben Anspruch auf Wahrheit behaupten können, die Türken – die spätestens unter Kemal Atatürk in die neuere europäische Geschichte, Kultur und Wertorientierung eintraten – wären die Vorhut einer Invasion von der Wega. Doch weil es en vogue ist, Muslime zu diffamieren, kann einer heutzutage chauvinistische Klischees absondern und sich trotzdem als Siegelwahrer von Menschenrecht und Demokratie aufspielen.

Die Diskriminierung nichtchristlicher und nichtweißer Einwanderer, die das Staatsangehörigkeitsgesetz festschreibt, ist nichts Geringeres als ein europäischer Skandal.[389] Und sie wirkt im Sinne der Erfinder: Mehr als 1,5 Millionen Türken haben bis heute keinen deutschen Paß beantragt, obwohl sie seit acht Jahren und länger in Deutschland leben – 530 000 von ihnen sogar seit mehr als drei Jahrzehnten.[390] Dies allein auf ihren Unwillen zu schieben, sich zu integrieren, ist ebenso absurd wie die Sonderregelung, die das Staatsangehörigkeitsgesetz gegen sie verordnet hat. Sie sind nicht erwünscht, und das spüren sie auch. »Aus Perspektive der Migranten«, so Oulios,

»geht es um Emanzipation. Um Bürgerrechte. Um einen Zugang zur Demokratie, der einer globalisierten Welt angemessen ist.«[391] Wer ihnen dies unnötig erschwert und gleichzeitig behauptet, viele eingewanderte Muslime lehnten die westlichen Werte bzw. den deutschen Paß ab, weil der Koran es ihnen gebiete, der ist entweder frech, ignorant, verlogen, rassistisch, türkenfeindlich, islamophob oder – was für die meisten Fälle zutreffen dürfte – alles in einem. Und leider haben er und seinesgleichen das Sagen in Deutschland.

Feindbild Moslem

Der Angsthaber kennt die Wahrheit, ohne sich um die Realität zu bekümmern. Er hört eine Nachricht und ahnt sofort, ob sie von den »Multikulti-Illusionisten« gefälscht wurde oder versehentlich durch die allgegenwärtigen Zensurfilter der »Mainstream-« bzw. »Systemmedien« rutschte. Er weiß alles besser, und deshalb muß er auch nichts wissen, was seinem Allwissen widerspricht. Der Angsthaber hat stets ein schlechtes Gefühl, und am schlechtesten ist es, wenn's um die Fremden geht, die ihm Angst einjagen. Das muß, daran läßt er keinen Zweifel zu, an den Fremden liegen. Denn sie reden, riechen, glauben, gehen, stehen, essen, schlafen, ja, sie vögeln sogar anders als der Angsthaber – und er kann das beweisen. Er kann alles beweisen.

Denn immer ist irgendwo ein alter Freund, der jemanden kennt, der gehört hat, wie einer sah, daß der Fremde tat, was der Angsthaber sich am liebsten nicht vorstellte, hätte er sich diese Scheußlichkeit nicht längst gedacht. So wie er sich den alten Freund ausgedacht hat, der jemanden kennt, der gehört hat, wie einer was sah. Der Angsthaber besitzt nämlich auf der ganzen Welt nur einen alten Freund: sich selbst. Im übrigen zählen zu seinen besten Freunden Ausländer, die genauso empört sind wie er über das miese Benehmen, die Anmaßung, das Schmarotzertum der Ausländer, aber wenn man ihn fragt, wie diese besten Freunde heißen, hat er leider gerade sein Adreßbuch verlegt. Der Angstgestörte hat es satt, so satt, das Benehmen von Leuten zu tolerieren, die seine Lebensart nicht tolerieren und ihm dies täglich vorführen, einfach indem sie anders leben als er. Aber Gott sei Dank ist er nicht allein mit seinem gerechten Zorn auf die Toleranz, die aus starken Menschen weiche Maden macht. Er klickt sich durch *Spiegel Online* und liest: »Toleranz widerspricht der menschlichen Natur so, wie es ihr widerspricht, die Beute zu teilen«[392]; und er denkt: Ach, dieser Broder – ein Kant der Moderne! Der Angsthaber selbst hat ja immer gesagt, Egoismus sei eine natürliche Tugend und Toleranz die Ausrede von Feiglingen. Schlimm genug, die Existenz der Fremden dulden zu müssen! Sie überdies zu tolerieren geht eindeutig zu weit, denn so, wie die Fremden es treiben, hat es sogar mit der langen Geduld, für die wir Deutsche berühmt sind, ein Ende.

Wer versucht, dem Angstgestörten die Vorbehalte auszureden, der kann nur ein Quisling sein, ein Überläufer und Verräter, ein Gutmensch, Sozi, Antifa-Nazi. Schluß mit dem Gequatsche, keine Diskussion mehr, es ist fünf nach zwölf, wir haben die Koffer schon gepackt und den Anrufbeantworter auf arabisch besprochen! Es gibt nur einen Ausweg, um das Ende der Welt, wie der Angsthaber sie sich vorstellt, zu verhindern, aber den traut sich ja keiner. Bis jetzt. »Abzuwehren ist diese Gefahr nur durch eine deutliche Abnahme der Zahl von Moslems im Land. [...] Eine freiwillige Rückkehr ins Heimatland wird in der Regel nicht stattfinden, so daß Zwangsmaßnahmen nötig werden. [...] Kurzfristig würde das Streichen von Sozialleistungen die Moslems zum Aufstand treiben [...]. So ein Aufstand wäre nur mühsam und unter großen Opfern niederzuschlagen, nicht zuletzt wegen [...] der humanistischen Erziehung der Einheimischen. [...] Wenn wir in einen Befreiungskrieg gegen den Islam eintreten, wird Europa nie mehr so sein, wie es war. Als Ergebnis bekämen wir eine faschistoide Diktatur [...]. Diesen Preis dürften die meisten unter uns nicht bereit sein zu zahlen. Möglicherweise noch nicht.«[393]

Aber das kann sich ändern, sobald es gelingt, die meisten von den restlichen Zweiflern »unter uns« mit der Panik und dem Haß zu vergiften, die die Angstmacher seit Jahren ungestraft ausstreuen dürfen – in Büchern, die zuverlässig auf den Spitzenplätzen der Bestsellerliste landen, in Talk-Show-Auftritten, denen frenetisch applaudiert wird, in Titelstorys, die kein Presserat rügt, und auf Websites, um die sich kein Staatsanwalt schert. Die Islamhasser legen fest, wie über Muslime gedacht und geredet wird, die Muslime schon lange nicht mehr. Ein Katalog der Ressentiments, Klischees, Gemeinheiten, Gerüchte, Lügen, ein Kanon aus Angst und Haß ist entstanden, um das Feindbild namens Moslem realer erscheinen zu lassen als jede Wirklichkeit. Und weil diese Sammlung widerlicher Dogmen in sich geschlossen ist, weil eine obszöne Logik und Kohärenz in der antiislamischen Ideologie obwaltet, unterschreibt jeder, der auch nur einen einzigen Artikel bestellt, bereits das ganze Paket. Um auf den Katalog der Islamfeinde nicht hereinzufallen, muß man ihn allerdings kennen. Nichts ist glaubhaft, wenn Islamhasser drauf schwören, weder ihre Beweise noch ihre Begründungen und schon gar nicht ihre Spekulationen – doch welch unglaubliche Diffamierungen, welch unfaßbare Menschenverachtung die Antiislamisten verbreiten, wird erst im System ihres Wahns offensichtlich. Darum jetzt, zum Schluß dieses Buchs, der unerhörte Unflat, von dem nicht nur *Politically Incorrect* erfüllt ist, geballt und unkommentiert. Haken Sie, bitte, in dieser Sammlung alles ab, was Ihnen bisher zumindest bedenkenswert erschien.

Muslime sind dumm, sie können nicht mal lesen und schreiben. Beweis: die »Pisa«-Studie. Muslime sind faul. Beweis: die »Hartz IV«-Statistik. Muslime klauen und prügeln. Beweis: die Kriminalstatistik. Muslime hassen Deutschland. Beweis: die Einbürgerungsstatistik. Muslime vermehren sich wie die Ratten. Beweis: die Geburtenstatistik. Muslime unterdrücken ihre Frauen und Töchter. Beweis: das Kopftuch. Muslime verschachern ihre Frauen und Töchter. Beweis: die Zwangsehe. Muslime töten ihre Frauen und Töchter. Beweis: die »Ehrenmorde«. Muslime sind geil auf unsere Frauen und Töchter. Beweis: die »Bandenvergewaltigung«. Muslime können niemals etwas anderes sein als Muslime. Beweis: ihr Glaubensbekenntnis.

Muslime verweigern die Integration, weil sie Muslime sind. Muslime verachten die Werte des Westens, weil sie Muslime sind. Muslime beuten die Gutmütigkeit der Christen aus, weil sie Muslime sind. Muslime verachten die Christen als Tiere, beschimpfen sie als Hunde und Schweine, weil sie Muslime sind. Muslime quälen Tiere, bevor sie sie auffressen, weil sie Muslime sind. Muslime hausen wie die Tiere, weil sie Muslime sind. Muslime sehen aus wie Tiere, wie Pinguine und Schleiereulen, weil sie Muslime sind. Muslime haben keinen Sinn für Humor, weil sie Muslime sind. Muslime sind ständig beleidigt, weil sie Muslime sind. Muslime treten am liebsten in Horden auf, weil sie Muslime sind. Muslime breiten sich immer mehr aus, weil sie Muslime sind. Muslime leben in Parallelgesellschaften, weil sie Muslime sind. Muslime verhöhnen den Rechtsstaat, weil sie Muslime sind. Muslime wollen bei uns die Scharia einführen, weil sie Muslime sind. Muslime erobern unser Land mit Giga-Moscheen, weil sie Muslime sind. Muslime hocken in ihren Giga-Moscheen und hecken Terroranschläge aus, weil sie Muslime sind. Muslime sind von Natur aus Verschwörer, weil sie Muslime sind. Muslime planen den Untergang des Abendlandes, weil sie Muslime sind. Muslime sind Muslime, weil sie Muslime sind.

Der Islam ist ein Aberglaube von Ziegenhirten. Der Islam ist voller Widersprüche, deshalb kann er nicht von Gott sein. Der Islam will alle Menschen zwingen, sich vor Gott in den Staub zu werfen. Der Islam predigt einen Gott der Gewalt und der Unbarmherzigkeit. Der Islam zwingt seine Anhänger, einen Propheten zu verehren, der ein Analphabet, Epileptiker, Raubmörder und Kinderschänder war. Der Islam ist keine Religion, sondern eine Ideologie. Der Islam ist die zeitgenössische Version des Nationalsozialismus. Der Islam redet seinen Anhängern ein, sie seien allen anderen Menschen weit überlegen. Der Islam erlaubt seinen Anhängern, alle anderen Menschen zu unterdrücken. Der Islam verpflichtet seine Gläubigen zum Haß. Der Islam haßt Christen, Frauen und Amerikaner, vor allem aber die Juden. Der Islam ruft seine Anhänger zum Holocaust auf. Der Islam will die Welt zerstören, weil für ihn die Welt voller Ungläubiger ist. Der Islam will die Welt erobern, denn »Islam« heißt »Unterwerfung«. Der Islam will die Welt ins Mittelalter zurückstürzen. Der Islam war schon im Mittelalter kulturlos, alle angeblich »islamischen Errungenschaften« jener Zeit hat er von den alten Griechen gestohlen. Der Islam verbietet alles, was Spaß macht – Sex, Musik und Alkohol. Der Islam hat eine Musik hervorgebracht, die in zivilisierten Ohren klingt wie das Geschrei rolliger Katzen. Der Islam verheißt Selbstmordattentätern Sex mit 70 Jungfrauen. Der Islam ist das Imperium der Heuchler: Nirgendwo werden mehr Porno-Websites angeklickt als in islamischen Ländern, und heimlich saufen alle wie die Löcher. Der Islam gebietet seinen Gläubigen, die Ungläubigen zu belügen. Der Islam scheut den offenen Kampf und bevorzugt feigen Terror. Der Islam lügt, betrügt, stiehlt, mordet, erobert, zerstört. Der Islam ist unser Verderben. Der Islam muß vernichtet werden, bevor er uns vernichtet.

So sieht es aus, das Feindbild, das der Moslemhasser errichtet hat, um seiner Angst vor dem Anderen, seiner Wut auf den Fremden ein Gesicht zu geben, in das man schlagen, einen Körper, den man entleiben kann. Keine Sünde, keine Torheit, kein Verbrechen, keine Perversion, die der Angsthaber vergessen hätte, um seinem Drang, den Fremden auszutilgen, einen Grund zu geben. Nicht daß er eine Begründung bräuchte; er würde auch ohne jeden Anlaß dem anderen heimzahlen, was der ihm nie angetan hat. Doch bevor der Angstgestörte sich das traut, muß er die Mehrheit hinter sich wissen, muß er, der von Natur aus ein Feigling und Maulheld ist, sichergehen können, daß die Landsleute seine Paranoia, seinen Haß und seine Lügen teilen oder bloß für etwas überspitzt halten.

Dieses Buch wird keinen einzigen Islamfeind bewegen, nachzudenken, in sich zu gehen, und von seinem Wahn zu lassen. Ich bin, was das betrifft, frei von jeder Illusion. Doch viel wäre schon gewonnen, würde die üble Nachrede von »den« Muslimen nicht mehr automatisch mit Literaturpreisen bedacht, bliebe das rassistische Treiben auf Websites wie *Politically Incorrect* nicht länger ungestört, meldete sich endlich eine Öffentlichkeit zu Wort, die Hoyerswerda, Lichtenhagen, Mölln, Solingen, die »national befreiten Zonen« und die 140 Todesopfer rechtsradikaler Gewalt seit 1990 für ein weit ernsteres Problem hält als das »Gutmenschentum« und die Toleranz. Denn es ist höchste Zeit, den Antiislamismus gesellschaftlich als die korrupte, bigotte, intolerante, chauvinistische, verleumderische, ekelhafte, rassistische Hetzerei zu ächten, die er ist.

Die Aufklärung über den radikalen Islam und die fundamentalistischen Muslime ist eine viel zu ernste Angelegenheit, um sie allein den Propagandisten und verkappten Rassisten überlassen zu dürfen. Erst wenn sie ihre Deutungshoheit in den Medien und den Gremien verlieren, kann ein Bewußtsein dafür entstehen, daß die Islamisten den »inneren Frieden in unserem Land« weit weniger bedrohen als ihre angst- und haßerfüllten Gegner. Denn die benutzen die Kritik am Islamismus bloß als Vorwand, um auf »die Musel«, »Mohammedaner«, »Kulturbereicherer«, auf den anderen, den Fremden nebenan einzudreschen. Bislang vor allem mit Worten, aber das kann sich schnell ändern. Welche Wirksamkeit das Dauergeschrei gegen die Fremden entfalten kann, haben die »Asyldebatte« und die »Doppelpaß«-Kampagne deutlich genug demonstriert.

Ohne Respekt vor Minderheiten ist eine demokratische Gesellschaft nicht zu haben. Ich möchte nicht, daß weiterhin so ungestraft über Menschen gepöbelt und gelogen wird, wie die Muslimhasser es derzeit tun. Und vielleicht – die Hoffnung habe ich noch nicht aufgegeben – geht es Ihnen inzwischen genauso.

II. Ohne Feindbild – Gespräche

»Die Islamfeinde kämpfen um Bodengewinn«
Wolfgang Benz über die Verwandtschaft von Judenhaß und Muslimfeindschaft

Prof. Dr. Wolfgang Benz
ist Historiker und seit 1990 Leiter des Zentrums für Antisemitismusforschung (ZfA) an der TU Berlin. Er ist einer der bedeutendsten
deutschen Experten für die Geschichte des Antisemitismus. Das
Gespräch mit Wolfgang Benz fand am 11. März 2009 in Berlin statt.

Warum ist Antiislamismus zum Forschungsgegenstand des ZfA geworden?
Der Antiislamismus ist kein eigentlicher Forschungsgegenstand des
Zentrums für Antisemitismusforschung. Aber seit 20 Jahren sind
die Interessen des Zentrums nicht auf eine Minderheit begrenzt,
sondern es interessieren uns alle möglichen anderen Minderheiten,
sofern sie Gegenstand der Diskriminierung durch die Mehrheit
sind. Das ist das entscheidende Kriterium. Deshalb gibt es Forschungsprojekte über die Feindschaft gegen Homosexuelle, es gibt
seit langem Forschungsprojekte über die Ressentiments gegen Sinti
und Roma. Die Feindschaft gegen Muslime wurde virulent nach der
Ermordung Theo van Goghs in den Niederlanden, und sie wurde
deutlich in Köln im Herbst vergangenen Jahres. In dem Moment,
als sich abzeichnete und medial greifbar wurde, daß da Feindschaft,
Haß geschürt wird gegen eine Minderheit, die definiert wird über
ihre Herkunft oder ihre Religion oder beides – in dem Moment war
auch klar, daß das in unser Aufgabengebiet gehört. Wir veranstalten
jedes Jahr eine Sommeruniversität gegen Antisemitismus und haben
im September 2008 auch das Thema Islamfeindschaft in zwei Vor-
trägen auf die Agenda gesetzt, um deutlich zu machen, daß man sich
nicht auf Ressentiments gegenüber einer Minderheit konzentrieren
kann, um sich dann behaglich zurückzulehnen und zu sagen: »Was
sonst so passiert, wen man sonst diskriminiert, verfolgt, durchs Dorf
treibt – das geht uns nichts an.«

Wo würden Sie denn den Beginn festmachen? Das Hetzen gegen Türken ist ja nichts Neues. Was ich aber heute beobachte, ist eine Art verdeckter Rassismus. Es wird nicht direkt angegriffen, die klassischen Schimpfworte für türkische und arabische Migranten entfallen. Statt dessen wird vor allem auf deren Religion eingeschlagen, auf ihre bestehende oder auch vermeintliche Religionszugehörigkeit. Ein Mensch, der sich zum Islam bekennt, steht allein seines Glaubens wegen im Verdacht, den Umsturz in Europa zu planen, die Scharia einzuführen und dafür auch Hunderte von Menschen umbringen zu wollen, wie es in Madrid passiert ist. Die Muslimhasser unterstellen allen Migranten aus islamischen Ländern, Schlimmes im Schilde zu führen. Ich vermute, daß diese Diskriminierung nach den Anschlägen vom 11. September 2001 populär wurde. Wann ist der Islamhaß Ihres Erachtens zu einer Bewegung geworden?

Den Fixpunkt kann man immer schwer bestimmen. Wann hat es begonnen, wann wird das eine massenhafte Bewegung? Man merkt es immer erst dann, wenn es bereits eine massenhafte Bewegung ist; wenn ich etwa in der Mitgliedszeitschrift des ADAC – einer der auflagenstärksten Zeitschriften Deutschlands, die man bekommt, ob man sie will oder nicht –, wenn ich da eine ganzseitige Anzeige lese für ein Buch, das mit vehementen Angriffen gegen die muslimische Religion agiert und eine Islamisierung Europas beschwört, dann ist die Entwicklung schon vorangeschritten.

Der Antisemitismusforscher muß natürlich spätestens in dem Moment hellhörig werden, wenn jemand propagiert, weil X jener Religion angehört, müsse er jenes im Schilde führen. Genau das war jahrhundertelang im christlichen Antijudaismus üblich, das habe ich auch verschiedentlich darzulegen versucht. Es gab Schriftsteller im 17. und 18. Jahrhundert, die Wegbereiter des modernen Antisemitismus, die viel Mühe darauf verwendeten, im Talmud zu lesen, Talmudstellen zu präparieren, um damit Beweise zu haben oder zu schaffen, daß der Jude böse ist, weil er Jude ist und der jüdischen Religion angehört und nicht zur christlichen überzutreten bereit ist. Damit sollte bewiesen werden, der Jude führe etwas gegen die Mehrheit im Schilde. Das ist der Ursprung der Weltverschwörungsphantasien. Und genau hier ist auch der Ansatzpunkt, warum man sich für die Islamfeindschaft interessieren muß, denn die agiert auch in erster Linie verschwörerisch. Es wird unterstellt, die Muslime seien auf dem Weg, die Macht in Europa zu übernehmen, harmlosen

Menschen wird eine angeblich schleichende Islamisierung eingeredet. Die fragen dann mit ängstlich flatternden Augen, wie weit denn die Islamisierung schon gediehen sei. Also spätestens jetzt, wo das medial, in seriösen Zeitungen verhandelt wird, wo Verschwörungsmythen »des Islam« gegen Europa oder die abendländische Welt in Stellung gebracht werden, spätestens jetzt ist eine neue Qualität zu konstatieren, und darauf muß man dann auch reagieren.

Besteht die Aufgabe Ihres Instituts auch darin, ein Bewußtsein zu schaffen für dieses Problem?
Die Aufgabe des Instituts ist es zunächst, dieses Problem auf wissenschaftlich adäquate Weise zu benennen. Das Institut ist keine Einrichtung, die Kampagnen führen darf und führen kann oder führen will. Das wird von vielen verwechselt, auch von Leuten, die glauben, sie seien Journalisten, die aber nur eine monokausale Kampagne vorantreiben. Indem das Zentrum für Antisemitismusforschung ein Problem erkannt hat, wird es zur Diskussion gestellt, das haben wir etwa auf der Sommeruniversität gegen Antisemitismus getan. Wir haben diese Beiträge im *Jahrbuch für Antisemitismusforschung* veröffentlicht und uns aufgrund einer sehr starken Resonanz kurzfristig dazu entschlossen, diese Thematik in einer eigenen eintägigen Konferenz am 8. Dezember 2008 zu vertiefen.

Sie haben auf die Fälschungen hingewiesen, die im 17. und 18. Jahrhundert stattfanden. Zur Denunziation der Juden werden Talmudstellen gefälscht, falsch ausgelegt. Etwas Ähnliches passiert ja auch, wenn Muslimen unterstellt wird, sie hätten den Auftrag, das Abendland zu unterwerfen, weil der Prophet es ihnen gepredigt habe. Regelmäßig wird dann nicht auf den Koran Bezug genommen, das einzige Werk im Islam, das für alle Muslime religiöse Gültigkeit besitzt, sondern auf apokryphe Schriften von Jahrhunderte später geborenen Gelehrten, von Propagandisten verschiedenster Parteien. Welche anderen Lügen sehen Sie bei den Islamophoben – Islamkritiker mag ich sie nicht nennen, weil deren Propaganda mit Kritik nichts zu tun hat –, bei den Antiislamisten? Was haben die übernommen aus dem Repertoire der Antisemiten?
Ich würde sie Islamfeinde nennen. Ich habe in der Debatte am 8. Dezember gelernt, daß es ganz schrecklich und ganz schlimm ist, wenn man »islamophob« sagt. Ich weiß nicht, warum das so

schrecklich schlimm ist, aber man steht dann in einem Lager und muß furchtbar bekämpft werden …

Ich weiß nicht, ob die Islamfeinde überhaupt etwas übernommen haben, ob sie etwas übernehmen mußten. Wahrscheinlich haben sie nie etwa die Schriften von Grattenauer oder Eisenmenger, oder wie diese apokryphen Gestalten alle heißen, gelesen, und sie haben sich auch nicht wissenschaftlich präpariert. Ich glaube eher, daß da sozial-psychologische Mechanismen greifen. Die Mechanismen der Ausgrenzung und der Selbstbestätigung. So wie Christen sich in ihrem christlichen Glauben gestärkt fühlten, wenn sie auf die Juden zeigen konnten, die verstockt sind und nicht die Heilslehre Jesu Christi als die alleinseligmachende und die einzig richtige annehmen. So fühlen sich Leute bestärkt, die in den Menschen muslimischen Bekenntnisses eine feindliche Minderheit sehen, denn dann sind sie ja auf der richtigen Seite, dann sind sie die Guten. Und auf der anderen Seite sind dann die Bösen und Schlechten. Jeder »Beweis«, daß die Minderheit schlecht und böse ist, ist hoch willkommen.

Jetzt treten die Sachverständigen und die Gelehrten auf. Ich kenne keine seriösen Orientalisten, keinen seriösen Islam-Sachverständigen, der in diesem Lager wäre. Aber mit populären Büchern machen etliche Leute ein ganz gutes Geschäft. Die werden zitiert und geben die Losungen aus, die gern übernommen werden. Nachprüfen kann das niemand, aber der Mann, der irgendwann in seiner Jugend Islamwissenschaft studiert hat, der muß es doch wissen, wenn er sagt, alle Muslime seien durch und durch verderbt, weil ihre Religion das so befehle. Und dann zitiert er die eine oder andere Schriftstelle, die Gemeinde ruft lange und laut: »Aha!«, fühlt sich bestätigt. Es ist ganz gewiß nicht so, daß die Islamfeinde gesagt haben: »Wollen wir doch mal schauen, wie es die Antisemiten machen! Die haben doch wahrscheinlich gute Rezepte!« Das glaube ich überhaupt nicht. Das entsteht aus ganz unterschiedlichen Wurzeln. Aber die Phänomene, die sind sich dann so schrecklich ähnlich, daß man darauf aufmerksam machen muß.

Gibt es ökonomische Gründe dafür, daß jemand dahin kommt, zu sagen: »Alle Muslime sind verderbt«, um sich dadurch stärker, größer und mächtiger zu fühlen, als er sich vorher gefühlt hat?
Ach, die ökonomischen Gründe gibt es eigentlich immer, aber sie

greifen hier nicht. Sonst müßten ja die ärmsten Völker dieser Erde zu unglaublichen ideologischen Leistungen bereit und fähig sein, davon ist aber nichts zu bemerken. Die, denen es ganz schlecht geht, die sind in der Regel ziemlich friedlich und mit ihrer Not allein. Da, wo auf hohem Niveau gelitten wird, entfalten sich die Ideologien und werden in Stellung gebracht.

Es hat gegen die Konferenz im Dezember lautstarke Kritik gegeben. Dem ZfA wurde vorgeworfen, eine fürchterliche Verharmlosung zu betreiben, weil auf der Konferenz Antisemitismus und Islamfeindschaft verglichen wurden.

Auf diese Kritik habe ich eigentlich nichts zu erwidern, denn das ist ein Verleumdungsfeldzug, das sind Haßtiraden, die sich nicht an dem festmachen, was auf der Konferenz verhandelt wurde. Was auf der Konferenz verhandelt wurde, ist übrigens wortgetreu dokumentiert und kann nachgelesen werden[394]. Das waren absurde Vorwürfe, nach dem Motto, ich sei ein Freund Ahmandinedschads, ich würde gemeinsam mit dem Iran Israel bekämpfen wollen. Es sind unanständige, wahrheitswidrige Artikel erschienen von Leuten, denen es nicht paßt, daß man die Aufmerksamkeit auch einmal auf eine andere Gruppe lenkt. Es haben vor allem Leute Zeter und Mordio geschrien, die nicht bei der Konferenz waren, die irgendwo im Gebüsch saßen und ihrer Unanständigkeit freien Lauf ließen. Denn das, was auf der Blogger-Szene verhandelt wurde, kann man sowohl in der Diktion wie auch in dem, was vorgebracht wurde, nur als unanständig bezeichnen.

Einer, der am lautstärksten kritisierte, war Matthias Küntzel. An seiner Argumentation, wenn man sie denn so nennen will, habe ich mich über einen Punkt besonders gewundert. Er unterstellte Ihnen und dem Institut, den Holocaust zu verharmlosen, weil die Islamfeindschaft mit etwas verglichen werde, was vor 60 Jahren zu fürchterlichsten Verbrechen führte. Ähnliche Verbrechen fänden gegen Muslime nicht statt, deswegen sei dieser Vergleich unzulässig und eine Verharmlosung des Völkermords an den Juden, so Küntzel. Er setzt dann aber sofort hinzu, es sei ja bekannt, daß sehr viele Moslems Antisemiten seien und der iranische Staatspräsident, wenn er könnte, sofort den Staat Israel vernichten würde. Küntzel selbst analogisiert also. Das habe ich nicht nachvollziehen können. Daß der wis-

senschaftliche Ansatz, den Sie verfolgen, denunziert wird, und zwar mit einem Argument, das Küntzel sich selbst um die Ohren hauen müßte.

Das kann ich auch nicht erklären. Ich kann nicht erklären, warum Herr Küntzel mich und das Zentrum für Antisemitismusforschung so angreift und am anderen Tag und den Tagen zuvor immer wieder Reden hält, daß man glauben möchte, er möchte am liebsten mit Atombomben um sich werfen, um den Iran zu zerstören. Ich kann das nicht erklären. Ich habe ihm auf der Konferenz entgegnet, daß es nicht Wissenschaft ist, was er betreibt, und daß wir deshalb keine gemeinsame Gesprächsebene haben.

Immerhin hat es für Küntzel dann durchaus dazu gereicht, daß fast mehr über ihn geredet wurde als über die Konferenz.

Also nicht in Medien, die ich zur Kenntnis nehme. Über die Konferenz haben der *Tagesspiegel* und die *Jüdische Allgemeine*, die *taz* und im Vorfeld die *Süddeutsche Zeitung* sehr fair, sehr positiv berichtet. Aber sonst habe ich wenig Zustimmung für Herrn Küntzel bemerkt. Mit Ausnahme der *Jerusalem Post*, aber das ist ein Sonderfall, die wurde von einem ganz bestimmten Herrn in Wallung gehalten. Und mit Ausnahme von Herrn Küntzel selbst, der am Tag der Konferenz einen Artikel mit dem Titel »Antisemitisforschung auf Abwegen« im *Wallstreet Journal* veröffentlichte, den er persönlich hier an alle Türklinken geheftet hat. Sonst habe ich in den Medien, die von seriösen Menschen wahrgenommen werden, nichts bemerkt.

Um Ihnen meine persönliche Einschätzung zu Herrn Küntzel zu geben, den ich vorher nicht kannte: Er war in der Hoffnung auf einen großen Auftritt zu der Konferenz angereist. Frühmorgens hat er hier im ZfA, in dem er vorher nie war, und in der Universität Kopien seines Artikels verbreitet. Er hatte sich auf große Reden vorbereitet, aber er kam nicht zum Zuge. Und erst bei der abendlichen Rundfunkdiskussion begab er sich zum Mikrophon und sagte, sein Name sei Matthias Küntzel, er sei »der Verfasser des berühmten Aufsatzes«. Daraufhin habe ich ihn ein wenig auf die Hörner genommen und gesagt: »Gerne gönne ich es Ihnen, wenn Sie noch berühmt werden sollten.« Aber da sein Aufsatz mit der Bemerkung schließt, es sei höchste Zeit, daß Politiker und andere Verantwortliche über die Finanzierung dieses Zentrums nachdenken, hielte ich diesen Text nicht für eine wissenschaftliche Auseinandersetzung, sondern für ein Pamphlet, und das sei kein Ausgangspunkt, um miteinander zu reden. Und dann trollte er sich wieder und war ganz offensichtlich zutiefst beleidigt. Ich halte ihn für einen außerordentlich geltungssüchtigen jungen Mann – gut, das ist meine Perspektive, so sind alle jungen Männer –, der sich jetzt irgendwie auf Augenhöhe zur akademischen Zunft emporranken will. Wenn er anständige Sachen machen würde, wäre das auch weiter kein Problem. Man muß nicht Universitätsprofessor sein, um mit mir ins Gespräch kommen zu können. Aber man kann das nicht mit heimtückischen Angriffen.

Das waren die Pamphletisten. Und dann gibt es die Blogger, über die Sie geschrieben haben, man solle diese Bloggerei nicht so ernst nehmen. Das ist auch besser, wenn man sich seine seelische Gesundheit erhalten will. Bei der Recherche zu meinem Buch mußte ich mich leider mit diesen Bloggern beschäftigen, und es ging teilweise über meine physische Belastungsfähigkeit, das zu lesen. Die Art, in der da über Menschen geredet wird, ist einfach unerträglich. Aber dieser Satz von Ihnen: »Man soll die Bloggerei nicht so ernst nehmen« – wenn man bei *Politically Incorrect* nachliest, wie die Blogger darauf reagierten, kann man nur sagen: Sie haben einen großen Stock ins Wespennest gesteckt …
Und voll getroffen …

Die fühlen sich ertappt. Die sind ja marginal als Personen – in der Masse sind sie, fürchte ich, nicht mehr so marginal. Aber die einzelne Person haben Sie sehr getroffen. Was dann aber auch zu den üblichen Reaktionen führt. Es wird darüber nachgedacht, Sie in die Wüste zu verbannen »mit nichts als dem nackten Hemd auf dem Arsch«, man phantasiert von Ihrer Vernichtung. »Sie werden nicht überleben«, schrieb einer über Sie und das Institut. Erschreckt Sie das nicht, wie schnell das gehen kann, nur indem Sie diesen Satz gesagt haben? Jetzt haben Sie die mal direkt angesprochen, und sofort explodiert der SA-Mann in denen. Macht Ihnen das keine Angst?
Schauen Sie, ich bin ziemlich alt, und ich bin relativ am Ende meiner akademischen Laufbahn angekommen. Als ich vor knapp 20 Jahren diesen Job hier übernommen habe, wußte ich, daß es ziemlich schwierig werden kann. Das sind dauernd Hochseilakte, die hier auszuführen sind. Da muß man schon einigermaßen seriöse Arbeit tun, und man muß sich auch als seriöser Gesprächspartner zeigen.

Ich habe mich wahrhaftig um diese Seriosität bemüht und war ganz erfolgreich. Das Institut hat einen guten Ruf, wir haben viele und wichtige Dinge gemacht. Und ich habe noch einige vor. So wird vom *Handbuch des Antisemitismus*, das sozusagen die Summe meines Wirkens ist, der zweite Band in diesem Herbst erscheinen, zwei, drei weitere Bände folgen in den nächsten Jahren. Ich habe ein ganz gutes Gefühl, was soll mich da noch erschrecken?

Ich will Ihnen ja auch keine Angst einjagen. Mir kommt es ohnehin so vor, als wären 99 Prozent der Hetzer auf *Politically Incorrect* reine Maulhelden.
Davon bin ich völlig überzeugt.

Wenn Sie die antisemitische Hetze und die islamfeindliche Hetze vergleichen, finden Sie dabei auch Grenzen der Vergleichbarkeit? Unterschiede, die gravierend sind?
Ich habe die noch nicht entdeckt. Wir stehen ja vollkommen am Anfang eines solchen Forschungsfeldes. Ich weiß auch nicht, ob wir das überhaupt abdecken können. Das Zentrum für Antisemitismusforschung ist ja keine Rieseninstitution, die sagt: »Jetzt werden wir mal zwei Millionen in dieses Projekt stecken und nächstes Jahr drei Millionen da hinein.« Wir müssen für alles Sponsoren haben. Es läuft alles über Projektanträge, und über die entscheidet zum Beispiel die Deutsche Forschungsgemeinschaft oder eine andere Stiftung.

Ich bin aber einigermaßen zuversichtlich und hoffnungsfroh, daß wir noch ein, zwei, drei Anträge in diesem und im nächsten Jahr nicht nur auf den Weg – zwei sind bereits auf dem Weg –, sondern auch durch die Instanzen bringen werden. So daß dann, was weitestgehend nicht mehr unter meiner Führung sein wird, dieser Forschungszweig weitergeführt werden kann. Sicher ist: Das sind gesellschaftliche Probleme. Das hat nichts mit Ahmadinedschads Bramarbasieren zu tun, das hat nichts mit der Judenfeindschaft mancher Muslime zu tun, das hat mit unserer Gesellschaft zu tun. Wenn es ein Institut für Vorurteilsforschung gibt, das einen großen Schatz an Erfahrung hat, nicht zuletzt und vor allem gewonnen aus der Beschäftigung mit Antisemitismus und seinen furchtbaren Folgen, dann ist es das Zentrum für Antisemitismusforschung der Technischen Universität Berlin. Und dann müssen wir mit diesem Instrumentarium, das wir haben, und diesen Möglichkeiten, die wir haben, auch etwas machen. Das hat uns nicht zuletzt – während der Konferenz am 8. Dezember – Barbara John[395] bestätigt. Sie sagte, es sei höchste Zeit, daß wir dieses Problem in den Blick nehmen, und sie dankte uns ausdrücklich, daß wir uns nicht zu schade sind dafür.

Ist die Islamfeindschaft, wie sie jetzt wütet, eine temporäre Erscheinung, oder müssen wir uns darauf einrichten, daß dieses Phänomen uns noch lange Zeit begleiten wird?
Ich bin überzeugt davon, daß es uns lange Zeit begleiten wird. Auch der Antisemitismus ist ja eine Erscheinung, die nicht verschwinden wird, die man allenfalls eindämmen und unter Kontrolle halten kann. Das ist Aufgabe der Zivilgesellschaft. Aber in der schwierigen Zeit, in der wir leben, in einer ökonomisch und sozial doch offensichtlich – die Bundeskanzlerin bestätigt uns das täglich – ganz schrecklichen Zeit, sind die Menschen ja besonders anfällig für Ausgrenzungen, für schlichte Ideologien, die behaupten: »Schaut, da sind die Schuldigen, wenn die nicht wären, ginge es uns besser!« Die Rechtsextremen haben das längst erkannt, haben damit ihre elenden Wahlerfolge in Sachsen und Brandenburg errungen, und das wird natürlich weitergehen. Der Zorn, die Existenzangst, die Wut darüber, daß die Lebensumstände sich verschlechtern, richten sich immer gegen die Schwachen in der Gesellschaft, die durch ihr anderes Aussehen, andere Kultur, andere Religion einen Anlaß dazu bieten, daß man sie ausgrenzt – und das sind in unsere Gesellschaft derzeit besonders die Muslime.

Mir ist bei den Wortführern der Islamfeindschaft aufgefallen, hier in Deutschland, aber auch bei dem niederländischen Politiker Geert Wilders, der den Film *Fitna* herausgebracht hat, daß die allerschlimmsten Hetzer gegen Muslime flammende Bekenntnisse zum Staat Israel abgeben, daß sie lautstark ihre judenfreundliche Einstellung beteuern. Ist das eine Taktik? Oder steckt mehr dahinter?
Ich könnte mir vorstellen, daß das bei manchen Taktik ist. Ich kenne da Protagonisten, die kommen von ganz weit links, waren sehr israelkritisch und haben sich jetzt dorthin bewegt. Das mag auch eine Art Rückversicherung sein, nach dem Motto: »Schaut her, wir sind gar keine Rassisten, wir sind keine bösartigen Ideologen, das könnt ihr daran erkennen, wie sehr wir die Juden lieben!«

Kann es sein, daß hier auch so etwas wie eine Übertragung, eine Projektion stattfindet? Ich habe während des Gazakriegs im Januar in den einschlägigen Blogs beobachtet, daß nicht nur dieser Krieg ausdrücklich begrüßt wurde, sondern daß die Blogger sich wünschten, Israel möge noch viel aggressiver vorgehen. Die Israelis, war da zu lesen, räumen jetzt mal auf mit den verdammten »Museln«. Ist diesen Leuten der Staat Israel vielleicht nur deswegen sympathisch, weil er ein Stachel im Fleisch der islamischen Welt ist? Könnte es sein, daß daher eine Sympathie kommt, die weit davon entfernt ist, für Juden freundliche Gefühle zu haben, die aber für militärische Aktionen Israels große Sympathie empfindet?

Das halte ich für denkbar und für wahrscheinlich. Da gibt es ja auch historische Parallelen. Der Staat Israel war nie so populär in Deutschland wie im Jahr 1967, als er mit bravourösen militärischen Leistungen gegen eine riesige numerische Übermacht antrat. Das hat auch den Altnazis imponiert.

Bei einigen der Wortführer der Islamfeindschaft, vor allem bei Stefan Herre, der *Politically Incorrect* betreibt, scheint es mir noch über Taktik und Projektion hinauszugehen. Bei dem habe ich den Verdacht, hinter seinen Sympathiebekundungen für Israel stecke auch eine Drohung: »Wenn ihr euch mal anders benehmen solltet, dann bin ich nicht mehr euer Freund. Wehe, ihr habt mal wieder eine liberale oder gar eine linke Regierung in Israel! Dann kriegt ihr von mir genau das ab, was auch die Muslime abkriegen!« Ist diese versteckte Drohung in der Sympathiekundgebung etwas, das Sie schon beobachtet haben? Daß also jemand sich als großer Judenfreund darstellt, aber insgeheim denkt: »Ihr müßt euch aber benehmen, wie ich es von euch erwarte, sonst bin ich euer Feind!«

Ja. Das ist eine alte, eingefleischte Haltung. »Der Jude ist mein Freund, solange er sich von mir definieren lässt.« Das geht bis hin zu diesem Ausspruch, der Hermann Göring in den Mund gelegt wird: »Wer Jude ist, bestimme ich!« Das ist Nationalsozialismus in Reinkultur. Die haben bestimmt, wer Jude ist und wie Juden sein müssen. Sie haben es im Negativen bestimmt mit schaurigen Konsequenzen. Die Philosemiten bestimmen es im Positiven, und solange sie den Juden nach ihrem Bilde wiedererkennen, ist er der gute Jude, und sie lieben ihn. Sie geben vor, ihn zu lieben. In Wirklichkeit lieben sie nur sich selbst und betreiben ihre Geschäfte und instrumentalisieren die Juden oder versuchen, den Staat Israel zu instrumentalisieren, damit er die Araber, die arabischen Nachbarn, in Furcht und Schrecken hält.

Dazu paßt auch, was in den einschlägigen Foren und Blogs zu lesen ist, wenn da mal über die deutsche Geschichte geredet wird. So gut wie jeder von denen bestreitet, daß »der einfache Deutsche« vom Holocaust hätte wissen können. Was mich völlig verblüfft, weil mittlerweile ja ein wahres Gebirge von Forschungsergebnissen und Fakten vorhanden ist, das diese Behauptung widerlegt. Diese Ignoranz ist doch eigentlich – sage ich als Laie – ein Kennzeichen für jemanden, der eigentlich ein Nazi ist. Oder sich sofort zu den Nazis bekennen würde, wenn es sie wieder gäbe.

Dieses Argument ist mir natürlich sehr geläufig. Es kommt ausschließlich von rechts. Von verbohrten Rechten, die sich und immer noch andere glauben machen wollen, über das arme, unschuldige, harmlose deutsche Volk sei 1933 eine Horde von zehn, zwölf bitterbösen Menschen hergefallen, habe sie alle unterdrückt und zu Sachen gezwungen, die kein einziger von ihnen wollte. Und zwölf Jahre lang hätten sie ingrimmig, inbrünstig heimlich Widerstand geleistet, und man habe nichts wissen können. Das ist doch alles längst von seriöser Geschichtswissenschaft widerlegt. Die alten Nazis gibt es nicht mehr, die ihre Lebenslüge immer wieder deklamieren müssen. Wie nahe die Leute, die Sie erwähnen, zu rechtsextremistischen Protagonisten stehen, muß man schon fragen.

Eine Frage, mit der ich mich beschäftige und auf die ich keine Antwort habe, lautet: Wie politisch wirksam sind die Islamfeinde mittlerweile? Die toben sich im Internet aus, aber schaffen sie es auch, durch ihre permanente Hetze und ihre Verdrehung von Wahrheiten in den Mainstream einzudringen, so daß sich Politiker mal das eine und mal das andere herauspflücken können?

Ich fürchte, ja. Ich bemerke das etwa, wenn sich eine Bundestagsabgeordnete durch Statements gegen das Zentrum für Antisemitismusforschung von diesen Kampagneleuten vereinnahmen läßt. Also, das dringt natürlich in den Mainstream ein. Wie stark, wie intensiv, wie nachhaltig, das kann man jetzt, glaube ich, nicht oder noch nicht sagen. Wenn man sich auf einzelne Zeitungen verläßt – ich lese zum Frühstück die *Süddeutsche Zeitung* und blicke anschließend in den *Tagesspiegel* –, also, da bemerke ich nicht viel davon. Wenn ich um die

Mittagszeit einen Artikel aus der *Frankfurter Allgemeinen* zu lesen kriege, dann sieht das unter Umständen schon etwas anders aus.

Die Islamfeinde kämpfen um Bodengewinn. Ich glaube, sie haben noch nicht sehr viel erreicht, aber ich bin schon ziemlich beunruhigt und besorgt, wie das weitergehen wird. Der Schutzwall, den es gegen Antisemitismus gibt und um den ich froh bin, an dem ich praktisch täglich mitarbeite, sorgt dafür, daß Antisemitismus in diesem Lande geächtet ist und geächtet bleibt. Antisemitische Parolen haben in der seriösen Presse, auch in der Boulevardpresse keine Chance, ernst genommen zu werden. Aber bei der Islamfeindschaft gibt es ein vergleichbares Problembewußtsein noch nicht. Ein Bewußtsein dafür, daß es genauso Volksverhetzung ist, Menschen, die der muslimischen Religion angehören, deshalb anzugreifen, weil sie Muslime sind. Und weil es hier keinen Schutzwall gibt, weil hier die historische Erfahrung fehlt, wird es für die Islamfeinde leichter sein als für die Judenfeinde, Terrain zu gewinnen.

»Eine Einwanderungsgesellschaft ist immer eine Gesellschaft der Konflikte«

Lale Akgün über Integration, Politik und ihre Dankbarkeit für »Multikulti«

Dr. Lale Akgün
wurde 1953 in der Türkei geboren und kam als Neunjährige mit ihren Eltern nach Deutschland. Sie ist Diplompsychologin und approbierte Psychotherapeutin. Bei der Bundestagswahl 2002 kandidierte sie erstmals für die SPD. Sie zog auf Anhieb mit einem Direktmandat in das Parlament ein, was ihr auch bei der Bundestagswahl 2005 gelang. Das Gespräch mit Lale Akgün fand am 12. März 2009 in Köln statt.

Warum sind Sie Politikerin geworden?
Ich bin, das ist überhaupt kein Thema, eine Sozialdemokratin. Ich habe das mit der Muttermilch aufgesogen, am Tisch jeden Abend die Reden meines Vaters über die soziale Gerechtigkeit gehört. Da gibt es zwei Möglichkeiten: Entweder Sie schlagen völlig aus der Art und sagen: »Bleib mir vom Leib damit – soziale Gerechtigkeit! Ich will jetzt einen Porschefahrer heiraten!« Oder Sie werden genauso. Und wenn Sie innerlich mit den Eltern verbunden sind und das Gefühl haben, daß deren Wertsystem für Sie auch richtig ist, dann haben Sie es übernommen, ohne daß Sie es gemerkt haben.

Ich bin 1982 in die Partei eingetreten, aber ich fühlte mich schon vorher als Sozialdemokratin. Ich habe ja mein Leben lang in sozialen Brennpunkten gearbeitet, immer auf seiten der Benachteiligten und mit Menschen, die nicht auf der Sonnenseite des Lebens stehen. Und ich habe versucht, auch als Psychologin, den Menschen Mut zu machen, sich nicht mit dem abzufinden, was ihnen vom Schicksal zugedacht worden ist – daß es kein Schicksal ist, sondern daß sie ihr Schicksal selbst bestimmen. Damit habe ich meine besten Jahre verbracht. Ich habe mich auch der feministischen Bewegung immer sehr nahe gefühlt, das kommt dazu. Frauengerechtigkeit ist für mich immer ein Thema gewesen. Daß Frauen nicht bekommen, was ihnen wirklich zusteht im Leben, und daß sie das auch noch akzeptieren. Das waren die Sachen, die mich angetrieben haben.

Ich war zunächst nicht besonders aktiv in der Partei. Ich hatte ja Beruf, Familie, einen Lehrauftrag an der Uni. 1999 wurde ich in den Vorstand der Kölner SPD gewählt. 2001 kam dann die Frage: »Kannst du dir vorstellen, für den Bundestag zu kandidieren?« Auch um ein Zeichen zu setzen in dieser Stadt. Und von dieser Stadt aus ein Zeichen in die Republik zu senden. Und Sie merken an den Reaktionen etwa bei *Politically Incorrect* – es ist uns gelungen, ein Zeichen zu setzen. Ich habe das natürlich auch gern gemacht. Sie müssen das gern machen, Sie können den Hund nicht zum Jagen tragen. Die Themen, die mich beim Eintritt in die SPD interessierten, beschäftigen mich heute noch: Integration – nicht nur Integration von Zugewanderten, sondern auch Integration von Minderheiten, Integration sozial Benachteiligter, die Integration Europas. Das Ganze zusammenführen, das ist mein Thema. Deswegen mache ich Europapolitik, Integrationspolitik. Und ich bin natürlich auch an Fragen der Sozialpolitik sehr interessiert.

Sind Sie beim Eintritt in die Partei erst mal mißtrauisch angeguckt worden?
Nein.

Migranten und Migrantenkinder als SPD-Mitglieder, das war 1982 nichts Neues mehr?
Nein. Ich habe damals eine Postkarte oder einen Brief an die SPD geschickt, und ein, zwei Wochen später stand mein Ortsvereinsvorsitzender vor der Tür, hat mir das Parteibuch gebracht und mich beglückwünscht zu dieser guten und wichtigen Entscheidung.

Sie sagten, daß niemand Sie zur Kandidatur für den Bundestag tragen mußte. Aber so ganz ohne Verbündete geht es doch nicht, oder?
Natürlich nicht. Es war auch nicht völlig problemlos. Es gab in der Kölner SPD Stimmen, die gegen meine Kandidatur waren. Da kamen E-Mails wie: »Mit diesem Namen verlieren wir zehn Prozent ...« Wobei die SPD im Wahlkreis 95 nicht viel zu verlieren hatte. Ist ein ziemlich unsicherer Wahlkreis. *(Lacht.)* Das ist der Kölner Südwe-

sten, wo die Reichen und Glücklichen leben. Es ist der Wahlkreis mit der geringsten Arbeitslosigkeit in Köln, mit dem höchsten Pro-Kopf-Einkommen. Hahnwald gehört dazu, Marienburg, wir haben auch ein paar Stadtteile mit durchschnittlichem Einkommen, ein paar Dörfer gehören dazu. Ja, und dann Teile der City mit sehr vielen Intellektuellen, der Universität und Fachhochschule.

Welche Aufgaben haben Sie in der Bundestagsfraktion?
Erst einmal die einer ganz normalen Wald-und-Wiesen-Wahlkreisabgeordneten. Ich kümmere mich um die Belange der Menschen in meinem Wahlkreis, ihre Probleme, ihre Briefe. Die kommen natürlich zu allen Themen. Das ist ja nicht nur das Thema Integration – die Leute haben, ich wollte gerade sagen: echte Probleme *(lacht)*, die haben ja wirklich etwas, das sie persönlich betrifft. Und das geht vom Verlust des Arbeitsplatzes über die Schließung eines Betriebes bis dahin, daß zwei alte Damen, die einfach nur alte Klamotten einsammeln und an Bedürftige verschenken, auf einmal einen Brief vom Finanzamt bekommen, in dem steht, daß sie wohl ein Geschäft betreiben und das nicht angemeldet haben. Solch eine Spannbreite ist das. In der Fraktion sitze ich im erweiterten Vorstand. Ich bin stellvertretende europapolitische Sprecherin, ebenso integrationspolitische Sprecherin und Islambeauftragte der Fraktion.

Ist das der offizielle Titel oder die Abkürzung für etwas Komplizierteres? »Islambeauftragte« klingt für mich, als müsse das jemand sein, der sich sehr kompetent über Glaubensfragen äußert.
Nein. Es geht um Politik. Die Kirchenbeauftragten bei uns sind keine Theologen. Kerstin Griese, die Kirchenbeauftragte, ist, soviel ich weiß, Romanistin. Aber ihr Vater ist Pfarrer. Ist mein Vater nicht gewesen *(lacht)*.

Daß die Kirchenbeauftragte keine Theologin sein muß, leuchtet mir ein. Aber Kirche und Islam sind doch zwei Paar Schuhe – das eine ist eine Organisation, das andere ein Glaube.
Sollen wir denn sagen: »Moscheebeauftragte«? Das ist das Problem, weil der Islam nicht organisiert ist in Deutschland. Ich sehe meine Aufgabe eigentlich darin, zu den konkreten Fragen des Islam in Deutschland Stellung zu beziehen und laut darüber nachzudenken,

wie man einen liberalen Islam in Deutschland etablieren könnte. Es geht auch um Aufklärung der Mehrheitsgesellschaft. Ich kriege jeden Tag Briefe wie: »Frau Akgün, Sie haben doch Ahnung. Darf ich in meinen Moscheeverein gehen, sind die in Ordnung?« Ich sage dann immer, daß ich nicht beim Verfassungsschutz bin. Aber solche Fragen zeigen mir auch, daß die Leute Kontakt wollen, sich aber manchmal gar nicht trauen, sich denken: »Mein Gott, mit wem hab ich es da zu tun?«

Vor einiger Zeit habe ich im Radio ein Feature gehört über türkischstämmige Abgeordnete im Bundestag. Einer Ihrer Kollegen sagte darin, es störe ihn, daß er von den Medien und auch von anderen Abgeordneten automatisch auf Themen festgelegt wird, die mit türkischen Migranten zu tun haben. Das sei nicht der Grund, warum er in die Politik gegangen sei. Haben Sie auch das Gefühl, Sie müßten immer bereit stehen, wenn jemand eine Frage an die SPD hat zu türkischen Migranten in Deutschland?
Ich sehe das ganz anders als der Kollege, ich sehe das positiv. Ich habe die Chance, aufzuklären, ich habe die Chance, dazu meine Meinung kundzutun. Ich finde das aufregend, das ist doch eine tolle Möglichkeit, etwas leisten zu können. So viele sind wir nicht, und die Leute unterstellen uns ja mehr Wissen, mehr Information über das Thema. Wenn ich jetzt sagen würde: »Entschuldigung, ich habe davon keine Ahnung, ich bin im Haushaltsausschuß«, dann käme ich mir ein bißchen blöd vor. Ein Vollblutpolitiker geht doch nicht in die Politik, weil er Schmalspurpolitik machen will.

Sie haben also nicht das Gefühl, daß Sie von den Medien festgenagelt werden auf dieses eine Thema?
Nein. Ich habe das vorher ja auch beruflich gemacht. Ich habe 20 Jahre lang zur Gemütslage der Türken gearbeitet, also ist es für mich gar nicht so schwierig, hier eine Antwort zu geben. Aber ich denke, es ist wichtig, daß man nicht das Gefühl hat, es werde jede Anfrage zu diesem Thema auf einen abgeschoben. Daß nicht gesagt wird: Du machst das jetzt in der Fraktion, nur diese Sache. Das kann ich gar nicht, weil ich ja meinen Wahlkreis habe. Als normale Wahlkreisabgeordnete kann ich gar nicht auf ein Thema festgenagelt werden. Die Leute haben ganz andere Sorgen als immer nur Fragen nach der Integration oder den Türken.

Sie haben es ja schon gesagt, daß es nicht viele Migranten und Migrantenkinder gibt, die Bundestagsabgeordnete sind. Wie normal ist das mittlerweile geworden? Gibt es Fälle, wo Kollegen anderer Parteien Sie so behandeln, als würden Sie nicht richtig dazugehören, als wären Sie reingekommen, obwohl Sie gar nicht reindürfen?

Nein. Würde einer das zu mir sagen, womöglich ein Listenheini, dann würde ich antworten: Das mußt du mir erst einmal nachmachen, den Wahlkreis direkt zu holen. Und dann reden wir darüber, wer hier reingehört und wer nicht.

Es ist also in den Köpfen angekommen, daß es normal ist …

Ich weiß nicht, ob es in den Köpfen angekommen ist. Aber die Leute benehmen sich normal. Mein Professor für Psychopathologie sagte mal zu mir: »Was in den Köpfen der Leute vor sich geht, interessiert mich nicht die Bohne. Solange sie sich normal benehmen, sind sie für mich normal.« Ich halte mich an die Worte meines Professors und sage: Sie benehmen sich mir gegenüber völlig normal und höflich wie auch bei allen anderen Kollegen. Aber was sie im Kopf haben, das weiß ich nicht.

Der Begriff »Integration«, finde ich, reimt sich nicht nur auf »Inflation«, er wird auch inflationär gebraucht. Mir scheint, daß er immer öfter auf Dinge angewendet wird, auf die er nicht paßt. Was bedeutet für Sie Integration?

Normalität – und Chancengleichheit. Und die sozialdemokratische Gleichheit, die würde ich gern dazunehmen. Normalität – genau das wäre für mich die Definition.

Am 23. Januar 2009 veröffentlichte die *Frankfurter Allgemeine Zeitung* einen Gastbeitrag von Ihnen. Darin beschreiben Sie in Stichworten, wie es für Migranten leichter werden könnte, am politischen Leben in Deutschland teilzunehmen. Der erste Punkt lautete: Einführung des kommunalen Wahlrechts für Drittstaatsangehörige – also für Menschen, die weder Deutsche noch EU-Bürger sind –, die mindestens fünf Jahre in Deutschland leben.

Die Frage ist, ob man an das Thema Integration deduktiv oder induktiv herangeht. Und ich bin dafür, induktiv heranzugehen und zu sagen: Okay, wir geben den Leuten erst einmal das kommunale Wahlrecht, damit sie sich für das interessieren, was in ihrer Umgebung passiert. Ich meine, wenn jemand darüber mitentscheiden kann, ob eine Ampel aufgestellt wird oder nicht – davon geht doch diese Stadt nicht unter. Die CDU/CSU verfährt immer sehr deduktiv. Die sagt: Wenn alles erledigt, alles klar ist und die Leute ein Jahreseinkommen von 100 000 Euro haben, ihre Kinder höhere Schulen besuchen, die Tochter Ballett tanzt, der Sohn Cello spielt – dann kriegen sie die deutsche Staatsbürgerschaft. Ja, meine Güte, solche Hürden können 60 Prozent der Kölner nicht überspringen, das ist lächerlich! Wir müssen bürgerlich und nicht ethnisch an die Frage herangehen. Und »bürgerlich« heißt erst einmal, gerade in Zeiten des Desinteresses an Politik, die Leute dafür zu begeistern, daß sie mehr mitmachen.

Ich bin gespannt, wie hoch die Beteiligung an der Kommunalwahl hier in Nordrhein-Westfalen sein wird am 30. August. Es ist noch nicht gesagt, daß 80 Prozent der Bürger zur Wahl gehen. Wenn wir uns nur die Wahlergebnisse angucken, die Prozentzahlen – das sind relative Prozentzahlen, die Prozentzahlen von denen, die zur Wahl gegangen sind. Gucken Sie sich die absoluten Zahlen an, dann sehen Sie, daß zum Beispiel bei der Landtagswahl in Hessen im Januar 2009 Hunderttausende zu Hause geblieben sind. Die Demokratie wird fragil, wenn absolut gesehen immer weniger Leuten wählen. Deswegen: kommunales Wahlrecht als erster Schritt in die Gesellschaft hinein, um mitzubestimmen, wie mein Ambiente aussieht. Demokratie lebt von Bürgerbeteiligung. Und wenn die immer geringer wird, hat die Demokratie ein gewaltiges Problem.

Der zweite Punkt betrifft die Erleichterung von Einbürgerungen.
Wir müssen die Einbürgerung aus drei Gründen erleichtern. Zum einen kann es sich eine Demokratie nicht leisten, immer mehr Menschen außen vor zu lassen. Denken Sie an die Schieflage, wenn in einer Stadt mehr Ausländer als deutsche Staatsbürger leben, wenn die Demokratie von immer weniger Menschen bestimmt wird, wenn – ich spinn jetzt mal – nur noch 40 Prozent einer Stadtbevölkerung zur Wahl gehen dürfen! Das ist der eine Grund. Der zweite ist: Ich glaube, es würde sich auch in den Köpfen etwas ändern, der Umgang mit diesem Thema würde ein anderer werden. Und drittens ist es auch wichtig für die Leute, für das Wir-Gefühl der Leute, daß sie Staatsbürger sind. Sie wissen: Wir gehören hierher, das ist unser Staat. Deswegen bin ich für erleichterte Einbürgerung.

Was müßte sich im Staatsangehörigkeitsrecht ändern? Wie ist es etwa mit der Frage der zweiten Staatsbürgerschaft?

Das ist natürlich ein ganz wichtiges Thema. Ich glaube, wir würden viel mehr Leute dazu bringen, die Staatsangehörigkeit zu beantragen, wenn man das zuließe. Die Niederlande, USA, Australien – alle haben kein Problem damit. Aber weil wir dieses Ausschließlichkeitsdenken haben, ist bei uns dieses Thema verschärft worden in den letzten Jahren.

Der dritte Punkt in Ihrem FAZ-Beitrag betrifft die Anerkennung von Berufs- und Studienabschlüssen, die im Ausland erworben wurden.

Wir haben im Moment circa eine halbe Million Menschen, die aus dem Ausland eine abgeschlossene Berufsausbildung oder Hochschulausbildung mitgebracht haben und nicht in ihren Berufen arbeiten dürfen, weil diese Berufsabschlüsse nicht anerkannt werden. Das zu ändern ist eine Frage nicht nur der beruflichen, sondern der menschlichen Anerkennung. Und vor allem ist es eine Möglichkeit, den Leuten die Tür in die Gesellschaft zu öffnen und der Gesellschaft diese Arbeitskraft zur Verfügung zu stellen. In zehn Jahren wird hier eine Katastrophe eintreten, was Akademiker angeht. Allein 60 Prozent aller Lehrer gehen in zehn Jahren in Pension, es ist kein Nachwuchs in Sicht. Gut, wir werden vielleicht weniger Schüler haben, aber nicht so viel weniger, wir werden ja nicht 60 Prozent weniger Kinder haben. Ingenieure werden uns fehlen – es fehlen jetzt schon 100 000 Ingenieure. Das geht ein bißchen unter in dieser Wirtschaftskrise, aber diese 100 000 Ingenieure fehlen trotzdem, und nächstes Jahr werden sie noch mehr fehlen. Wir denken darüber nach, wie wir Leute ins Land locken können, und Leute, die schon da sind und einen Abschluß haben, denen wird gesagt: »Geht lieber als Gärtner arbeiten, euer Abschluß ist nichts wert, denn nur wir wissen, was gute Abschlüsse sind.« Statt zu sagen: »Wir machen eine Nachschulung, Nachqualifizierung und versuchen, den Leuten die Anerkennung zu geben, damit sie überhaupt eine Chance haben auf dem Arbeitsmarkt«, wird da überhaupt nichts gemacht.

Das ist eine politische Entscheidung. Wenn es keine politische Entscheidung wäre, hätte man keinen Abschluß der DDR anerkennen dürfen. Es geht doch, wenn der Wille da ist. Und wieso geht das bei 500 000 Zugewanderten nicht? Weil der politische Wille nicht da ist. Aber das fällt diesen Unwilligen auf die Füße, die die Leute am ausgestreckten Arm verhungern lassen wollen. Die werden ihr blaues Wunder erleben in zehn Jahren.

Im vierten Punkt fordern Sie eine zukunftsgerichtete Einwanderung in unseren Arbeitsmarkt, dort, wo Bedarf besteht.
Wir sollten aufhören, den Leuten draußen zu erzählen, wir würden nur Hochqualifizierte aufnehmen. Wir gehen von circa einer Million Schwarzarbeiter in Deutschland aus. Da sag ich doch, daß Bedarf ist in vielen, vielen Bereichen. Wenn wir die illegale Beschäftigung unterbinden wollen, müssen wir uns klarmachen, daß nicht nur Hochbegabte und Hochqualifizierte gebraucht werden, sondern in allen Bereichen des Lebens wird Bedarf sein. Wir müssen dafür sorgen, daß eine ordentliche transparente Einwanderungspolitik stattfindet. Die können Sie aber nur machen und die Gesellschaft mitnehmen, wenn Sie den Leuten nicht gleichzeitig Angst einjagen.

So wie Jürgen Rüttgers mit seinem Wahlkampfslogan »Kinder statt Inder«.
Ach, Rüttgers ist doch …

Sicher kein persönlicher Freund von Ihnen.
Und jetzt spielt er den Landesvater! Nein, Rüttgers hat begriffen, daß er mit solchen Sprüchen keinen Blumentopf gewinnen kann. Also hat er sogar einen Integrationsminister in sein Kabinett geholt – was auf symbolischer Ebene ein kluger Schachzug war. Ob dieser Minister allerdings auch in der realen Politik etwas für Integration bewirkt hat, lasse ich einmal vornehm dahingestellt. Im übrigen: Kein Einwanderungsland dieser Welt macht alle Türen und Tore auf, im Gegenteil. Daß die Linkspartei in ihr Programm schreibt, jeder dürfe nach Deutschland kommen, müsse allerdings nach sechs Monaten wieder ausreisen, wenn er bis dahin keine Arbeitsstelle hat, finde ich in hohem Maße ungerecht und inhuman. Denn die Leute verkaufen Haus und Hof, um hierherzukommen. Und wenn sie nach einem halben Jahr keinen Job gefunden haben, müssen sie wieder ausreisen, aber dann ist ihre Infrastruktur im Heimatland zerstört. Das heißt – und das meine ich mit transparenter Politik –, man kann nicht sagen: Alle können, alle sollen kommen. Es gibt eigentlich zwei Zuwanderungsstränge in ein Einwanderungsland: Der eine ist die

Familienzusammenführung, der andere ist der Arbeitsmarkt. Die USA haben die meiste Einwanderung über Familienzusammenführung, Kanada legt Quoten fest, Australien legt Quoten fest, es geht so weit, daß sie sagen: Wir brauchen drei Hubschrauberpiloten. Wirklich so kleine Zahlen, und das ist völlig in Ordnung.

Davon ist natürlich die humanitäre Hilfe ausgenommen. Wir reden von Einwanderung, nicht vom politischen Asyl oder humanitären Hilfen bei Bürgerkriegsflüchtlingen. Das ist getrennt zu sehen. Daß ein demokratisches Land sagt: Wir nehmen Menschen auf, die unserer Hilfe bedürfen, wie die Bosnier während des jugoslawischen Bürgerkriegs zum Beispiel, das ist selbstverständlich.

Sie haben in der *Welt* am 26. Januar 2009 geschrieben: »Deutschland nimmt viel Geld für die Integration in die Hand, aber es muß auch an den richtigen Stellen ankommen.« Welche richtigen Stellen sollen das sein?
Ich bin eine große Skeptikerin, was diese Projektpolitik betrifft. Hunderttausende von irgendwelchen Projekten ohne Sinn und Verstand, ohne Anfang und Ende. Man sollte das Geld lieber in gezielte Förderprogramme stecken. Wir haben sehr viele sozial Benachteiligte, die müssen gefördert werden. Ich muß den Chefarzt nicht integrieren, seine Kinder auch nicht, die gehen schon zum Cello-Unterricht. Ich muß die Integration in den benachteiligten Stadtteilen fördern. Vor allem im Vorschul- und Schulbereich muß Geld in die Hand genommen und massiv eingesetzt werden. Ausbau der Ganztagsschulen, noch viel mehr auf die Bedürfnisse der benachteiligten Kinder eingehen. Das müssen nicht nur Migrantenkinder sein, im Gegenteil, man muß die Kinder gemeinsam fördern. Der Kindergarten müßte umgestaltet werden zu einer richtigen Vorschule, verbindlich ab vier Jahren und unentgeltlich. Eine Vorschule für alle Kinder, mit Sprachförderungsprogrammen – nicht Deutschförderungs-, sondern Sprachförderungsprogrammen. Denn den Kindern fehlt ja die Denksprache, übrigens auch deutschen Kindern aus sozialen Brennpunkten.

Wenn das Geld dafür genommen würde, unser Schulsystem zu reformieren, hätten wir mehr für die Integration getan als mit tausendundeins Projekten. Das Schulsystem muß reformiert werden, es ist antiquiert, überholt, völlig verstaubt. Hier muß man das Geld in die Hand nehmen und einsetzen. Unser Schulsystem könnte innerhalb der nächsten zehn Jahre ein aufbauendes Schulsystem werden, wie in der ganzen Welt. Vorschule ab dem vierten Lebensjahr, bis 16 Jahre gemeinsames Lernen. Für die, die weitermachen wollen, kommt so etwas wie die Oberstufe, was in den USA College heißt. Danach das Bachelor-Studium, dann das Master-Studium, dann die Promotion, und das nacheinander, nicht nebeneinander. Hier müßte man das Geld verwenden, und nicht immer nur ein Reförmchen hier, ein Reförmchen da – das ist doch alles Murks.

Aber was machen wir denn mit den Erwachsenen, die nicht mehr zur Schule gehen, bei denen aber Integrationsbedarf besteht?
Worin besteht der Integrationsbedarf, wo spüren Sie das?

Ich sage nicht, daß ich was spüre. Ich rede jetzt wie einer, der vom Mars gefallen ist und unsere Zeitungen liest, und in jedem zweiten Leitartikel findet er das Wort »Integrationsbedarf«.
Ich weiß nicht, wie man Integrationsbedarf mißt und wie man da Nachhilfe gibt. Wieviel Integrationsbedarf ist angemeldet? Wie viele Kilo? Wie viele Meter? Wir haben für die, die nach Deutschland kommen, die Deutschkurse, die finde ich wichtig und gut. Die könnte man auch noch ausweiten, man könnte die Deutschkurse auffüllen, wenn Platz ist, mit denen, die schon länger hier leben und immer noch kein Deutsch können. Und im übrigen sollte eine saubere und ordentliche Sozialpolitik gemacht werden.

Das andere Wort, das ein Marsbewohner in den Zeitungen immer wieder finden würde, ein Wort, das zur Zeit enorm in Mode ist, heißt »Parallelgesellschaft«. Erst wird Migranten vorgeworfen, sie seien »nicht integriert«, und neuerdings leben sie in einer »Parallelgesellschaft«. Empfinden Sie das gleiche Unbehagen bei diesem Wort wie ich, oder können Sie Aspekte, die in diesem Begriff stecken, teilen?
Ich rede lieber von Milieus. Wir alle leben in Milieus. Wenn ich nicht Politikerin wäre, würden sich meine persönlichen Kontakte, außer an meinem Arbeitsplatz, beschränken auf Leute aus meinem Lebenskreis, aus meinem Milieu. Leute, die meine Witze verstehen, Leute, mit denen ich ausgehen kann, die die gleichen Bücher lesen wie ich, das ist eine Auslese, das wird ganz klein, das ist ein Milieu. Das ist mein Leben, ich habe mich da eingerichtet. Und wenn ich

auf die Geburtstagsfeier meiner Schwester fahre, sie ist Ärztin, dann treffe ich dort 80 Gäste, und von denen sind 50 Ärzte. Das ist das Lebensumfeld meiner Schwester.

Die berüchtigte kassenärztliche Parallelgesellschaft.
Kassen- und privatärztliche Parallelgesellschaft, Vorsicht! *(Lacht.)* Parallelgesellschaften sind dadurch gekennzeichnet, daß sie eine eigene Infrastruktur haben, eigene Gerichtsbarkeit, eigenes Geld und so weiter. Was ich sehe und sehr kritisiere, das ist der Versuch bestimmter islamistischer Kreise, wirklich so etwas wie eine Parallelgesellschaft herzustellen, indem sie zum Beispiel in ihren Moscheen bei Korankursen den Kindern sagen: »Haltet euch fern von den Deutschen, haltet euch fern von den Ungläubigen!« Indem sie in bestimmten Stadtteilen – in Paris gibt es das schon, bei uns, fürchte ich, auch, aber ich habe das bisher noch nicht spitz bekommen – eigene Rechtsprechung praktizieren, Eheschließungen, Ehescheidungen, Bestrafungen. Ich weiß aus Frankreich, daß das um sich greift. Zusammen mit eigener Infrastruktur, eigenen Schulen, eigenen Kindergärten erfüllt das die Kriterien einer Parallelgesellschaft. Es wird aktiv gegen das Zusammenkommen der Menschen gearbeitet, und das ist für mich eine beginnende Parallelgesellschaft, die ich strikt ablehne.

Wir leben zwar in unseren Milieus, ich in meinem, Sie in Ihrem, aber wir kommen immer wieder zusammen. Mal bei Aldi, mal im Stadttheater, mal bei gemeinsamen Bekannten. Die Milieus überschneiden sich immer wieder. Die Soziologie hat neun bis zehn Milieus ausgemacht, das Avantgarde-Milieu, das bürgerliche Milieu, das proletarische Milieu und so weiter, und auch Migranten leben in diesen Milieus. Daß sie häufiger in den proletarischen Milieus leben, ist das Problem, das uns umtreibt und dann eben alle Migranten in eine Schublade stecken läßt. Wo bestimmte religiöse Gruppierungen – übrigens trifft man das auch bei den Mennoniten an –, ein Ausschließlichkeitsprinzip haben und meinen, sie müßten ihre Leutchen um sich scharen und fernhalten von anderen Gesellschaften, da kommen wir der Parallelgesellschaft am nächsten.

Aber eine Parallelgesellschaft muß ja auch zugelassen werden. Wenn eine eigene Gerichtsbarkeit stattfindet, dann hat sich der Staat doch zurück-

gezogen aus diesem Milieu, das sich in eine Parallelgesellschaft verwandelt. Dann existiert doch offenbar kein staatliches Interesse mehr an den Menschen, die dort leben. Und die Ausrede dafür lautet: »Wenn niemand kommt und sich beklagt, dann unternehmen wir auch nichts.«

Da haben Sie völlig recht, ich sehe das genauso wie Sie. Ich denke auch, daß die Politik solche Entwicklungen aktiv beobachten müßte, aber, wie Sie schon sagen, wo kein Kläger, da keine Anklage. Und nicht nur das. Man versucht auch, nett zu sein zu islamistischen Gruppierungen, nur weil sie die deutsche Staatsbürgerschaft haben, das heißt Wählerstimmen bringen. Das entspricht nicht meiner Vorstellung von politischer Ethik. Ich muß mich nirgendwo einschleimen und meine Vorstellungen von einer guten zusammenlebenden Gesellschaft verraten. Ich muss nicht Everybody's Darling sein.

Ich merke natürlich, daß ich in der türkischen Community durchaus polarisiere. Es gibt Leute, die finden mich toll, von denen höre ich: »Sie sind mein Vorbild«, gerade junge Frauen, die ihre Ausbildung machen oder studieren, aber auch junge Männer, die mir schreiben: »Wir finden Sie ganz toll.« Ich weiß aber auch, daß in islamistischen Kreisen, etwa in Internetforen, gesagt wird: »Die gehört eigentlich auf den Mond geschossen.«

Die Extremisten finden sich eben auf beiden Seiten.

Ja, und beide haben was gegen mich. Solange sich die Extremisten gegen mich zusammenfinden, also die Islamisten mich nicht mögen, die deutschen Nazis mich nicht mögen und die türkischen Nationalisten mich auch nicht mögen: Einverstanden, kann ich gut mit leben, gut mit schlafen.

In dem Artikel für die *Welt* haben Sie ein Milieu beschrieben, gegen das Sie sich ausdrücklich wenden, das Milieu der proletarischen Machos, die ihre Statussymbole in Goldketten sehen und nicht im gesellschaftlichen Aufstieg, zum Beispiel durch berufliche Ausbildung. Ich gebe Ihnen völlig recht, das ist ein bescheuerter Lebensentwurf. Aber das Milieu, von dem Sie schreiben, wird auch sehr gern von denen zitiert, die die rassistischen Weblogs füttern. Bei denen ist dann die Rede von der islamischen Parallelgesellschaft, in der die Männer ihre Frauen unterdrücken, anderen auf die Fresse hauen und nicht arbeiten wollen.

Das ist natürlich keine Parallelgesellschaft, das ist ein Milieu. Es ist mir klar, daß ich bei manchen Sachen von der falschen Seite Applaus bekomme. Das war ganz ähnlich bei der Kopftuchdebatte. Ich habe mich strikt gegen das Kopftuch der Lehrerin geäußert und positioniert, das tue ich heute noch, und da blieb es nicht aus, daß auf einmal irgendwelche Rechten sagten: »Ja, sie hat ja so recht, wir sind auch gegen das Kopftuch!« Sie können immer instrumentalisiert werden. Aber da ich ganz unterschiedliche Aussagen mache, besteht nicht die Gefahr, daß die mich vereinnahmen. Es sind immer nur einzelne Reaktionen, die dann kommen, und eine Woche später sind sie wieder völlig konsterniert über das, was ich sage.

Mir geht es darum, daß wir bei diesen jungen Männern ein Bewußtsein schaffen müssen dafür, was gesellschaftlich wichtig ist, was wichtig ist an der Gleichberechtigung von Mann und Frau. Ich wiederhole: Das ist keine Parallelgesellschaft, das sind bestimmte proletarische Milieus, in denen eben andere Werte gelten und in denen ein bestimmtes Männlichkeitsgehabe an den Tag gelegt wird, das wir auch bekämpfen müssen, vor allem mit Hilfe der Frauen.

Sie würden es nicht an der Ethnie festmachen, daß ein Milieu entsteht, in dem Männer so erzogen werden wie Paschas, auf Kosten ihrer Eltern leben und so weiter?
Nein. Wir haben natürlich die Realität, daß vor allem aus dem Osten der Türkei überdurchschnittlich viele Leute gekommen sind, und viele hängen immer noch dieser Weltanschauung an. Das muß man ehrlicherweise aussprechen. Das heißt aber nicht, daß das ethnisch gebunden ist, überhaupt nicht. Es heißt, daß in Deutschland überproportional viele Menschen aus der Türkei eingewandert sind, die solche patriarchalischen Weltanschauungen für gut befinden.

Die haben ihr Milieu mitgebracht und sich geweigert, andere Milieus kennenzulernen?
Richtig, genau so! Wir haben ihnen aber auch nicht geholfen, andere Milieus kennenzulernen.

Sind diese Menschen allein gelassen worden?
Ja, natürlich! Man hat ja gedacht, daß sie zurückgehen. Die Leute waren völlig unter sich. 1977 schrieb meine Schwester in Marburg ihre Doktorarbeit über den Magen-Ulcus. Dafür erhob sie auch

Daten bei alleinstehenden türkischen Gastarbeitern. Damals hatte meine Schwester keinen Führerschein, deswegen mußte ich sie nach Stadtallendorf kutschieren. Dort gab es noch Männerheime für alleinstehende türkische Männer. An der Tür stand: »Frauen ist der Zutritt verboten.« Aber wir kamen ja im Namen der Wissenschaft und durften trotzdem eintreten, und wir haben gesehen, unter welchen Bedingungen diese Männer leben. Und tatsächlich, es war so rührend, da war noch der Koffer auf dem Schrank drauf. Und der Mann hatte seinen Schrank – meist war es ein halber Schrank, denn es waren in der Regel Zweibettzimmer –, eine Gemeinschaftsküche, und der hat schon 15 bis 20 Jahre so gelebt. In den Sommerferien ging es in die Türkei, die Familie wurde nicht nachgeholt. – Die meisten Gastarbeiter hatten ihre Familien damals bereits nachgeholt, 1973 war ja der Anwerbestop. Die Männer in Stadtallendorf hatten ihre Familien nicht nachgeholt, weil sie entweder alleinstehend waren oder dachten, daß sie wieder zurückgehen werden. Ich nehme an, daß die meisten von ihnen auch wieder zurückgegangen sind.

Wir haben sie damals gefragt: »Was essen Sie, wieviel trinken Sie, was rauchen Sie?«, und so weiter. Übrigens – damals, das ist auch eine interessante Entwicklung, war von Islam oder Religion überhaupt nicht die Rede. Im Gegenteil: »Was trinken Sie denn so am Tag?« – »Ja, nicht viel, höchstens ein Bierchen.« Und dann sahen wir im Fenster noch so eine Flasche »Asbach Uralt« stehen, fast leer. Der Islam war damals kein Thema, keiner von den Männern hat gesagt: »Nein, ich trinke doch nichts, ich bin doch Muslim!« Da sehen Sie die Entwicklung seit 1977.

Wie sollten diese Leute denn Kontakt aufnehmen, wie sollte die Mehrheitsgesellschaft Kontakt aufnehmen? Die haben in Heimen gewohnt! Der klassische Gastarbeiter ging am Sonntag zum Bahnhof, um sich dort eine Zeitung zu holen, eine, die aus der Türkei kam und schon eine Woche alt war. Dann haben sie die Familie nachgeholt, aber eigentlich nur unter der Prämisse: »Jetzt ist Anwerbestop, ich kann nicht heim, also hole ich meine Familie, und später geht die ganze Familie zurück.« Irgendwann ist man es ja auch leid, von der Familie getrennt zu sein. Und bis 1975 konnte man, wenn man die Geburtsurkunde der Kinder vorlegte, einen verkürzten Kindergeldsatz auch für Kinder bekommen, die im Ausland lebten. Irgendwann hatten die Behörden spitzbekommen, daß die Leute auch andere Kinder angaben, und um diesem Mißbrauch einen Riegel vorzuschieben, wurden ab 1975 nur noch Kinder alimentiert, die in Deutschland leben. Ja, und da haben die Einwanderer natürlich ihre Kinder geholt. Da ist der Schuß echt nach hinten losgegangen. Wegen ein paar Mark Kindergeld. Also haben sie gedacht, dann hole ich die Familie hierher, die Kinder und die Frau. Eigentlich war das ja auch ein elendes Leben, so ein Hin und Her.

Ich gucke sehr gern die Sendung »Die Auswanderer«, in der gezeigt wird, wie Deutsche im Ausland ein neues Leben anfangen wollen. Manchmal kommen sie wie begossene Pudel zurück, weil es nicht geklappt hat. Es sind ja 1983 sehr viele Türken zurückgewandert, als die Kohl-Regierung die Rückkehrprämien auslobte. Und was ist passiert? Das Geld ist in zwei Jahren futsch, was machst du dann? Du gehst wieder zurück nach Deutschland, suchst Arbeit. Die Leute waren dann wirklich entwurzelt, kamen zurück, die Kinder hatten die Schule nicht geschafft … Die Politik macht oft dicke Fehler, und das schlimme ist, daß im Moment schon wieder darüber nachgedacht wird, zirkulierende Migration einzuführen in Europa – das wäre nichts anderes als das Gastarbeitersystem von früher. Es geht darum, daß man Arbeitskräfte braucht. Und nicht Menschen in das Land holen möchte. Deshalb behandelt man sie auch wie Passagiere. Die Leute selbst sehen das auch nicht anders, die wollen sich überhaupt nicht einleben. Wenn einer weiß, daß er in zwei Jahren wieder weg ist, was soll er dann versuchen, mühsam Kontakt zu den Einheimischen aufzubauen? Der guckt, daß er sein Geld bunkert und in zwei Jahren wieder weg ist. Die Vorstellungen der Zugewanderten damals, der Gastarbeiter, und die der Politik waren nicht weit voneinander entfernt. Sie hätten sehen sollen, wie die Leute damals gewohnt haben. Noch Anfang der achtziger Jahre, als ich begonnen habe, in Köln zu arbeiten, in der Innenstadt – was ich da alles gesehen habe! Einmal bekamen wir eine Adresse, Hausbesuch bei einer türkischen Familie. Ich bin mit der Sozialarbeiterin hin, und dann stehen wir vor einer feudalen Villa und staunen. Aber als wir reingehen, sehen wir, daß der Besitzer aus dieser feudalen Villa etwa zehn Wohnungen gemacht hat, mit einer Badestube. Der hat sogar die Kellerräume vermietet. Die Leute sagten uns: »Meine Wohnung ist scheiße, aber es ist ja nur vorübergehend. Wir sind ja in zwei Jahren weg.«

Zwei Autorinnen, die einen »Migrationshintergrund« haben und gern zitiert werden von den Islamfeinden, Necla Kelek und Seyran Ateş, geben die Schuld an der Entstehung von »Parallelgesellschaften« ausdrücklich nicht einer Politik, die früher nicht einmal wahrgenommen hat, daß es Migranten gibt, sondern der »Multikulti-Ideologie«. Was halten Sie von diesem Argument?

Das ist ja lächerlich! Was ist denn eine »Multikulti-Ideologie«? Wenn die Einwanderer damals überhaupt Respekt gespürt haben, dann durch die Anhänger der »Multikulti-Ideologie«. Auch ich bin denen zutiefst dankbar, zu Dank verpflichtet, all den Lehrern, Sozialarbeitern, Erzieherinnen, Hausfrauen, die sich um die Menschen gekümmert, die gesagt haben, wenn diese Menschen schon hier sind, dann sollen sie wenigstens etwas Wertschätzung erfahren. Sie sollen das Gefühl haben, daß sie akzeptiert werden, daß sie nicht nur Arbeitskräfte sind. Sie haben die fehlende Integrations- und Zuwanderungspolitik durch ihre Charity und durch ihre pädagogische Arbeit, ihre Sozialarbeit ersetzt. Und die sollen jetzt an allem schuld sein? Das ist eine Unverschämtheit. Ohne die wäre es hier noch viel schlimmer!

Bei Frau Kelek lautet der Vorwurf, »Multikulti« sei von Übel, weil derjenige, der »Multikulti« im Mund führt, alles nur oberflächlich angehe. »Multikulti« sei eine Ausrede dafür, sich im Grunde gar nicht darum zu kümmern, was in den Migranten-Communitys tatsächlich passiert. Und so würden »Parallelgesellschaften« gefördert.

Also, erst einmal meint Frau Kelek, wir hätten eine Gesellschaft, in der »par ordre de mufti« befohlen wird, wie die Leute zu leben haben. Gott sei Dank ist das nicht so – ich bin ein liberaler Mensch, ich lebe in einer liberalen, einer offenen Gesellschaft, und in dieser Gesellschaft kann jeder leben, wie er möchte. Aber wir leben auch in einem Rechtsstaat: Es gibt Gesetze gegen Gewalt gegen Frauen, Gesetze gegen Gewalt überhaupt. Necla Kelec erweckt gern den Anschein, als würde für die Zugewanderten eine Extrawurst gebraten, als würden für die Zuwanderer die Gesetze nicht gelten, und deshalb machten sie in der »Parallelgesellschaft«, was sie wollen. Das ist natürlich nicht der Fall. Das ist völliger Quatsch. In einem Rechtsstaat sind die Gesetze für alle gültig. Aber wie die Menschen leben, das bleibt – solange die Gesetze eingehalten werden, niemand unterdrückt wird und so weiter – ihnen selbst überlassen.

Wenn wir anfangen, einander Lebensweisen zu verbieten, dann geraten wir in ganz böse Gewässer. Ich möchte in keiner Gesellschaft leben, in der mir befohlen wird, wie ich zu leben habe. Dagegen haben wir lange genug gekämpft. Ich muß sonntags nicht in die Kirche, ich muss freitags nicht in die Moschee, ich kann mich scheiden lassen, ich kann wieder heiraten, eine Frau kann, wenn sie will, eine Frau heiraten, sie kann arbeiten oder ihren Mann arbeiten lassen, sie kann ihn zu Hause lassen – ich könnte noch viele Variationen von Lebensformen nennen, die alle völlig okay sind.

Und wer bestimmt denn, wie wir zu leben haben? Manche versuchen, aus der Unsicherheit einiger Leute Kapital zu schlagen. Weil das, was die Leute auf der Straße erleben, ihnen fremd ist, weil sie nicht wissen, was dahintersteckt. Und das Fremde macht angst. Und manch einer versucht eben, diese Angst zu instrumentalisieren, indem sie oder er sagt: »Daß ihr Angst habt, hängt nicht mit eurer Politik zusammen, es hängt damit zusammen, daß diese Leute so komisch sind.« Und das ist ein beruhigendes Gefühl. Es entlastet die Gesellschaft von der Verantwortung, politisch nicht gehandelt zu haben, entlastet sie von der Verantwortung, daß wir in der Zukunft noch viel mehr Milieus haben werden und sehr unterschiedliche Lebensformen, mit denen wir zurechtkommen müssen.

Und so ist es: Die Gesellschaft hat sich verändert und wird dies weiter tun. Die vielen Milieus existieren dabei nicht nur nebeneinander, sondern sie überlappen sich auch. Ein Zurück in Zeiten, in denen ein Volk mehr oder minder homogen war, gibt es nicht. Das macht manchen Menschen angst, anderen weniger. Fest steht aber, daß sich alle Menschen mit diesen Fakten auseinandersetzen müssen. Eine Einwanderungsgesellschaft ist immer eine Gesellschaft der Konflikte. Wir werden die Konflikte austragen müssen, miteinander ringen müssen, aber letztlich ist nur eine Sache wichtig: Der Rechtsstaat und die demokratische Lebensform müssen bestehen bleiben. Das heißt, wenn heute eine junge Frau aus einem dieser proletarischen Milieus sagt: »Paßt auf, ich ziehe morgen hier aus, mir gefällt es zu Hause mit euch nicht mehr« – dann müssen wir dafür sorgen können, daß sie auch auszieht. Wenn aber eine andere sagt: »Mir gefällt es, so wie es ist, ich will auch mit 30 noch bei meinen Eltern leben« – dann haben wir nicht das Recht zu sagen: »Was, bist du bekloppt, raus aus deinem Elternhaus!« Das ist die plurale Gesellschaft.

Aber eine plurale Gesellschaft müssen wir überhaupt erst mal hinbekommen.
Natürlich. Aber wir werden sie bekommen. Wofür wir kämpfen müssen, wofür die Politik kämpfen muß, ist, daß alle Milieus eine gewisse Chancengleichheit haben und daß der Staat sie alle gleich behandelt und keines bevorzugt. Durch eine gerechte Schulpolitik, durch eine gerechte Sozialpolitik. Der Staat muß vor allem die unterstützen, die Hilfe nötig haben. Und – jetzt kommt bei mir die Sozialdemokratin durch – der Staat soll sich bei denen was holen, bei denen auch was zu holen ist. Gleich heißt nicht, dass man in der Steuerpolitik alle gleich behandelt. Der Millionär muß schon mehr Steuern zahlen als der sozial Benachteiligte. Und ich muß dafür sorgen, daß diese Milieus nebeneinander existieren können, daß keiner den anderen anpöbelt, daß sie sich untereinander respektieren.

Geht das nicht weit über Ihre Aufgaben als Politikerin hinaus?
Mein Ziel ist es trotzdem. Mein Ziel ist, daß die Milieus sich gegenseitig respektieren, daß sie nebeneinander bestehen können und der Staat eine Äquidistanz entwickelt, daß er versucht, Chancengleichheit für alle zu schaffen. Als Gegenleistung müssen aber alle erklären, daß der Rechtsstaat für sie verbindlich ist. Irgendwas müssen wir ja gemeinsam haben, und das ist der Rechtsstaat. Der gilt für alle. Und ich meine nicht die Gruppenrechte, sondern die Bürgerrechte. Sie und ich, wir können in völlig verschiedenen Milieus leben, aber vor dem Gesetz sind wir beide Bürger dieses Landes und haben die gleichen Rechte und die gleichen Pflichten. Woran ich mitarbeite: Die vielen Milieus in unserer Gesellschaft sollen sich respektieren und miteinander auskommen. Nicht mehr, aber auch nicht weniger.

»Ich bin der Quotentürke«
Bedo über die Schwierigkeiten der Deutschen und ihrer Medien mit den Migranten

Bedo

wurde 1976 in der Türkei geboren und kam mit 14 Monaten nach Deutschland. Er heißt mit bürgerlichem Namen Bülent Kayaturan, ist diplomierter Soziologe und seit 2003 *Host* der Infotainment-Show »Oriental Night«, die von den Lokalsendern Hamburg 1 und TV Berlin ausgestrahlt wird. Diese Sendung für »deutsch-türkischen Lifestyle« ist die einzige ihrer Art in Deutschland. Das Gespräch mit Bedo fand am 27. März 2009 in Hamburg statt.

Warum sind Ihre Eltern nach Deutschland gekommen?
Wie die meisten Gastarbeiter damals wegen der wirtschaftlichen Probleme in der Türkei. Mein Vater war ja schon vorher da, er kam schon sechs Jahre vor meiner Geburt nach Deutschland. Er ist damals mit meinen beiden Großvätern und meinem Onkel nach Deutschland gekommen, und das natürlich, um Geld zu verdienen, für fünf Jahre.

Und dann hat er die Mutter und die Kinder nachkommen lassen?
Nein, bei uns war das ein bißchen unsystematisch, ein bißchen komplizierter als sonst. Als mein Vater 1971 nach Deutschland kam, wollte er wirklich nur für fünf Jahre hierbleiben. In diesen Jahren kamen meine Schwester und mein Bruder zur Welt. Die beiden sind älter als ich, ich bin das jüngste Kind. Bruder und Schwester sind zunächst in der Türkei geblieben, bei den Großeltern, weil mein Vater davon überzeugt war, erst mich, den kleinen Sohnemann, mit der Mama nach Deutschland zu holen, damit ich nicht von meiner Mutter getrennt bin. Und wenn ich dann in die Grundschule, also in die 1. Klasse komme, fahren wir zurück. Dann war ich in der 1. Klasse, und mein Vater hat gesagt: »Warten wir, bis er die Grundschule

beendet hat, und dann gehen wir zurück.« Dann hat er gesehen, daß das auch nicht funktioniert, und da hat er meinen Bruder und meine Schwester – ziemlich spät, leider – nach Deutschland geholt, die waren damals 12 und 13. Also keine gute Phase für Teenager, aus ihrem Alltag herausgerissen zu werden. Für meinen Bruder war das kein so großes Problem, der wollte sowieso nach Deutschland. Meine Schwester aber nicht. Das war auch der Grund, warum meine Schwester nach knapp dreizehn Jahren wieder zurückgegangen ist. Meine Schwester lebt jetzt wieder in der Türkei, und mein Bruder ist glücklich hier. Bei uns war es wirklich ein bißchen konfus.

Sie sind im Hamburger Arbeiterstadtteil Veddel aufgewachsen?
Ja, ich bin direkt auf der Veddel gelandet, habe 25 Jahre dort verbracht. Mit 26 Jahren erst bin ich von der Veddel weggezogen.

Ich habe auf Ihrer Homepage gelesen, daß Sie schon mit 14 Jahren auf der Bühne standen. Was haben Sie da gemacht?
Es stimmt, mit 14 habe ich schon meine erste Show präsentiert. Ich habe getanzt. Ich bin auf vielen türkischen Veranstaltungen als Tänzer aufgetreten. Das war eher ein Hobby, wir haben kein Geld dafür bekommen. Mir war aber bewußt, daß ich in dieser Richtung später etwas machen wollte. Wir hatten eine eigene Tanzgruppe, wir haben eine Choreographie ausgearbeitet und ein 20- bis 30minütiges Programm auf die Beine gestellt. Und das haben wir dann auf vielen türkischen Veranstaltungen präsentiert. Und da es jedes Wochenende unzählige Veranstaltungen gibt, von der Beschneidungsfeier bis zur Hochzeit, vom Henna-Abend bis zur Geburtstagsfeier, all die türkischen Großfeiern, gab es fast jede Woche einen Auftritt, bei dem wir uns präsentiert haben. Ich habe damals schon parallel Radio gemacht, beim Offenen Kanal, ich wollte meinen Namen ein bißchen bekanntmachen.

Wann ging es los im Offenen Kanal?
1994 oder 95, so ungefähr.

Und was haben Sie da gesendet?
Ich habe eine eigene Radiosendung produziert, damals hieß das Ding noch »Oriental Evenings«, orientalische Abende, einmal in der

Woche, manchmal auch alle zwei Wochen, weil ich noch keine festen Produktionszeiten hatte. Später wurde daraus eine regelmäßige Show am Mittwochabend, von 17 bis 18 Uhr, und die hieß immer noch »Oriental Evenings«. Irgendwann habe ich die Leute im Sender derart genervt, daß wir das Okay von der Hamburger Anstalt für Medien bekommen haben, und dann haben wir das Ganze umgewandelt. Los ging es im September oder Oktober 2000, und dann haben wir die erste deutsch-türkische Radiosendung im deutschen Radio produziert. Die lief von Montag bis Freitag von 8 bis 10 Uhr. Das war einzigartig in der deutschen Radiolandschaft – ist es, glaube ich, immer noch. Es gibt zwar andere kulturelle Sendungen dieser Art, aber nicht in dem Maß, wie wir es damals gemacht haben.

Das war eine ziemlich brotlose Kunst, nehme ich an.
Das war alles ehrenamtlich. Das war für mich, was die wirtschaftliche Seite betrifft, eine sehr schwierige Zeit. Aber ich bin ein Idealist. Ich habe immer daran geglaubt, daß das, was wir machen, irgendwann Früchte tragen wird. Heute kann ich sagen, daß es Früchte trägt.

Wie haben Sie es geschafft, »Oriental Night« bei Hamburg 1 unterzubringen?
Ich war einfach zur richtigen Zeit am richtigen Ort. Ich habe – das ist eine Geschichte, die viele Leute immer noch nicht glauben – den Lokalchef von Hamburg 1, Herbert Schalthoff, beim Friseur kennengelernt. Aber eigentlich beginnt die Geschichte ein Jahr früher. In der Türkei sagt man: »Gott macht die eine Tür zu und die nächste auf.« Das war bei mir genauso. Ein Jahr früher war ich beim Offenen Kanal noch täglich »on air«, und bevor der Sender, bevor diese Tür geschlossen wurde, lernte ich Nina Öger, die Tochter von Vural Öger, dem Inhaber der Reisegesellschaft »Öger-Tours«, kennen. Sie lud mich ein, sie im Büro zu besuchen.

Ein paar Tage später war ich bei ihr, es gab Kaffee, ein kleines Frühstück, und ihre Tochter war dabei. Der Grund, warum sie mich kennenlernen wollte, war nämlich, daß ihre Tochter – die war damals zwei oder drei Jahre alt – ein großer Fan von mir war. Sie wachte jeden Morgen mit meiner Stimme auf und hat dann immer gelächelt. Sagte Nina Öger zu mir. Für mich war das ein ganz großes Kompliment, es hat mich sehr gefreut damals. So lernten wir uns kennen. Ein gutes Jahr später sitze ich bei meinem Lieblingsfriseur in Altona auf dem Stuhl, lasse mir den Bart stutzen, und rechts von mir sitzt Herbert Schalthoff. Der Offene Kanal stand einen Monat vor der Schließung, das war Anfang Juni 2003.

In der Zeit waren wir ziemlich oft in der Presse vertreten aufgrund von Kampagnen gegen die Schließung. Auch ich habe damals mit meiner Redaktion viele Unterschriften gesammelt, genau 18 000. Und ich dachte: »Okay, bevor er geht, sag ich ihm noch was.« Er steht auf und will zahlen, und ich stelle mich vor: »Herr Schalthoff, Bedo ist mein Name, ich mache dieses Format im Offenen Kanal.« – »Ja, ich habe schon so viel von Ihnen gehört und gelesen, Glückwunsch! Schade, daß Ihr Sender geschlossen wird.« Und so kamen wir ins Gespräch. Was denn jetzt werden solle, fragte er. Und ich sagte: »Ich weiß nicht … Aber wissen Sie was, Herr Schalthoff, wenn ich bei Hamburg 1 wäre, ich hätte schon längst ein deutsch-türkisches Lifestyle-Magazin für die Türken in Hamburg gemacht.«

Herbert Schalthoff fand die Idee gut und erzählte sie seinem Geschäftsführer. Der fand die Idee auch gut und rief bei Öger-Tours an, um zu gucken, ob der Sender beim Start eine finanzielle Unterstützung bekommen könnte. Und Vural Öger fand die Idee auch gut und sagte: »Ja, so etwas brauchen wir endlich mal in der Stadt. In Hamburg lebt die zweitgrößte türkische Community Deutschlands, es ist an der Zeit.« Und dann treffen sich alle, und Nina Öger ist zufällig auch bei diesem Meeting anwesend. Und dann fragt Bernhard Bertram, der Geschäftsführer von Hamburg 1: »Wen würden Sie denn als Moderator nehmen, wenn wir so ein Format machen?« Und Nina Öger sagt: »Wenn überhaupt, dann Bedo.« So schließt sich der Kreis, und drei, vier Tage später sitze ich in der Chefetage, und innerhalb weniger Stunden haben alle gesagt: »Wir machen das.«

Was bedeutet »Bedo«? Warum haben Sie sich diesen Künstlernamen ausgesucht?
Bedo hat eigentlich keine Bedeutung. Der Name hat mit zwei Sachen zu tun. Erstens mit meinem Partner, der ein Jahr vorher angefangen hatte zu tanzen, und der hatte den Künstlernamen »Dedo«. »Dedo« bedeutet in einem ostanatolischen Slang »Opa«. Er nannte sich also »Der Opa«. Ich habe ihn nicht gefragt, warum. Dann haben wir gesagt, wir brauchen für mich einen Namen, der sich auf seinen reimt. Wir

haben uns hingesetzt und den ganzen Abend überlegt. Von meinem echten Vornamen Bülent wird in Ostanatolien der Spitzname »Bilo« oder »Bülo« abgeleitet. Das klingt aber voll bekloppt, dachte ich, voll albern. »Ach«, sagte er, »wir nehmen einfach nur den ersten Buchstaben von deinem Spitznamen und tauschen den Rest mit den drei letzten Buchstaben von meinem aus.« Das war's – Dedo und Bedo.

Später hat sich folgendes herausgestellt: Es gibt zwei Bedeutungen von Bedo. Erstens ist Bedo der Spitzname von Bedrettin und von Bedirhan, das habe ich erst zehn Jahre später erfahren. Und unter den Kurden, das habe ich auch erst später erfahren, heißt Bedo »der Arme«, das wußte ich damals auch nicht. Zunächst war es nur ein Phantasiename. Ein sehr kurzer Name, zwei Konsonanten, zwei Vokale – das kann sich auch ein Deutscher gut merken. Das war eigentlich die Idee. Und ich merke das immer wieder – wenn die Leute fragen: »Wie heißen Sie?«, und ich sage: »Bülent Kayaturan«, dann sagen die meisten: »Wie bitte?« Genau deshalb nenne ich mich Bedo.

Welches Konzept hat die »Oriental Night«?

»Oriental Night« ist ein deutsch-türkisches Lifestyle-Magazin. Am Anfang, im Jahr 2003, ging es mit der Idee los, eine zweisprachige Sendung zu machen. Wir waren damals täglich »on air«, wir hatten auch viel mehr Spielraum, muß man sagen. Das heißt, wir hatten an manchen Tagen die türkische Sprache als Schwerpunkt, an manchen Tagen die deutsche. Unter Lifestyle verstehe ich Kultur, Sport, Musik, alles, woraus unser Leben besteht, was unser Leben bewegt, was die deutsch-türkische Community bewegt: Das steht bei »Oriental Night« im Vordergrund. Die Umsetzung erfolgt durch einen Small talk mit einem Gast im Studio. Wichtig ist, daß es bei uns sehr locker zugeht. Wenn ich Lust und einen Musiker zu Gast habe, dann singe ich mit dem, da geniere ich mich nicht. Wenn eine Tanzgruppe kommt, dann habe ich kein Problem, mit denen zu tanzen, mitzuklatschen oder mitzuwippen. Bei mir geht es primär darum, die Sendung so rüberzubringen, als würde ich die Leute zu Hause besuchen.

Ich will keine Politik machen, ich möchte nur zeigen, was da ist. Mit einem besonderen Fokus – ich zeige nur die positive Seite. Und das mit Absicht, denn über die negativen Seiten reden schon zu viele. Nicht daß ich über bestimmte Sachen nicht rede. Das tu ich auch, aber hauptsächlich möchte ich über Sachen reden, die zwar da sind, die die meisten aber nicht sehen. Als wir das neue Format der Presse vorstellten, sagten viele meiner Journalistenkollegen: »Wow, Sie machen ja was Neues!« Da habe ich erwidert: »Nein. Ich mache etwas, was schon da ist. Die Leute, die ich zu mir ins Studio hole, die sind immer da gewesen. Ihr habt sie nur nicht gesehen.« Ich versuche, das Positive unserer Community zu präsentieren, uns in ein gutes Licht zu stellen. Das ist Sinn und Zweck dieses Lifestyle-Formats.

Sie kriegen nicht sehr viele Absagen, oder?
Hm … doch. Aber ich kriege keine Absagen mehr, weil Leute nicht kommen wollen. Die Absagen sind meistens nur zeitlich bedingt. Aber ich habe auch lange dafür gekämpft.

Was haben Sie sich beim Titel der Show gedacht?
»Oriental Night«? Ich merkte bei der Präsentation, daß einige mit dem Titel nicht sehr glücklich waren. Ich erinnere mich, daß Vural Öger zunächst Bedenken hatte, aber ich konnte ihn schließlich überzeugen. »Oriental« bedeutet für mich etwas Mystisches, Zauber, *Tausendundeine Nacht*, Märchen, lauter positive Dinge, deshalb habe ich dieses Wort gewählt. Ich hätte die Show auch »Istanbul Nights« nennen können, was zum Beispiel Herr Öger anfangs vorgeschlagen hatte.

Aber hätte der Titel »Istanbul Nights« nicht zu sehr an eine Fernsehshow denken lassen, die sich nur an türkische, aber nicht an deutsche Zuschauer richtet?
Genau das fand ich auch.

Mit dem Titel »Oriental Night« ist Ihre Sendung natürlich auch eine Einladung an deutsche Zuschauer: »Guckt euch das mal an!«
Und genau deshalb geht die Rechnung auf. Genau das ist es ja, worüber ich nach sechs Jahren immer noch glücklich bin. Ich merke es an meinen E-Mails. Ich habe sehr viele französische Zuschauer, warum auch immer, ich habe sehr viele nordafrikanische Zuschauer, extrem viele, und ich habe verdammt viele Zuschauer aus dem Orient, bis nach Afghanistan. Und ich glaube, daß das etwas mit dem Titel zu tun hat – alle fühlen sich davon angesprochen. Vor ein paar

Wochen kamen nach einer Sendung die ersten fünf Mails von deutschen Zuschauern. Das macht mich schon stolz.

Wie lauteten denn die negativen Publikumsreaktionen, als Sie mit »Oriental Night« anfingen?
»Warum machen solche Moslems Sendungen?« – »Ist Deutschland schon so weit, daß wir radikalen Mullahs eine Fernsehsendung als Plattform bieten?« – »Reicht es nicht, daß ich an der Kreuzung von einem 3er-BMW mit türkischer Popmusik übertönt werde, muß ich das jetzt auch noch im Fernsehen sehen?« Das sind drei Faxe, die mir gerade einfallen. Die kamen nach der ersten Sendung. Es war sehr geteilt, fifty-fifty. Die meisten Faxe habe übrigens nicht ich bekommen, die gingen an den Leiter unseres Politikressorts. Viele, davon bin ich immer noch überzeugt, hat er mir nicht gegeben. Ich hätte sie gern, er wollte sie mir nicht geben. Ich denke, daß er mich nicht demotivieren wollte.

Wie hat denn die türkische Community reagiert?
Die haben das Format gefeiert. Wir hatten hier am ersten Tag eine offizielle Veranstaltung. Wir haben einfach über die Presse verbreiten lassen, daß alle, die Lust haben, hierherkommen können. Es kamen fast 300 Leute. Es gab auch viel Kritik, natürlich, es wäre heuchlerisch, wenn ich sagen würde, es hat uns niemand aus der türkischen Community kritisiert. Vielen waren wir manchmal nicht türkisch genug, vielen nicht bunt genug. Es war nie jeder zufrieden.

Mein Zielpublikum ist von 7 bis 77. Auf jeden Fall ist es querbeet. Ich habe vor ein paar Wochen im Metrobus eine nette ältere Dame kennengelernt, um die 60. Sie hat sich neben mich gesetzt, hat nur gelächelt. Ich sagte: »Hallo, Merhaba!« Sie antwortete: »Merhaba!« Und dann kam gleich ihre Kritik: »Wieso redest du so viel deutsch? Ich versteh doch nicht alles, was du sagst.« Ich meinte: »Was soll ich denn machen? Wir leben in Deutschland!« – »Ja, das verstehe ich. Aber rede doch mal ein bißchen auf türkisch! Damit deine Zuschauerzahlen hoch sind, schalte ich trotzdem an.« Das zeigt mir, daß wir die Schere extrem weit geöffnet haben, was die Thematik und was die Zuschauerstruktur angeht. Ich glaube wirklich, daß »Oriental Night« ohne Grenzen ist.

Wie sieht es denn mit der Quote aus? Bei einem Lokalsender wird die vermutlich nicht gemessen, oder?

Wir haben keine, leider. Ich lehne mich mal vorsichtig aus dem Fenster. Es gab im Herbst 2007 eine Umfrage. Es wurde geschätzt, daß wir bei 10- bis 15 000 Zuschauern liegen. Sagte mir mein Chef. Und ich erwiderte: »Ich glaube, daß wir doppelt so viele Zuschauer haben.« Darauf er: »Wieso?« Und ich: »Wen haben Sie gefragt? Welche Nationalität?« – »Die Deutschen …« – »Tja«, hab ich gesagt, »den Rest können Sie sich selbst ausrechnen.« Und dann meinte er: »Stimmt, von *der* Seite habe ich das noch nie betrachtet.« Man hat also die deutschen Zuschauer befragt, und ich bin verdammt stolz auf das Ergebnis. Lassen Sie es 10 000, nein, lassen Sie es 5000 sein. 5000 deutsche Zuschauer! Aber, Entschuldigung, die Türken, die Nordafrikaner, die Südeuropäer, die Südamerikaner sind hier alle ausgeschlossen. Also glaube ich, daß wir mit der Zahl locker doppelt so hoch liegen.

Der Sender ist auf jeden Fall zufrieden?

Ja.

Seit wann ist Ihre Sendung im Berliner Lokalfernsehen?

Nächste Woche werden es genau vier Jahre.

Besteht inzwischen auch Interesse von anderen lokalen Fernsehanstalten?

Die Struktur von Hamburg 1 ist sehr groß geworden. Das heißt, es gibt eine Marketing-Agentur, die für alle Regionalfernsehsender tätig ist, und zwar »Germany One«. Ich weiß, daß darüber nachgedacht wird, »Oriental Night« auch in anderen Bundesländern zu plazieren. Das wird aber alles vom Finanziellen abhängig sein, davon, ob man vor Ort Sponsoren hat.

Was wünschen Sie sich für die Zukunft? Wenn Gott irgendwann mal die Tür zumacht – wo wollen Sie dann hin?

Ich glaube, daß die Zeit reif ist für einen Start im überregionalen Fernsehen. Es muß losgehen. Regionalfernsehen ist schön, es macht auch sehr viel Spaß, aber irgendwann ist die Grenze erreicht, was deine Zuschauer, was deine Talkgäste betrifft, und vor allem auch, was deine Arbeit, dein Pensum angeht. Ich kann nicht mehr machen, als ich schon mache. Um die nächste Grenze zu erreichen, muss ich die nächsthöhere Stufe erklimmen.

Warum gibt es eigentlich so wenige Moderatoren, Schauspieler und Journalisten im deutschen Fernsehen, die einen Migrationshintergrund haben?
Das frage ich mich auch immer wieder.

Wird das allmählich besser?
Nein, das wird nicht besser. Alle tun so, als würden Sie was dafür machen, aber im Endeffekt passiert nichts. Ich bin hier in Hamburg der einzige gebürtige Türke mit eigener Fernsehshow.

Und warum ist das so?
Die Frage stellen Sie der falschen Person, ich würde das selbst gern wissen. Ich weiß noch, was mein Chef mal im Integrationsbeirat gesagt hat. Da saßen auch zwei Leute vom NDR, und er wurde gefragt, wie das ist mit »Oriental Night« und warum gerade Hamburg 1 das sendet. Und er sagte: »Wir glauben an diesen Mann, wir glauben an das Format.« Und dann drehte er sich zu den Leuten vom NDR um und sagte: »Und ich verstehe immer noch nicht, warum ich das mache und nicht die Herren, die dahinten sitzen.«

Und genau das ist es. Die meisten Fernsehsender haben ja einen Türken, aber sie haben immer nur einen. Sie haben immer einen Vorzeigetürken, sie haben einen Vorzeigemigranten, sie haben den Quotentürken. Wir sind die Quotentürken, wir sind die Person, auf die man zeigen kann, wenn mal kritisiert wird: »Wieso haben Sie keine Türken im Programm?« Dann zeigt man auf Nazan Eckes, eine Moderatorin bei RTL, auf Kaya Yanar, einen Comedian bei Sat.1; und dann gibt es noch Bedo beim Regionalfernsehen. Es ist immer nur einer. Die Fernsehsender nehmen solche Einzelerscheinungen als Schutz. Sie stellen sich hin und sagen: »Wir haben ja einen.« Und dann wird nicht mehr darüber geredet. Wenn die Politiker in den Medienaufsichtsräten dazu stehen würden, daß Deutschland ein Einwanderungsland ist, sollten die auch in den Medien vorgeben: 15 Prozent müssen Migranten sein. Wo ist denn das Problem? Es gibt genug Leute, die das können. Ich kenne viele, die Journalismus studiert haben und keinen Job kriegen.

Bei der Recherche zu meinem Buch ist mir aufgefallen, daß als »Beleg« für die schlechte Integration türkischer Migranten oft genannt wird, sie würden alle nur türkisches Fernsehen gucken. Die haben alle eine Satellitenschüssel auf dem Balkon und gucken nur türkische Sender.

Das geht mir so auf den Senkel!

Aber ist das deutsche Fernsehen nicht mit daran schuld, wenn türkische Migranten die Satellitenschüssel aufstellen?

Ich mache neben meiner Arbeit beim Fernsehen auch sehr viele Motivations-Workshops mit jungen Leuten. Ich besuche sehr oft Schulen, besuche Einrichtungen wie zum Beispiel »Jumbo« hier in Hamburg. Das ist eine Organisation, die Jugendliche und junge Erwachsene zwischen 17 und 25, die keinen Ausbildungsplatz haben, auf dem Weg dahin begleitet. Da war ich neulich auf einem Workshop und habe dort von meinem Weg erzählt, der nie gerade, sondern immer mit viel Zickzack verbunden war. Da habe ich erzählt, daß die fehlende Motivierung der meisten jungen Leute damit zu tun hat, daß sie keine Identifikationsfiguren haben. Auch ein türkischer Zuschauer möchte eine Identifikationsfigur haben. Er möchte sich wiederfinden, er möchte, wenn er den Fernseher einschaltet, das Gefühl haben, dass man *ihn* anspricht, daß auch über *seine* Kultur berichtet wird.

Entschuldigung, welchen Sender soll er dann gucken? Dabei wird vergessen, daß die jungen Türken heute kaum türkisches Fernsehen schauen, weil sie nur noch im Internet rumhängen. Das ist ein Problem für sich. Aber das mal beiseite. Es stimmt nicht, daß die türkischen Jugendlichen nur türkisches Fernsehen einschalten, ganz im Gegenteil. Junge Leute aus der türkischen Community, die Generation zwischen 12 und 20, gucken garantiert mehr deutsches Fernsehen als türkisches. Das einzige, was die auf türkischen Kanälen gucken, was auch ich manchmal gucke, das sind die türkischen Musiksender. Ich schaue mir da die Lifestyle-Sendungen an, um zu wissen, was gerade in der Türkei in ist, und das bringe ich dann auch in meine Sendung ein. Und dann gibt es noch die Soaps; in der Türkei sind die seit fünf Jahren extrem in. Jeder Sender hat seine eigene Telenovela, ich erwische mich auch dabei, daß ich, wenn ich bei meinen Eltern bin, eine dieser Serien anschaue, weil ich zu Hause keinen türkischen Sender habe. Von den meisten jungen Leuten, die